银领精品系列教材

创业管理

（第3版）

主　编　张　涛
副主编　（按姓氏笔画排序）
马　钊　刘　磊　闫永博　吕　英
李集城　吴新风　唐利华

清华大学出版社
北　京

内 容 简 介

本书是国家级精品课程“创业教育”的配套教材，是根据教育部最新教材改革精神要求编写的一本实用型教材。全书共分五篇十四章，对创业者应具备的能力，如诚信力、决策力、管理力、创建力和社交力等的培养，以及如何成功定位自己的企业、如何进行经营准备、如何进行企业申办、如何建立销售渠道及产品定位、如何规避风险等问题，通过案例从多角度进行分析和探索，既有成功者的经验，也有失败者的教训。同时，列举经营实例，以实用为主，颇有借鉴作用。

本书可作为高职高专院校经济管理类相关专业的创业管理教材，也可供相关人士阅读参考。

图书在版编目（CIP）数据

创业管理/张涛主编．—3 版．—北京：清华大学出版社，2016（2017.12重印）
银领精品系列教材
ISBN 978-7-302-41744-6

Ⅰ.①创…　Ⅱ.①张…　Ⅲ.①企业管理-教材　Ⅳ.①F270

中国版本图书馆 CIP 数据核字（2015）第 239572 号

责任编辑：苏明芳
封面设计：康飞龙
版式设计：魏　远
责任校对：马军令
责任印制：刘海龙

出版发行：清华大学出版社
网　　址：http://www.tup.com.cn，http://www.wqbook.com
地　　址：北京清华大学学研大厦 A 座　　**邮　　编**：100084
社 总 机：010-62770175　　**邮　　购**：010-62786544
投稿与读者服务：010-62776969，c-service@tup.tsinghua.edu.cn
质量反馈：010-62772015，zhiliang@tup.tsinghua.edu.cn
课件下载：http://www.tup.com.cn，010-62788951-223

印 装 者：三河市铭诚印务有限公司
经　　销：全国新华书店
开　　本：185mm×230mm　**印　　张**：21.25　**字　　数**：438 千字
版　　次：2007 年 9 月第 1 版　2016 年 2 月第 3 版　**印　　次**：2017年12月第4次印刷
印　　数：10201～14200
定　　价：36.00 元

产品编号：060427-02

丛书序

一、出版缘起

2004 年 2 月，时任教育部部长周济在全国高职教育第三次产学研结合经验交流会上强调，高职教育的主要任务是培养高技能人才。他说，这类人才，既不是白领，也不是蓝领，而是应用型白领，应该叫“银领”。“银领”是指知识与技能都要具备的复合型人才。

为适应培养高等技术应用型人才的急切需求，高职高专教育的发展如火如荼，高职教学改革也在不断深入。“银领精品系列教材”就是在这样的客观背景下，着眼于 21 世纪中国社会经济发展对高等技术应用型人才的需求及实践要求，从高职高专教学改革思想的出发点出发，力求突出高职高专教育的特点和要求，同时密切结合精品课程建设及职业资格制度人才培养模式的要求策划组织的。

教材建设是整个高职高专院校教育教学工作的重要组成部分，也是精品课程建设的工作要求之一，高质量的教材是培养高质量人才的基本保证。我们期望本系列教材的出版能为高职高专的教学改革和应用型人才的培养贡献一份力量。

二、读者对象

本系列教材所选课程均为省级或国家级精品课程建设的配套研究成果，由精品课程负责人联合具有丰富教学和实践经验的专家编写而成，主要适用于作为高职高专院校或应用型本科院校财经大类经济学和管理学类工商管理、市场营销、经济贸易、电子商务、物流管理等相关专业的教材，同时适用于企业相关实际工作者阅读参考。

三、丛书特色

1. 强化基础，突出应用

本系列教材针对高等职业教育注重培养各职业岗位应用型人才的特点，紧密结合高职高专教育发展现状和教学需要进行编写。对基础理论的阐述以“必需，够用”为原则，由浅入深进行阐述，以求简明、易懂。重点放在对应用理论及操作技能方面的介绍，注重培养学生的实践能力，突出应用性。

2．内容创新，编排科学

高职教育与经济建设密切相关，高职教材的内容也必须紧跟时代，反映新观念、新技术、新工艺、新方法，以培养学生的创新精神。本系列教材的内容体系安排从简到难、循序渐进，注重教材的整体性和衔接性，更注重与相关职业资格考试的最新动态相结合，具有一定的创新性。

3．精选课程，内容成熟

本系列教材所选课程均为财经大类经济学和管理学相关专业的公共基础课和专业基础课，由于有精品课程建设的基础，相关内容讲义均已在作者所在院校进行多轮讲解，并经不断修改完善，内容体系比较成熟。

4．作者队伍强大

本系列教材的主编均为教育部国家级精品课程以及省级精品课程主持人或具有丰富实践工作经验的专家，从事多年高职高专教学和科研实践工作，拥有较丰富的教学实践和写作经验。其他参编者也均为来自高职高专教学第一线的“双师型”教师。

5．突出案例教学的作用

本系列教材中设有丰富的学习案例，通过篇头案例、节内的微型案例、章后的中型案例及书后综合案例的有机结合，强化了案例对知识点的牵引、辅助解说及综合考察作用，突出了教材的时代性、生活性和情趣性。

6．注重配套教学资源建设与服务

本系列所有教材均配有精美电子课件和教学大纲，根据课程需要，还有配套练习题参考答案、教学案例分析、同步练习自测题库及参考答案等辅助教学资源。

四、教学支持

为帮助一线教师的教学，为课堂教学提供丰富的教学资源和实用的教学支持，本系列教材附有如下丰富的配套教学资源，并免费为选用教材的一线教师提供。

- ✧ 课程教学大纲
- ✧ 配套电子课件（PPT形式）
- ✧ 教材课后练习题参考答案
- ✧ 同步练习自测题库及参考答案
- ✧ 教学案例及评析

获取方式：需要获取上述相关教学资源的一线教师，请登录清华大学出版社网站（www.tup.com.cn）下载或发邮件至 thjdservice@126.com 索取，来信请注明您的姓名、所在学校、联系方式以及详细需求。

使 用 指 南

《创业管理》第2版自2011年8月出版发行以来，因结构完整，注重实例，内容实用，受到了相关院校教师及学生的好评。根据教育部最新“创业基础”课程大纲要求，为进一步完善教材体系，我们在第 2 版的基础上进行了更新和完善，增加了典型创业案例剖析，注重应用性。

一、读者对象

本书是为高职高专院校工商管理等相关专业及职业技术院校学生编写的教材，还可作为各行业人员的创业管理培训教材以及对创业管理感兴趣的研究者和社会读者的参考书。

二、框架总览

本书按照创业的过程，即创业者素质要求→评估创业机会→创建企业→创业过程管理→创业企业发展的思路进行写作，共五篇十四章，并在最后进行典型创业案例剖析。

为了帮助读者迅速了解本书各部分的内容，提高学习效率，现将各部分的主要内容整理如下。

- ✧ 第一篇：创业导论。介绍创业的相关概念及创业者应该具备的素质，目的是让读者进一步了解创业的类型及素质内容，为创业的成功提供基础的指导。
- ✧ 第二篇：评估创业机会。介绍当有创业的项目时，创业者如何评估创业项目的各种方法，并从环境分析、市场机会识别和创业风险等几个角度进行了详细介绍，让读者掌握相关的评估方法。
- ✧ 第三篇：创建企业。介绍当创业者掌握了评估创业机会的方法后，要使创业机会成为现实，需要选择创业模式、向相关投资人进行融资，融资时需要向投资人提交创业计划书。本篇重点从创业计划书的写法、创业融资的类型及创业模式三个方面进行了详细的讲解，使读者掌握相关方法和技巧。
- ✧ 第四篇：创业过程管理。介绍当创业融资成为现实后，如何建立企业。从企业注册登记、营销管理、财务管理、团队管理等进行了较为深入的论述，选取了大量的案例进行评析，以提高读者的创业管理能力。

- ✧ 第五篇：创业企业的文化培育。当一个创业企业发展到一定规模时，需要充分展示企业文化对企业管理的作用。本篇从如何培育创业企业文化出发，阐述了创业企业文化培育的要素、目标、核心内容。
- ✧ 附录：创业典型案例。选择典型案例，注重实用，进行分析评述，以提高读者分析问题、解决问题的能力。

三、本书特色

- ✧ 内容安排上循序渐进，由浅入深。在编写上图文并茂，注重案例，便于自学。
- ✧ 内容新颖充实。本书涵盖了创业过程中所涉及的各种问题，可让读者体会到身为创业者所应具备的素质和所面临的种种挑战与责任，并学习到创业者与管理者的综合知识。
- ✧ 强调实用性和技巧性。将创业的某一专题与紧密相关的案例、讨论思考题融为一体，分析创业过程中的现实问题，提高分析问题、解决问题的能力，引导读者提高实践能力。

四、其他支持

本书提供通用电子课件（PPT）及自测题库。

目 录

第一篇 创业导论

第二篇　评估创业机会

第四篇　创业过程管理

第一篇

创业导论

第一章　创业的概念

第二章　创业者素质构成

第一章 创业的概念

本章目标

1. 理解创业者与企业家的含义。
2. 了解创业的定义及内涵。
3. 了解创业的一般过程。

引导案例[①]

万达集团二十多年的发展史，就是一部创业史，就是敢为人先，敢想别人不敢想的事，敢做别人不敢做的事。万达集团董事长王健林鼓励年轻人创业，在他看来，企业家精神是多方面的，最核心的是创造力、坚持和责任。

谈到万达集团的发展，王健林说关键是走了四步棋：搞旧改、跨区域、创模式、做文化。

（1）搞旧改。1988 年公司成立，那时做房地产行业国家是严格控制的，为了使公司业务能持续下去，承建了大连市政府北门的一个棚户区改造。为了使房价增值 50%，在房屋的设计上进行创新，一个月时间销售了一千多套房子。

（2）跨区域。1992 年南下广州，尽管在广州第一次开发没有赚多少钱，但重要的是锻炼了勇气。1998 年，万达开始在全国扩张，成为中国第一家异地开发商，成为中国第一家走出地域，到外市发展房地产的企业。到目前为止，万达已成为城市开发最多的企业，规模也是非常大的。

（3）创模式。万达所有多元化产业都是相关的，都是有的放矢。2000 年，万达做收租物业，建立了第一个购物广场，就是第一代产品，向世界 500 强的公司收租。2004 年，成立自己的规划院，前期进行很好的商业设计，设计好之后再找商家谈判，即“订单商业地产”，从而规避了浪费、无效，包括谈判的不对等。2005 年，提出一个新的概念——城市综合体，有商业中心、五星级酒店、写字楼、公寓，甚至还有住宅等，这在全球来

① 资料来源：“世界经理人”网站。

说都是首创。

（4）做文化。一是做收藏，很多藏品都是独有的，非常有成就，为国家做了很多贡献，现已在大连和北京建美术馆；二是于 2005 年成立万达电影院线。截至 2014 年 6 月 30 日，万达在全国 80 多个城市拥有已开业影院 150 家、1315 块银幕，其中 IMAX 银幕 94 块。2014 年，万达院线占全国 14.5%的票房份额。

王健林说，万达发展就是要国际化，成为真正的大型跨国公司，为民族争光。

【思考】

理解万达集团董事长王健林的企业家精神。

第一节　创业者与企业家精神

创业的主体是创业者，创业者可以是个体，也可以是团队。经济发展依赖于企业发展，而企业发展的关键在于有一大批具有企业家精神的企业家。创业者也被称作创业家、企业家和老板，企业家对生产要素的重新组合是经济增长的基本动力，是经济增长的内在因素，所以现代经济在某种意义上说就是企业家经济。

一、创业者的含义

创业者，英文为 entrepreneur，和企业家为同一词，意为在没有拥有多少资源的情况下，锐意创新，发掘并实现潜在机会的价值的个体。

创业者可以分为传统创业者和技术创业者。传统创业者是指那些对传统的行业，如餐饮、房地产、服装等筹集资金投资，建立工厂，生产产品，为顾客提供产品或服务的创业者。而技术创业者以突出技术为主，创办的企业一般比较小，产品的技术含量高，附加值比较高，利润空间比较大。

二、创业者的类型

随着经济的发展，投身创业的人越来越多，我国《科学投资》杂志对国内上千例创业者案例进行研究，发现国内创业者基本可以分成以下类型。

（一）生存型创业者

生存型创业者大多为下岗工人、失去土地或因为种种原因不愿困守乡村的农民，以及刚刚毕业找不到工作的大学生。这是中国数量最大的创业人群。清华大学的调查报告称，这一类型的创业者占中国创业者总数的 90%。一般创业范围均局限于商业贸易，少量从事实业，也基本上是小打小闹的加工业。当然也有因为机遇成长为大中型企业的，但数量极少。

（二）主动型创业者

主动型创业者又可以分为两种，一种是盲动型创业者，另一种是冷静型创业者。前一种创业者大多极为自信，做事冲动。有人说，这种类型的创业者大多同时是博彩爱好者，喜欢买彩票、喜欢赌，而不太喜欢检讨成功概率。这样的创业者很容易失败，但一旦成功，往往就是一番大事业。冷静型创业者是创业者中的精华，其特点是谋定而后动，不打无准备之仗，或是掌握资源，或是拥有技术，一旦行动，成功概率通常很高。

（三）赚钱型创业者

除了赚钱，该类创业者没有什么明确的目标。他们就是喜欢创业，喜欢做老板的感觉，不计较自己能做什么，会做什么。他们可能今天在做这样一件事，明天又在做那样一件事，而做的事情之间还可以完全不相干。其中有一些人甚至对赚钱都没有明显的兴趣，也从来不考虑自己创业的成败得失。奇怪的是，这一类创业者中赚钱的并不少，创业失败的概率也并不比那些兢兢业业、勤勤恳恳的创业者高。而且，这一类创业者大多过得很快乐。

三、企业家精神

经济发展依赖于企业发展，而企业发展的关键在于有一大批具有企业家精神的企业家。**企业家**是“将经济资源从生产力和产业较低的领域转移到较高的领域”者，不仅包括那些已经成功创业或正在创业的一般意义上的企业家，而且还包括那些具有创新精神的潜在的企业家。企业家精神是企业家的本质。企业家是参与企业的组织和管理的具有企业家精神的人。企业家精神主要包括冒险精神、诚信守法、创新精神、实干精神和社会责任感。

（一）冒险精神

企业家是风险承担者。约300年前，法国经济学家罗伯特-坎狄龙（Robert Cantillon）就提出了这一观点。他认为企业家在经济的运行中起重要作用，他们实际上是在管理风险（risk）。工人向工厂出卖劳动，企业主把产品拿到市场上卖。市场上的产品价格是浮动的，而工人领取固定的工资。企业主替工人承担了产品价格浮动的风险。当产品价格跌落时，企业主有可能蒙受损失。而企业的盈利，正是企业主承担风险所获的回报。

（二）诚信守法

这是企业家应具备的基本精神素质。诚信是市场经济的基本信条，只有诚信守法，注重声誉的企业，才能在激烈的市场竞争中获得最大的利益。

（三）创新精神

什么是创新呢？新产品，新的生产方式，新的市场，新的供货渠道，以及建立或打破垄断地位就是创新。企业家精神的本质就是创新，创新是企业持续发展的根本。创新概念最早是由著名经济学家熊彼特提出来的。他认为创新是“企业家对生产要素的新组合”，也就是“建立一种新的生产函数”。具体来说，创新精神主要指创造新的生产经营手段和方法，新的资源配置的方式，以及新的符合消费者需求的产品和劳务。在这种创新概念下，创新首先能使企业开辟一个更广阔的生存发展空间，不断领先，不断发展，使企业在发展中不断摒弃旧的方式，以非常规的方式配置企业的有效资源，推动企业的运行，从而获得巨大的成功。事实上，任何企业，不论其效益如何显著，或在行业中如何成绩斐然，都需要不断创新、变革，这样才能使企业在市场竞争中立于不败之地。苹果电脑公司的发起人是企业家，因为他们推出了新产品；亨利·福特是企业家，因为他最早采用汽车生产线；亚马逊网上书店的老板是企业家，因为他开辟了网上销售渠道；比尔·盖茨也是企业家，因为他建立了一个微软公司。因此，具有锐意进取、推出新产品或改进生产方式等创新精神的人，才是真正意义上的企业家。

案例 1-1：周鸿祎：微创新当道[①]

同济大学经济与管理学院副院长朱岩梅认为："从工业史的发展来看，绝大多数创新都不是突破性的，而是渐进的。所谓'微创新'，其重要的意义在于告诉大众，创新大多情况下并非突破性的、革命性的，创新的本质就是渐进性、累积性的。"

"微创新"有两个特点：第一，用户与生产者的关系。即企业需要关注用户的细小需求，并不断地加以改进满足之，正是这种企业与用户之间的互动，使得各种创新不断涌现出来；第二，不断试错。在满足用户需求的过程中，不可能做到一次成功，总是在不断试错的过程中进行方案的修正，最终达到预期的效果。这些其实就是创新本身的特点。

在企业界，将"微创新"喊得最响的当属奇虎 360 董事长周鸿祎，他对微创新的定义是："你的产品可以不完美，但是只要能打动用户心里最甜的那个点，把一个问题解决好，有时候就能四两拨千斤，这种单点突破就叫'微创新'。"周鸿祎认为互联网微创新的规律有两点："第一，从小处着眼，贴近用户需求心理；第二，快速出击，不断试错。"

周鸿祎说360是靠重视用户体验而崛起的，"360安全卫士从查杀流氓软件开始，一直在做微创新工作。查杀流氓软件就是微创新，传统安全厂商怕得罪人，不敢干，没有钱赚，不愿意干，袖手旁观看 360 的笑话，结果 360 受到广大用户的欢迎。后来，360开始给用户电脑打补丁，这也是一个微创新，别人嘲笑我们，觉得打补丁真是不一般的傻冒，一点技术含量都没有，人家都不屑于干。我们不管别人笑话，觉得打补丁、补漏洞能让用户的电脑更安全，那么360就去干，不管有没有钱赚，有没有利可图。"

显然，周鸿祎的体会与朱岩梅教授的研究有着异曲同工之处。企业进行微创新需要关注两个核心点：观念的扭转，路径的落实。

---

① 资料来源："世界经理人"网站。

【思考】

谈谈对企业进行微创新需要关注的两个核心点——“观念的扭转、路径的落实”的认识。

（四）实干精神

企业家需要决断力、信心、说服力及坚定不移的品质。既然企业家行为是冒险性的、充满不确定性的，它的最终结果必然是无法准确估算的，所以时时需要主观判断。而一旦做出某种判断，企业家就要坚决相信自己的判断，如果一遇挫折就打退堂鼓，最终什么事也做不成。仅仅企业家自己有信心还不够，他必须有能力说服别人相信他的判断，这样才能引来投资或别人的支持。企业家常常做出与众不同的判断，福特预见到50年以后人人开汽车而不再坐马车，乔布斯预见到20年以后人人使用计算机来学习和工作。他们用自己坚持不懈的努力把世界推向了他们预想的方向。

（五）社会责任感

一般认为企业社会责任就是企业在创造利润、对股东利益负责的同时还要承担对员工、消费者、社区和环境的社会责任，包括遵守商业道德、保障生产安全和职业健康、保护劳动者的合法权益、保护环境、支持慈善事业、捐助社会公益事业和保护弱势群体等。

第二节　创业的含义

“创业”，在《新华词典》里定义为开创事业。“创”，篆文从刀，仓声，是形声字。“业”，篆文像古代乐器架子横木上的大板，上面刻有锯齿，以便悬挂钟、鼓等乐器，后引申为所从事的学业、事业、职业、行业、就业、产业、创业、工作等。由此可见，创业是创字当头，业为基础。这就意味着任何一项事业都是一个由无到有、由小到大、由简到繁、由旧到新的创造过程。

一、什么是创业

创业是一种创新性活动，它的本质是独立地开创并经营一种事业，使该事业得以稳健发展、快速成长的思维和行为的活动。走上创业之路是人生的一个大转折，它是成就自己事业的过程，是自我价值和能力的体现。创业，要直接面对社会，直接对顾客负责，个人的收入直接与经营利润连在一起。其实，创业的过程就是解决一个又一个矛盾的过程。正如一位作者指出："创业最大的好处，就是可以当自己的主人。"

二、创业的定义

创业被学者们从不同的方面进行定义：

创业是新颖的、创新的、灵活的、有活力的、有创造性的，以及能承担风险的过程。许多学者说，发现并把握机遇是创业的一个重要部分。

创业是包括创造价值，创建并经营一家新的营利性企业的过程，通过个人或一个群体投资组建公司来提供新产品或服务，以及有意识地创造价值的过程。

创业是创造不同的价值的一种过程，这种价值的创造需要投入必要的时间和付出一定的努力，承担相应的金融、心理和社会风险，并能在金钱上和个人成就感方面得到回报。

国际管理科学学会的教授协会对创业也有广义上的定义，即对新企业、小型企业与家庭企业的创建和经营。

综上所述，我们对创业的定义是：**创业**是这样的一种过程，在这个过程中，某一个人或一个团队，使用组织力量去寻求机遇、创造价值和谋求发展，并通过创新和特立独行来满足愿望和需求，而不管企业家们手中当时有什么样的资源。

该定义包括以下重要主题：

（1）企业家。毫无疑问，如果没有一位愿意做一名企业家要做的事情的人，就不会有创业。企业家是创业行动中的关键要素，没有企业家就不会有创业。

（2）创新。创业包括变化、改革、改造，以及新方法的引进。

（3）组织创建。为了寻求已感知到的创新机遇，为了创造价值，就必须具备有组织的努力和行动，必须有人挑头来做一些事情——采取行动让创业型企业建立并运行起来。

（4）成长。创业型企业区别于其他小型企业的主要一点，就是创业型企业侧重于企业的成长。创业是创建一家企业，并在其成长过程中把握住发展机会。

（5）过程。创业是一系列的进行中的决策和行动。创业不是昙花一现，而是一个需要时间的过程。它包括从创业伊始，到企业的经营管理，甚至到某一时间的退出之间的所有的各类决策和行动。

第三节　创业的过程

创业是创建一个新企业的过程，作为一个创业者，要创建一个新的企业或者发展一个新的经营方向，通常要经历四个阶段：

（1）发现和评估市场机会；

（2）准备和撰写创业计划；

（3）确定并获取创业所需要的各种资源；

（4）管理新创事业。

这四个阶段有着明确的次序，但各个阶段相互之间并不是完全隔绝的，并不是说一定要在前一阶段全部完成之后才进入下一个阶段。

一、发现和评估市场机会

发现与评估市场机会是创业过程的起点，也是创业过程中一个具有关键意义的阶段。许多很好的商业机会并不是突然出现的，而是对于“一个有准备的头脑”的一种回报，或是当一个识别市场机会为机制建立起来之后才会出现。例如，一个创业者可以在每一个公众活动场合都询问与会者，在使用某种产品的时候是否发现有不够令人满意之处；另一个创业者则可能时时关注着孩子们正在玩什么玩具，他们是否对玩具感到满意。

虽然大多情况下并不存在正式的识别市场机会的机制，但通过某些来源往往可以有意外的收获，这些来源包括消费者、营销人员、专业协会成员或技术人员等。无论市场机会的设想来源于何处，都需要经过认真细致的评估，对于市场机会的评估或许是整个创业过程的关键步骤。

创业者初创企业的动力往往是发现了一个新的市场需求或者发现市场需求大于市场的供给能力，或者认为新产品能够开启新的市场需求。但是，这样的市场机会并非只有创业者自身认识到了，其他的竞争者也许同样准备加入这个行列。因此，并不是每个市场机会都需要付出行动去满足它，而是要评估这个机会所能带来的回报和风险，评估这个市场机会所创造的服务/产品生命周期，以及它能否支持企业长期获利，或者能够在适当的时候及时退出。

对于一位目光敏锐的创业者来说，市场机会每时每刻都在出现。但是，并不是所有的市场机会都是通向成功与财富的康庄大道，相反，许多时候，一个看似前景远大的市场机会背后往往隐藏着危险的陷阱。对于毫无经验的创业者来说，如果仅凭激情行事，匆忙做出决定，就很容易误入歧途，掉进失败的泥沼中无法自拔。因此，在发现市场机会后，对市场机会进行客观的评估，以理性的方式来决定下一步的行动，是一名优秀的创业者所必须具备的能力。一般来说，市场机会评估的步骤如下。

（一）对市场的了解与把握

企业要生存，要在市场中占据一定的地位，要保持一定的市场优势，就必须把握市场的消费形态、市场特征等。特别是在产品研究方面，不管新旧产品，都需要及时了解消费者和市场的反应、进行与产品有关的各种调查研究等来为产品技术与销售服务注入新的元素。

对市场的了解与把握分六个层次，即市场定位、市场结构、市场规模、市场渗透力、市场占有率和产品的成本结构。

（二）对竞争者的了解与分析

许多创业者都会犯这样的错误，认为自己的创意或者技术是独一无二的，因此就不存在竞争，进而忽略了竞争分析的重要性。事实上，除了极少数的垄断性行业之外，世界上不存在没有竞争的生意。竞争者暂时没有出现，不代表以后也不会出现。对来自竞争者的威胁做出客观准确的评估是非常重要的一件事。

谁是你的竞争对手？那些已经出现在市场上，正在开展业务的竞争者当然是你的竞争对手。另外，也要考虑到那些潜在的竞争对手，即未来有可能与你竞争的人。只有掌握相关资源、与目标市场有一定联系的企业才是最重要的潜在竞争对手，因此，要分析在相关领域中有哪些企业有可能把触角伸展到自己的领域中来。

对竞争对手的了解及应对策略分为六个层次：一是能够找出谁是竞争对手；二是描述竞争对手的状况；三是分析竞争对手的状况；四是掌握竞争对手的方向；五是洞悉竞争对手的战略意图；六是引导竞争对手的行动和战略。

二、准备和撰写创业计划

如何写创业计划书呢？要依目的即计划书的对象而有所不同，以不同的目的来写，计划书的重点也会有所不同。就像盖房子之前要画一个蓝图，才知道第一步要做什么，第二步要做什么，或是同步要做些什么，阅读对象才知道想要做什么。而且大环境和创业的条件都会变动，事业经营也不只两三年，有一份计划书在手上，当环境条件变动时，就可以逐项修改，不断更新。撰写创业计划书的内容包括以下六个方面：

（1）概念。在计划书中，要写出产品概念，让阅读对象可以很快地知道要卖的是什么。

（2）顾客。有了产品概念以后，要了解产品卖给谁，谁是顾客，明确顾客的范围。

（3）竞争者。产品是否有人卖过？如果有人卖过是在哪里？有没有其他的产品可以取代？竞争者跟自己的关系是直接还是间接的？这些问题都应该弄清楚。

（4）能力。能力即指自己是否懂自己的产品。譬如开餐馆，如果厨师不做了又招不到人，要么自己会炒菜，要么合伙人会做，要么自己有鉴赏的能力，否则最好不要做。

（5）资本。资本可以是现金，也可以是资产，是可以换成现金的东西。那么资本在哪里、有多少，自有的部分有多少、可以借贷的有多少，这些都要很清楚。

（6）经营。当事业做得不错时，将来的计划是什么？

任何时候只要掌握了这六个方面，就可以随时检查、随时做更正，不怕遗漏什么。

创业计划是说服自己，更是说服投资者的重要文件。不仅如此，创业计划书也将使创业者深入地分析目标市场的各种影响因素，并能够得到基本客观的认识和评价，在创业之前能够对整个创业过程进行有效的把握，对市场机会的变化有所预警，从而降低进入新领域所面临的各种风险，提高创业成功的可能性。

三、确定并获取创业所需要的各种资源

创业企业需要对创业资源区别对待，对于创业十分关键的资源要严格地控制使用，使其发挥最大价值。而且对于创业企业来说，掌握尽可能多的资源有益无害。当然还有一个问题是，如何在适当的时机获得适当的资源。创业者应有效地组织交易，以最低的成本来获取所需的资源。

四、管理新创事业

从企业发展的生命周期来说，新创企业需要经过初创期、早期成长期、快速成长期和成熟期。在不同的阶段，企业的工作重心有所不同。因此，创业者需要根据企业成长时期的不同来采取不同的管理方式和方法，以有效地控制企业成长，保持企业健康的发展。比如，在初创时期和早期成长期，创业者直接影响着创业企业的命运，在这一时期，集权的管理方式灵活而富有效率，而到快速成长期和成熟期，分权的管理方式才能使企业获得稳步的发展。

第四节　有关创业理论的研究

随着经济的发展，从事创业理论研究的人越来越多，这些学者从不同的角度对创业的理论进行探索并提出自己的观点。

一、熊彼特的创新理论

约瑟夫·A.熊彼特（J.A.Schumpeter，1883—1950），原籍奥地利的美国著名经济学

家，是西方经济学界公认的博学多闻、兼收并蓄的经济学大师。在 1912 年出版的早期代表作《经济发展理论》中，熊彼特开创性地提出了“经济发展理论和创新思想”。熊彼特的创新理论主要包括三个方面的内容。

（一）“创新”是经济发展的根本现象

所谓“创新”，就是“建立一种新的生产函数，把一种从来没有的关于生产要素和生产条件的新组合引入生产体系”。所谓“经济发展”，从根本上讲，不是古典经济学家斯密所认为的基于人口、财富的累积性增加而造成的规模扩大或简单量变，而是经济生活内部蕴含的质的自发性突破。它是由技术创新和生产组织形式的创新所引发的经济生活内部的一种创造性变动，需要通过引进“新组合”进行创新来实现。因此，“创新”是经济发展的实质，是经济发展的根本现象。

（二）企业家意志和行为是创新活动的灵魂

在熊彼特的创新理论中，创新是经济发展的实质，而领导和发起创新的创新者——企业家，则是“创新”、生产要素“新组合”及“经济发展”的主要组织者和推动者。企业家的意志和行为是创新活动的灵魂。

在熊彼特看来，企业家是一个特殊的阶层，他不同于普通的企业经营者和资本家。企业家必须富于创新意识，具有先见之明。企业家的职能在于用不同于以往的全新方法把生产诸要素组合、集中起来，进行经营，继而使其增值。而且，也只有在他将这些新组合起来的要素按照新的方法付诸运行的特定阶段，他才是真正意义上的企业家。企业家的行为以“创新”为特有目的，而创新需要改变循环流转的渠道，需要打破固有的生产环流，需要面临不确定的前景，需要克服习惯的阻力等，而这些都依靠企业家坚强的意志和巨大的心智努力。企业家的意志和行为是创新活动的关键、灵魂所在。

（三）经济周期是经济阶段发展的必然结果

“创新”改变了原本均衡静止的经济过程中固有的生产环流，新组合在生产和经营上更加富有效率，它可以使进行创新的企业和个人获取高额利润。利润会进一步诱导追随和模仿。当社会一旦了解到“创新”活动有利可图时，就会趋之若鹜。新企业不断出现，行业改组随之到来，整个经济领域就会出现应用这些创新的热潮。热潮又会随之引发人们对未来经济的期待，投机开始出现，信用扩张，最终繁荣遍及整个经济体系。而当创新活动被社会消化，新产品大量上市，价格下跌，利润消失，不再有利可图，新的创新活动又尚未出现时，整个经济就进入了清理状态：新企业需要经受考验以加入生产环流，老企业需要面对被创新改变的市场状况做出调整，部分经营失误的企业会倒闭或破产，从而造成商业不振，经济不景气。经济不景气持续一段时间之后，新的“创新”活动再次出现，如此周而复始。创新不断地从内部革新着经济结构，不断地破坏旧的、创造新的结构，进而形成了资本主义风起云涌的发展历程。总之，持续创新，持续破坏，持续优化，持续发展，这就是“创新”的经济发展逻辑。

二、核心竞争力理论

在创业理论的研究中，有关核心竞争力的研究也是一个重要的内容。20 世纪 80 年代后期以来，一批企业理论和企业战略研究人员提出必须重新认识和分析企业。他们把研究的视角投向了企业拥有的特殊能力——企业核心竞争力。最早明确提出核心能力的概念，并给予定义的是普拉哈拉德和哈默。此后，一场关于核心竞争力的研究热潮得以兴起。不同的研究者从技术观、知识观、资源观、组织与系统观等不同角度对此做出了研究，并形成了不同的流派。

（一）基于技术与技术创新的核心竞争力

普拉哈拉德和哈默是从产品和技术创新角度研究核心竞争力的代表。他们在《企业核心竞争力》一文中从技术与产品创新的角度提出并研究了核心竞争力的思想，认为企业核心竞争力的积累过程伴随在企业的核心产品/核心技术的发展过程中。产品/技术平台是需要通过长期的学习和积累才能建立的，因而核心竞争力是企业以往的投资和学习行为所积累的具有企业特定性的专长。

对于什么是核心竞争力，普拉哈拉德提出了一个非常形象的“树型”理论。他认为，公司就像一棵大树，树干和主枝是核心产品，分枝是业务单元，树叶、花朵和果实是最终产品，提供养分、维系生命、稳固树身的根就是核心竞争力。核心竞争力是公司内部的知识汇总，尤其是如何协调纷繁复杂的生产技能和融合多种技术潮流。核心竞争力是凝聚现有业务的胶水，也是发展新业务的火车头。

（二）基于知识观的核心竞争力

从知识观考察，研究者从知识能否为外部获得或模仿的角度来定义企业核心竞争力，认为企业核心竞争力是指具有企业特性的、不易外泄的企业专有知识和信息。该流派认为核心竞争力的基础是知识，学习是核心竞争力提高的重要途径，而学习能力是核心竞争力的核心。巴顿是该流派的代表，他认为核心竞争力是使企业独具特色并为企业带来竞争优势的知识体系。它包括四个维度——技巧和知识系统、技术系统、管理系统、价值观系统，这四个维度之间存在较强的相互作用。巴顿还认为，核心竞争力构成了企业的竞争优势，它随时间积累而不易为其他企业所模仿。因此，企业为实现持续自主创新，必须以核心竞争力的持续积累为条件。麦肯锡咨询公司的凯文·科因，斯蒂芬·霍尔和帕特里复·克里福德等也提出，核心竞争力是某一组织内部一系列互补的技能和知识的组合，它具有使一项或多项关键业务达到业界一流水平的能力。这一提法强化了核心竞争力以知识的形式存在于企业各个方面的能力中。

（三）基于资源观的企业核心竞争力

资源观强调资源和能力对企业获取高额利润回报率和持续市场竞争优势的作用。基于这一观点，企业在获取和配置资源与能力方面的“异质性”决定了其获得高额经济回报率的可能性。这些长期的、能获取高于正常利润回报的特性是企业在“有缺陷的”和“不完全的”要素市场中获取并开发战略性资产的能力所决定的。因为企业在选择和积累资源上的决策是以在有限的信息、认知偏见、因果关系模糊等条件制约下最经济性地合理配置这些资源为特征的，所以不同企业之间在获取这些战略性资源时在决策和过程上的“异质性”构成了企业的核心竞争力。基于这样的观点，资源成为保证企业持续获得超常规利润的最基本条件。从资源的类型看，构成核心竞争力的资源具有稀缺性、独一无二性、持续性、专用性、不可模仿性、非交易性、无形性、非替代性等特征，企业只有拥有了这样的资源，才能在同行业中拥有独特的地位，这种地位就来自其在资源识别、积累、储存和激活过程中独特的能力。基于资源观点考察，可以认为核心竞争力是企业获取并拥有这种特殊资源的独特的能力。

（四）基于组织与系统观的核心竞争力

组织与系统观认为，核心竞争力是提供企业在特定经营中的竞争能力和竞争优势基础的多方面技能、互补性资产和运行机制的有机融合，体现在这种组织中的核心内涵是企业所专有的知识体系，正是企业的专有知识使核心能力表现得独一无二、与众不同和难以模仿。核心竞争力建立于企业战略和结构之上，以具备特殊技能的人为载体，涉及众多层次的人员和组织的全部职能，因而，核心竞争力必须有沟通、参与和跨越组织边界的共同视野和认同。库姆斯认为企业核心竞争力包括企业的技术能力及将技术能力予以有效结合的组织能力。因此，企业核心竞争力既具有技术特性，又具有组织特性，包括企业的技术专长（包括产品和工艺在内）和有效配置这些专长的组织能力。与组织和系统观相接近的，拉法和佐罗认为企业核心竞争力不仅存在于企业的操作子系统中，而且存在于企业的文化子系统中，植根于复杂的人与人和人与环境的关系中。企业真正的核心竞争力是企业的技术核心能力、组织核心能力和文化核心能力的有机结合。核心竞争力的积累蕴藏在企业的文化中，渗透到整个组织中，而恰恰是组织共识为一个综合的、不可模仿的核心竞争力提供了基础。

（五）基于流程的核心竞争力

波士顿顾问咨询公司的斯托克（Stalk G，1992）和舒尔曼（Schulman L E，1992）等人认为成功的企业极为注意行为方式，即生产能力的组织活动和业务流程，并把改善这些活动和流程作为首要的战略目标，企业成功的关键不仅仅在于核心竞争力。每个企业都必须管理一些基本业务流程，如新产品的实现，从原材料到最终产品，从营销、订货到实现产品价值。每个流程都在创造价值，每个流程也都要求部门间的协同配合。因此，尽管各个部门可能拥有自己的核心能力，但是关键在于管理这些流程，使之成为竞争能力。

本章小结

创业者（entrepreneur）和企业家为同一词，意为在没有拥有多少资源的情况下，锐意创新，发掘并实现潜在机会的价值的个体。创业者可以分为传统创业者和技术创业者。创业者类型包括生存型创业者、主动型创业者和赚钱型创业者。

企业家是“将经济资源从生产力和产业较低的领域转移到较高的领域”者，不仅包括那些已经成功创业或正在创业的一般意义上的企业家，而且还包括那些具有创新精神的潜在的企业家。企业家精神是企业家的本质。企业家是参与企业的组织和管理的具有企业家精神的人。企业家精神主要包括冒险精神、诚信守法、创新精神、实干精神和社会责任感。

创业的定义是：创业是这样的一种过程，在这个过程中，某一个人或一个团队使用组织力量去寻求机遇、创造价值和谋求发展，并通过创新和特立独行来满足愿望和需求，而不管企业家们手中当时有什么样的资源。

创业过程包括四个阶段：发现和评估市场机会、准备和撰写创业计划、确定并获取创业所需要的各种资源、管理新创事业。

创业理论的研究主要包括熊彼特的创新理论和核心竞争力理论。

思考与讨论

1．什么是创业者？

2．现阶段创业者可以划分为几种类型？

3．企业家精神包括哪些内容？

4．如何理解创业的定义？

5．创业的过程分哪几个阶段？

实训题

1．结合实际谈谈核心竞争力理论对创业型企业的重要性。

2．根据所处的地域，结合当地的经济状况，运用创业过程理论，发现和评估当地的市场机会。

第二章　创业者素质构成

本章目标

1. 掌握创业者的素质构成要素。
2. 熟悉创业者不同素质的具体内容。
3. 了解创业者社会交往过程中的社会资源类型及扩充方法。

引导案例[①]

在杭州师范大学创业园里，90后的晋城女孩王子月，热情地介绍起她的磁性剪纸。“磁性剪纸是个创意产业，任何东西都可以用剪纸表现出来，它提倡的是自己动手、自己创新，并在动手中获得巨大的乐趣。操作简单，任何人都可以轻松学会。而且成本低廉，便于使用和收藏，可以用作家居装饰、礼品赠送、广告促销……无论是作为节庆用品、旅游纪念品还是艺术藏品等，都有很大的市场前景。”伶牙俐齿的王子月说，磁性剪纸是她在晋城一中上学时就发明的专利产品，使用的是环保材料，可以循环利用再生产。只要有铁的地方都能直接吸上去，灵巧便携。因为不容易剪断、撕破，它比普通剪纸上手快，能让人们在十分钟内就体验到剪纸的乐趣。

让王子月自豪的是，2009年6月，还在杭州师范大学读一年级的她，在不远的义乌创办了一家磁性剪纸文化创意公司。在不到一年的时间里，她的公司已经发展了十余家“飞点儿磁性剪纸”加盟商，仅此一项的经济收入就有30余万元。

【思考】

1. 王子月同学成功创业的原因有哪些？
2. 我们从王子月成功的案例中得到什么启发？

---

① 资料来源：百度文库。

第一节 诚 信 力

在当今人才化、信息化、体制化的社会，仅有一点经济实力和一个好的项目就能创好业的时代已经一去不复返了。一个成功的创业者，必须建立良好的经营机制，明确自己的社会责任和社会使命，自律垂范，以德为本，诚信创业，谋求企业更好的生存与发展。

一、诚信的内涵

诚信是诚实守信的缩写。《现代汉语词典》上的释义是："言行跟内心思想一致（指好的思想行为），不虚假。"**守信**是指能够履行跟人约定的事情或者讲信用。诚信要求一个人首先要具有诚实的品德和境界，尊重事实，表里如一，既不自欺又不欺人；其次，要求人们在与人交往时履行自己所承担的责任、信守诺言、言行一致，以此规范社会人际关系。诚信既是个人的内在品质，又是人的行为规范。商业意义上的诚信是企业立业之本，没有诚信，就没有一切。人无信不立，诚信会给创业者带来良好的信誉，它既反映了企业的实力、信用和形象，又有效地降低了企业与其他市场主体之间的交易成本。

案例 2-1：任志强谈诚信：企业没诚信等于自杀[①]

据了解，在中国，每分钟都有 2～3 家中小企业倒闭，经历了国际金融危机洗礼的中国企业，其竞争优势在消逝。在此背景下，企业如何讲诚信，华远地产上市公司董事长任志强认为，对于企业家来说，如果要追求企业生存的价值，就需要有诚信。要把诚信作为一个企业的生命加以爱护，如果没有了诚信就等于是自杀。"企业如果仅仅追求一笔利润，你可以欺骗或用其他方式获得，但从此以后，你可能就要改头换面整容到另外一个地方去。"

一个企业在从建立诚信变成信誉的过程中，产生的价值就越来越大。"我第一次和潘石屹进行土地交易的时候大概谈判了 9 天。几年以后，我第二次跟潘石屹进行交易，我们俩大概用 15 分钟完成了 19 亿元的交易，我们从烟盒上撕下一块纸来签上名字，第二天就找律师签了协议。第三次交易时，我们到机场路过北京三元桥，他说到昆仑饭店碰头，我们也没有纸，把餐厅午茶的菜单撕下来签了字，那次是 40 亿元的交易。我们有信誉，

---

① 资料来源："大学生创业"网站。

我相信他签完字的东西能够履行，他也相信我签完字可以履行，这两张纸值 60 多亿元。”

【思考】

1. 诚信在创业过程中的作用有哪些？
2. 当你遇到创业伙伴欺诈时，你会怎么处理？

二、诚信在创业中的作用

（一）企业生存和发展的基础

诚实待人是与人交往的重要砝码，可以获得别人的信任，也是企业的生存之道。损人利己是得不到好下场的，为了自身事业的发展，我们务必要坚持诚信。

（二）提高企业竞争力的手段

综观企业的竞争，既是产品质量、价格的竞争，又是管理、服务的竞争。在几种产品质量均等的情况下，诚信可以为你赢得一席之地。

（三）企业打造品牌的支柱

企业品牌与企业领导者的诚信是紧密相连的，企业领导者的诚信是品牌的基石。无数事实说明，企业领导者的诚信往往是企业的信誉度，企业领导者讲诚信、守信用，企业才能受到业主的信赖，才能获得良好的社会信誉。

（四）企业交易安全的保证

在诚信缺失的时代，假冒伪劣商品、虚假的合同、虚假广告、虚假信息泛滥不全，企业之间相互拖欠、逃废债务等失信行为较为普遍，这无形中加大了创业风险，为了提高企业竞争力，更需要召唤诚信。

（五）企业树立良好形象的重要策略

企业从事营销活动，销售的不仅是产品，更主要的是企业本身。因此，营销活动的方式、手段、内容是企业的代言人。如果企业在营销活动中采用各种假冒伪劣商品或其他欺诈方式，除消费者不接受产品外，企业管理也会声誉扫地，而如果企业在消费者中的形象受到损害，想要东山再起则困难重重。

（六）企业创造顾客的有效途径

顾客的多少是对企业成功与否的最好评价，如何既保住老顾客又不断吸引新顾客，最简便且最切合实际的方式就是讲究诚信，因为诚信是服务质量的重要保证。

三、创业者诚信的培养

（一）增强诚信经营意识

杜绝在利益的驱动下，不择手段地牟取暴利。

（二）重视企业员工诚信教育

一个企业要想获得诚信的美誉，企业领导者除自身要建立良好的诚信形象以外，一定不能忽视对员工的诚信教育。但目前，大多数企业主只看到员工能否完成工作目标，只关心生产，而忽视了员工精神建设和诚信教育。

（三）构建企业诚信文化

要创造一流的企业，首先要拥有一流的人才，人才是企业的资本。如何用人、管人、留人，理论上的方法很多，但重要的一点是要诚信待人。员工是企业文化建设的主体，只有全体员工有了强烈的诚信意识，时时处处遵守诚信规则，整个企业的诚信文化氛围才能建立起来。

第二节　决　策　力

创业者在创业阶段应对市场竞争瞬息万变，会遇到许多新情况、新问题、新矛盾，为适应企业发展需要，要求企业领导者在企业重要问题上能做出明智的、科学的决策。

一、决策的含义

决策是一种判断，是从若干项方案中做的选择。这种选择通常不是简单的“是”与

“非”，而是对一个缺乏确定性的环境情景的选择。**决策能力**是指创业者根据主客观条件，因地制宜，正确地确定创业的发展方向、目标、战略及具体选择实施方案的能力。决策是一个人综合能力的表现，一个创业者首先要成为一个决策者。

二、决策的内容

1．筹资决策

筹资开办企业通常有两种方法：一是借贷；二是自有资本。不同筹资渠道的筹资成本、筹资风险、筹资可行性都不同，这就要求对筹资渠道进行评估后，在负债结构进行科学规划的情况下，对筹资渠道进行组合，以尽可能降低筹资成本和筹资风险，保证企业运行必需的资金供给。

2．模式选择决策

创业，首先应确定采用怎样的创业模式，是单一业主形式、合伙经营形式还是公司形式等。

3．产品选择决策

产品选择决策就是对产品经营、开发、设计、包装和品牌经营做出决策。

4．市场推进决策

市场推进决策在激烈的同行市场的竞争中，保持和扩大自己的市场份额。其内容涉及广告媒体决策、渠道组合决策、促销方式决策、定价决策等。

5．内部挖潜决策

内部挖潜决策就是对企业运行的活动和活动方式进行取舍和选择，减少浪费，提升效益。

6．人事管理决策

人事管理决策就是对企业的招聘、培训、奖惩、授权等进行决策。

三、决策的一般程序

1．发现问题

要求创业者在调研和日常的经营管理中，发现问题，并及时对问题的性质特征、发展趋势进行分析，在分析的基础上，根据企业生产经营状况适时确定可行目标。

2．科学预测

要求创业者在获得可靠信息的情况下，运用科学的理论和方法，对企业的未来发展状态和趋势做出预测，制定方案。

3．确定方案

要求创业者从多个方案中运用比较鉴别、全面评估、总体平衡的方法，从中选出或综合出一个最佳方案。

4．试验修正

要求创业者在局部范围内进行试验，根据试验情况对方案进行修正，以保证方案的准确、周密，然后再全面实施并健全反馈机制，密切注意追踪和监测实施的情况，结合实际对决策不断调整。

四、创业者决策误区

1．决策的浪漫化

决策目标不明确，一味按自己的思路、凭自己的心血来潮、一时兴趣决策。

2．决策的模糊性

决策准备不充分，没有收集必要的决策信息，凭着灵感、直觉决策。

3．决策的急躁化

决策没有规范的内容限定和程序限制，对企业的全局和发展没有事先的完整思考，经常是遇到危机时才匆匆应对，制定决策。

4．没有长远的人才战略

这不仅是人事管理决策上的失误，而且是企业没有完整的决策体系框架的一种表现。

案例2-2：苹果公司决策失误的沉痛教训[①]

20世纪70年代由两个年轻人创业而成名的苹果计算机公司，到80年代，在美国和整个世界的计算机市场上都有了一席之地。1984年，该公司开发出一项具有多项优势的新成果——Mac型微型计算机，该机的功能多、价廉、体小方便，具有对水、热等多方面的优异抗性，使其在美国计算机市场上变得供不应求，即使是十分保守的估计，当年的需求量至少也在数百万台之上。然而，遗憾的是苹果公司本身的生产能力很有限，即使拿出十二万分努力，它也只能提供不到这个数字1/6的计算机。这个形势使其他计算机制造商闻风赶来，要求苹果公司给予该型计算机的制作许可权。

一个企业如果获得此项授权，那么它每生产销售一台该型计算机，则不但自己受益，还要支付苹果公司一笔可观的许可权费用。显然这是对双方都有利的事情，苹果公司当然也清楚这一点。但两个原因使苹果公司对授予其他公司生产制作权的决策迟迟得不到

[①] 资料来源：百度文库。

实施。其一，苹果公司对该型计算机的垄断生产销售地位令公司财源茂盛、生意兴隆，而授予其他公司制作权实际上就等于部分地放弃这种垄断地位。苹果公司对具有垄断地位的这种美妙感受恋恋不舍。其二，其他计算机制造商为获得制作权竞争非常激烈。苹果公司在评价、比较不同厂商提供的竞争味十足的各种合同文件方面，劳心费力，左右为难，难于做出选择。数月后，一家小公司开发了一种计算机接口系统 Windows，该系统接在微型计算机上会使计算机性能发生优异的变化。显然，凡是已购买微型计算机的消费者都会装备这种系统，更何况费用并不高。但是问题出现了，社会上微型计算机的类型颇多，Windows 系统目前还不能在技术上做到对任何一种计算机都适用。此时，它只能选择一种微型计算机作为定型生产。当然，它选择的必然是被人们使用得最多的。这样，选择自然地落在了 IBM 公司生产的 PC 计算机上。

尽管这种计算机从性能上不如苹果公司的 Mac 计算机，但是有一点是 Mac 不能比的，那就是较早面世的 PC 计算机在社会上的保有量已达上千万台，而 Mac 计算机才生产出不足百万台。有了 Windows 系统配套，PC 计算机不但在功能上足以与苹果的 Mac 计算机相匹配，而且可以满足那些原来想购买 Mac 计算机的顾客的需求，促使其放弃等待 Mac 计算机生产，转而购买 PC 计算机。于是，Mac 计算机本身的盈利也就消失了。假如苹果公司能及早落实决策，把制作授予权给予多家计算机厂商，从而用迅速扩大的生产能力占领市场，增大 Mac 计算机的社会保有量，那么 Windows 系统还能选择 IBM 的 PC 计算机吗？最后，决策实施时机的迟疑让苹果公司付出了惨重的代价。

【思考】

1. 苹果公司决策失误的原因有哪些？如何调整决策思路？
2. IBM 公司决策是如何达到成功的？

第三节 管 理 力

创业者在企业中是高层，是管理者，除了要获得在职员工的支持外，还要不断激励员工创造性地完成工作，并且适时地与员工、企业、其他相关部门沟通，同时也要学会在企业风险投资中不断应变。

一、激励

在心理学中，**激励**是指通过科学的方法激发人们的动机，使外来刺激内化为自觉的行为，简单来说就是激发鼓励的意思。在创业学中，所谓**激励**是指创造满足在职员工需要的条件，激发并维持在职员工的工作积极性，从而实现企业预期目标的特定行为过程。

企业的发展需要员工的支持，员工的积极性、主动性和创造性将对企业的生存发展产生巨大的作用。激励是调动员工积极性、主动性、创造性的有效方法，激励的方式因人而异，主要的方式有以下七种。

（1）物质激励。物质需要始终是人类的第一需要，是人们从事一切社会活动的基本动因。金钱及个人奖酬能使人们更加努力地工作，也能充分调动员工的积极性。作为创业管理者，在给予物质奖励的过程中应该做到：一是奖励公正，即严格按照奖励标准执行；二是奖励价值不一，即应根据员工对企业的贡献大小来进行价值不一的奖励；三是反对平均主义，平均分配等于无激励，除非员工的物质奖励主要是根据个人业绩来发放的，否则即便企业支付了奖金或奖品，对他们也不会有很大的激励。

（2）目标激励。每个人都有自己的目标，管理者应该善于发现员工的目标需求，在工作中引导和帮助他们努力实现目标，让他们对工作产生强大的责任感，自觉地完成工作。

（3）尊重激励。企业上下级之间的相互尊重能形成一种强大的精神力量，有助于企业员工之间的和谐、企业团队精神和凝聚力的形成。

（4）参与激励。创造和提供一切机会让员工参与管理是调动他们积极性的有效方法。让职工恰当地参与管理，既能激励职工，又能为企业的成功获得有价值的知识。通过参与，形成职工对企业的归属感、认同感，可以进一步满足自尊和自我实现的需要。

（5）培训和发展机会激励。每个人都希望通过培训充实自己的知识，培养自己的能力，所以给他们提供进一步发展的机会也是激励员工的行之有效的方式。

（6）荣誉和提升激励。荣誉是对个体或群体的崇高评价；提升是对表现好、素质高的员工的一种肯定。这两种激励都能满足员工自尊需要，是激发员工进取的手段。

（7）负激励。激励并不全是鼓励，也包括一些负激励措施，如淘汰、罚款、降职和开除激励。

二、沟通

沟通是指通过一定的方式，获得他人的信任和支持，并达成自己所设定的目标。

（一）沟通的方式

沟通方式有有形沟通和无形沟通两种。有形沟通即与人直接沟通，通过说、写、听、看、肢体语言等方式相互直接交流。无形沟通即人与人不直接交流，通过其他的途径让别人对你产生信任。

（二）成功沟通者应具备的素质

（1）会表达。表达你内心的感受、感情、痛苦、想法和期望，但绝不是批评、责备、抱怨、攻击。

（2）互相尊重。作为创业者，应该做到尊重劳动、尊重人才、尊重创造。

（3）不恶言伤人，避免祸从口出。

（4）不说不该说的话。

（5）有耐心。对于创业中碰到的人和事都谦卑、忍耐、克制。

（6）拥有从沟通中获取有用信息的智慧。

三、应变

创业者的灵活应变，是指创业者在市场竞争中的应变能力、适应能力。创业者的应变力是企业生存与发展的基本生命力。

创业者的灵活应变能力主要表现如下：

（1）对产品的应变力，即随着市场需求的不断变化，调整自身产品的品种、规格、花色和质量等的能力。

（2）市场营销的应变力，即随着市场需求的变化而不断地调整自己的营销策略和方式的能力。

（3）管理的应变力，即随着市场的变化调整经营管理制度、经营方向、用工用人制度等的能力。

创业者应变能力的大小决定了企业应变力的强弱，它离不开创业者的胆识、智慧和谋略。正因为有创业者的胆识，企业才能面对复杂多变的市场，不断推陈出新。创业者的应变力是企业在竞争中取得主动和优势的来源，是企业具有强大的竞争力和生命力的动力。

第四节　创　新　力

好的创业条件和创业环境对个人创业来说能够锦上添花，但是如果没有一流的条件和环境，开动脑筋从身边的小事上进行创新，同样可以创业成功。

一、创新的概念

从哲学角度看，**创新**是指人改造现实世界，包括客观世界和主观世界的创造性活动。在这种创造性活动中，人将新的观念和新的方法诉诸于实践，创造出与现存事物不同的新东西，从而改变现实生活。

二、创新的前提

（一）有一个明确的目标

要明确自己的企业创新最终所要达到的成果是什么，同时也要有实现目标的一系列途径和方法。

（二）把握重点

任何一个人的时间和精力都是有限的，无法完成所想所做的所有事情，因此必须把握重点要做的事情。作为创业者，要把自己的时间、精力、智慧结合起来，突破性地创造力量。

（三）学会“扬弃”

创业者的创新过程，也就是“取其精华，弃其糟粕”的过程。

三、创新的核心

企业创新的核心是技术创新，包括以下两个方面：

（1）产品创新。产品创新即在技术变化的基础上的产品商业化，既可以是全新技术的新产品商业化，也可以是原有产品的技术改进。

（2）工艺创新。工艺创新主要指商品生产技术上的重大变革，包括新工艺、新设备及新的经营管理和组织方法的创新。

产品创新和工艺创新两者相辅相成，缺一不可，共同维系着企业技术创新。

四、影响企业创新的因素

（一）经验主义

一般来说，**经验**是指人们在长期实践过程中得出的结论。经验可以提高处理问题的效率，用它来解决实际问题不失为一个好办法，但是，如果一味地凭经验做事，随着时间和空间的变化，出现的新的问题就难以用经验来解决，也会使创业者因循守旧，难有新的突破。因此，必须在经验基础上不断创新，才能在激烈的市场竞争中立于不败之地。

（二）教条主义

教条主义又称“本本主义”，是主观主义的一种表现形式。它是指把理论当作教条、视书本为圣经的思想作风。其主要特征是理论与实践相分离，主观与客观相脱离，轻视实践，轻视感性认识，夸大理性认识的作用，不从实际出发，一切从书本上的个别定义、公式、结论出发，死记硬背，生搬硬套，拒绝对具体问题具体分析。

奉行教条主义的创业者通常把书本上有关创业的知识、经验视为圣经，认为书本上的东西是完全正确的，是值得推行的。在这种情况下，他们往往犯了理论与实践相分离、夸大理性认识的作用的错误，是阻碍创新发展的。为了克服这种教条主义，创业者应该积极地投入到实践活动中，多思考书本中的理论与实际生活的差距，一切从实际出发，才能在实际环境中不断创新。

（三）思维定式

陷入思维定式的人，通常在面临问题的时候用一种固定的思路和习惯去考虑，时间长了就会造成思维的僵化和呆板，从而阻碍思维的开放性和灵活性，这对创新是非常不利的，所以创业者应该避免。记住，换个位置、换个角度、换个思路，你的天地会更加宽广。

五、创业创新能力的培养

（一）有强烈的创新愿望

俗话说：不怕做不到，就怕想不到。首先要有这方面的愿望，才会有相关的行动。

（二）有适当的冒险精神

创业需要胆量，但仅有胆量还不够，创业更要有冒险的智慧。成功的创业者并非赌徒，他们是有计划地冒风险。在决定冒险时，他们会周详地考虑风险的大小，并且尽可能地让各种风险朝着有利的方向发展。

案例2-3：90后“菜鸟做物流，物流不再菜”[①]

在清一色的创业者中，90后创业者钟伟无疑是个另类，他的创业经历虽然“非典型”，却颇具戏剧性。18岁的钟伟眼见着电子商务红红火火，于是也凑热闹开了家网店。本以为钱很好赚，谁料他一周才能完成一笔销售。半年后，网店“夭折”了。

之后，他三次“潜伏”到不同的电子商务公司偷师，还一度做到公司营销总监的位置；半年前，他辞职创业，时隔3年再战互联网，5个半月便实现全年销售目标，连续两个月刷新了同等规模网店中单月人均销售纪录。别人做生意是一心一意，而钟伟做生意却显得“三心二意”：不做品牌，“野蛮”扩张，从销售到代工到自有产品；不只做销售，还一举拿下某物流汉口区域的经营权，试水物流行业。

事实上，钟伟正着手将电子商务分为两块：一块做销售，一块做物流。“因为我只做量，现在每月的交易量达3万~5万笔，物流成本挤兑了我的利润空间。现在，我先拿网店的利润养物流，但长远来看，物流肯定能大大降低网店线上的销售成本，让商品价格更具竞争力。”钟伟介绍起生意经来头头是道。

此外，钟伟还计算过一笔账，区域物流所带来的利润很可观。随着后期物流经营的扩大，他可以用物流的利润来维持将会不断微利的网店，即反过来“物流养网店”。拿下物流经营权后，钟伟着手建立了物流子公司，目前已经取得物流许可和营业执照。

① 资料来源：“大学生创业”网站。

【分析提示】

创业者在创业摸索过程中走一些弯路、碰碰钉子是很正常的，关键是要在这些挫折中感悟到问题的所在，善于总结是创新的一个保证。

第五节 社 交 力

一个企业如同一个人一样，其生存和发展有赖于其良好的社会关系。企业作为一个经济体，它的主要任务是代表投资者的利益，从事创造价值、增加利润的活动。这就要求企业必须在创造利润的过程中承担一定的社会责任，与社会上的不同“利益相关者”如股东、消费者、政府、媒体、社区和员工等建立有效的社会关系，获取广泛的社会资源。

一、企业的社会责任

按照国际惯例的理解，企业的社会责任大体有以下几部分的内容：

（1）对投资者或股东的社会责任。

（2）满足消费者需求的社会责任。

（3）遵纪守法，依法纳税的社会责任。

（4）为员工提供公平竞争的机会，丰富员工的文化生活，让员工参与管理、参加培训、分享利润。

（5）在公共设施使用中所承担的社会责任。

（6）对资源、环境和社会可持续发展的社会责任，即保护环境，提供就业机会。

（7）对社区发展、社会慈善事业和其他公益性事业的社会责任，即支持社区建设。

二、广泛的社会资源

雄厚的社会资源也称为人脉。对于创业者来说，技术专长是利刃，人脉是秘密武器。如果只有技术专长，没有人脉，企业竞争力就是“一分耕耘，一分收获”，但若加上人脉，企业竞争力将是“一分耕耘，数倍收获”。因此，开发和经营人脉资源更能为你的事业发展锦上添花。

（一）社会资源的类型

1．职业资源

所谓**职业资源**是指创业者在创业之前，为他人工作时所建立的各种资源。

2．同学资源

许多事业有成的人士背后都可以看到同学的身影，有小学的同学，有中学的同学，也有大学的同学。因为在校时，同学之间接触比较多，相对熟悉，彼此之间都了解，所以这种友谊是单纯的、深厚的。创业者都应该珍惜。

3．老乡资源

例如，广东的潮汕人是老乡资源非常丰富的一个群体，他们勤劳、机警、善于经商，李嘉诚就是典型的代表。潮汕人有一个突出的特点就是团结。潮汕人在外无论遇到了什么事，只要用潮汕话叫一句“自己人”，立马就会有很多老乡过来帮忙。他们的“团结互助”的优良传统，使得他们在事业上得到了许多机会，闯出了更广阔的天地。

4．朋友资源

都说“在家靠父母，出门靠朋友”“多一个朋友多一条路”，对于创业者来说，朋友也是无形的资本，多多益善。

（二）扩充社会资源的方法

1．多参与社团活动

创业者要想扩大自己的社会资源，比较有效的方式是参与社团。在平常生活中，太过于主动接近一个陌生人，容易引起对方的反感，会遭到拒绝，而在参加的社团中就可以避免这种情况的发生。另外，通过参与社团活动，还可以多结交一些成功的人，他们的优秀品质、创业经历都是值得创业者学习的宝贵财富。所谓“近朱者赤，近墨者黑”，与他们多接触，渐渐地也能达到耳濡目染的效果。

2．多与政府部门人员打交道

任何一位创业者在创业之初，都必须到各个政府部门办理相关手续，从工商管理部门到税务部门，再到劳动人事、商检、卫生、环保部门等。任何一个环节拖延了，都会对企业的运行造成一定的影响。创业者在做到遵纪守法、按章纳税、树立良好的企业形象的情况下，多与政府部门人员打交道，获得他们的支持，就会有利于发展自己的事业。

3．多利用现代互联网

继报刊、广播、电视之后，互联网作为一种新兴媒体，有着传统媒体无法比拟的优势，影响着我们的生活。任何人、任何时候都可以从互联网上获取想要了解的知识、经验和信息。世界上数以万计的人们可以利用互联网进行信息交流和资源共享。

案例 2-4：成功的创业者会利用各种资源[①]

陈天桥，盛大网络董事长兼首席执行官。1999 年，陈天桥以 50 万元启动资金和 20 名员工为基础，创立了盛大网络有限责任公司。2001 年，涉足网络游戏业，以 30 万美元取得韩国 Actoz 公司旗下网络游戏“传奇”在中国的独家代理权。其后，盛大以优质的服务、严格的密码保护等核心竞争力一举成为中国网络游戏业的领头羊。2000 年，盛大网络获得了中华网 300 万美元的注资。这时候的陈天桥总是“善于”发现新的赚钱机会，于是，盛大广泛涉足了网上互动娱乐社区的开发经营、即时通讯软件的开发和服务及网上动画、漫画。2004 年，盛大在美国纳斯达克成功上市。2012 年 5 月，盛大入选第四届“中国文化企业 30 强”。

江南春，分众传媒的创始人。1994—2003 年期间，江南春担任永怡传播有限公司首席执行官。2003 年 5 月起，江南春开始担任分众传媒董事局主席和首席执行官。2003 年，在广告业摸爬滚打了 10 年的江南春以楼宇电视开创了一个全新的广告传媒。两年时间，分众传媒把中国商业楼宇联播网从上海扩展至全国四十多座城市，覆盖数千万中国中高收入人群，使广告以最经济的成本，最有效地传播给了经过细分后的目标受众。分众还拓展到中国香港、中国台湾和新加坡。同时，分众传媒也赢得了众多国际知名投资机构的青睐，如 SoftBank 软银、高盛、Capital 等基金先后投资数千万美元给公司。2005 年，分众传媒登陆纳斯达克。2012 年，分众传媒收到 35 亿美元的私有化要约。

① 资料来源：百度文库。

【分析提示】

无论创业者多么优秀，多么鹤立鸡群，都应该有意识地拓展并积累社会资源，如获得合作伙伴的支持，这样既有利于抓住机遇，也有助于组建优秀团队，使得创业更容易获得成功并长久发展。

总之，创业者需要的素质是综合的，有些素质是天生的，但大多数都是通过后天的学习、积累才能得到提高。如果有意于创业，就必须注意培养自己的素质，这样创业成功才指日可待。

本章小结

创业者成功与否，与自身具备的素质有很大的关系。创业者素质包括：诚信力，是创业者发展企业的基石；决策力，是创业者综合能力的表现；管理力，是创业者获取成功的关键；创新力，是创业者企业谋求发展的前提；社交力，是创业者成功的保证。

思考与讨论

1. 创业者如何理解诚信？
2. 决策的内容是什么？
3. 创业者的管理能力对企业发展有什么作用？
4. 创业者的创新体现在哪些方面？
5. 创业者的社会资源类型有哪些？

实训题

1. 调查所在城市的2～3个企业，了解企业的诚信情况。
2. 采访3～4名身边的创业成功人士，了解他们的决策、管理能力的应用。

第二篇

评估创业机会

第三章　创业环境分析

本章目标

1. 掌握创业环境的概念和创业环境的调查方法。
2. 熟悉机会威胁综合矩阵分析的方法和行业的进入与退出的壁垒。
3. 了解创业环境分析的意义，宏观环境和微观环境分析的内容。

引导案例[①]

北京万圣书园创办于 1993 年 10 月，是民营学术书店的先驱。书店早期位于西北三环中国人民大学附近，1994 年迁到北京大学东门外的成府街深巷。在那个原本偏僻的角落，一天到晚熙熙攘攘，人群川流不息，可谓是“谈笑有鸿儒，往来无白丁”。

万圣书园在店内开设了一间“醒客咖啡厅”（Thinker’s Cafe Bar），咖啡厅营业面积近 400 平方米，其纯正的饮品和优雅的氛围已成为大学教授、学术思想家、工商界精英及外国学者经常聚会的场所。

万圣书园依托紧邻清华、北大两所名校的地理优势，经常举办学术沙龙，邀请名人进行学术讲座，以学术气氛和名人效应吸引了大量的粉丝，同时带动了图书的销售。在万圣书园，你很难分得清楚学术和商业哪个是主，哪个是仆。

万圣书园内景

【思考】

1. 万圣书园具有哪些环境优势？
2. 万圣书园是如何利用其环境优势进行经营的？

① 资料来源：万圣书园官网。

第一节 创业环境概述

创业环境分析是发现创业机会的基础，是进行创业可行性分析的前提。随时变化的环境，能给创业者带来机遇，也能给创业者造成威胁。创业者必须清楚宏观的、微观的、行业的等各种环境因素及其发展趋势，以及对具体行业、企业的影响是限制性的还是促进性的，只有这样，创业者才能抓住机遇，成功创业。

一、创业环境

（一）创业环境的概念

所谓**创业环境**，是指围绕创业者的创业和发展的变化，并足以影响或制约创业行为的一切外部条件的总称。一方面指影响人们开展创业活动的所有政治、经济、社会文化诸要素，另一方面指获取创业帮助和支持的可能性。

创业环境是这些因素相互交织、相互作用、相互制约而构成的有机整体。创业者的创业过程并不只依靠某一方面的推动，也不只是某一种因素作用的结果，它的运作需要环境各方面的支持。

（二）创业环境的特征

1．整体性

创业环境是一个由各要素相互作用、相互联系而组成的有机整体，创业环境的各要素也是相互联系、相互影响而存在的。由于创业环境具有整体性的特征，在研究创业环境的时候，应该运用系统的原则和方法，从整体的角度来考察创业环境，不能割裂各要素之间的联系，从创业环境的整体去研究个体要素的表现。

2．主导性

在创业环境的各要素中，总有一个或几个要素在某一阶段的发展中居于主导的地位，即在创业环境这个整体中规定和支配着其他的要素。因此，对主导要素的研究具有特别重要的意义。

3．可变性

区域环境和创业环境都是不断发展变化的，包括经济结构的调整、政治制度的优化、市场需求的变化、消费水平的提高等，都极大地影响着创业环境，使创业环境始终处于不断变化的过程之中，并且逐步趋于完善。因此，必须用动态的观点来看待与研究创业环境，才能正确认识创业与创业环境之间的关系。

4．差异性

差异性是指地区的差异。创业环境是个空间概念，所在的区域不同，内容也不尽相同。区域政治、经济、文化等方面的差异，决定了创业环境的地区差异。

二、创业环境的分类

创业环境可以从多个角度进行分类，其基本的分类如下。

（一）按创业环境的构成要素分类

从宏观层次看，可以分为经济环境、政治法律环境、科技因素、商务环境、教育环境、社会文化环境及自然环境等几个方面。

（二）按创业环境的层次分类

创业环境是有层次的，形成一个分级系统。**宏观环境**是指一国或一个经济区域范围内的创业环境；**中观环境**是指某个地区或城市、乡镇的创业环境等；**微观环境**是指企业的文化氛围、团队合作精神、创新精神等。

（三）按创业环境的要素形态分类

硬环境是指创业环境中有形要素的总和，如有形基础设施、自然区位和经济区位；**软环境**是指无形的环境要素的总和，如政治、法律、经济和文化环境等。

硬环境是创业的物质基础，软环境在创业过程中变得越来越重要，而且在一定时期内，硬环境的变化是有限度的，而软环境的改善能够弥补硬环境的缺陷，提高硬环境的效用，最终成倍地提高整体环境的竞争力。

案例3-1：校园里的内衣店[①]

小燕是某纺织服装高校的毕业生，大学毕业后一直有创业的想法。一次她到母校远离市区的新校区游玩，发现校园内服装店较少，内衣店一家都没有。随后她马上展开调查，了解到母校新校区有上万学生，再加上学校里的教职工及周边的居民、企业员工等，人口有两万多。于是小燕认为这是一个很大的市场，决定在校园生活区内开设一家内衣店。

① 资料来源：“大学生创业”网站。

这里离市区较远，商业气氛不太浓，因此小燕认为市场竞争不激烈，有利于她的经营。

小燕选择在学校开学的九月初开业。开业当天和随后几天，光顾内衣店的学生和老师都很少。小燕有点急了，她分析了原因：其一，可能优惠让利幅度不够，一般的大商场优惠让利的幅度更大；其二，新生还没有到校，新生对内衣的需求量可能更大。小燕耐心地等待着，但遗憾的是，一直到国庆节到来，内衣的销售额还是没有多少。10 月 1 日到 10 月 7 日，由于学生和老师都回家了，校园内人数寥寥，内衣店干脆关门不营业了。后来，天气渐渐变冷，到了该穿内衣的季节，内衣店每天的顾客人数还是寥寥无几，学生和老师大都只是散步进来看看，但买内衣的顾客还是很少。

【思考】

1. 在校园内开设内衣店是否可行？为什么？
2. 作为消费者，你的内衣消费观念和购买习惯是怎样的？
3. 小燕创业受挫的原因是什么？如何调整经营的思路？

第二节　创业环境分析的意义和方法

创业环境分析的目的在于使创业者能适应市场环境，寻找成功的创业机会，所以创业者必须利用相应的分析方法对创业所面临的创业环境进行分析和评价。

一、创业环境分析的意义

创业环境的基本要素对创业活动产生了重要的影响，促进了创业机会的产生并增强了创业能力。创业机会和创业能力相结合，就会产生创业活动，创业总是在一定的政策环境和市场环境中进行的。创业者必须对环境有深刻的了解，并采取相应的对策，才有利于保证创业成功。具体的意义体现在以下三个方面。

（一）通过研究创业环境，以指导创业

创业活动可以被看成是一个开放的系统，创业活动和其所处的环境是相互作用、相互影响的。创业者获取资源及在市场上竞争都离不开其所处的环境背景。通过对创业环境的研究，能够了解创业环境为什么能影响创业活动，从而为创业者评估自己的创业能力和环境因素提供一定的理论参考。

（二）通过研究创业环境，以规避创业风险，提高创业的成功率

创业者创业活动的成功率在整个世界范围内都是不高的。出现这样的结果，除了创业者自身的能力有限、创业资金不足等因素外，更重要的是创业环境的影响，如政府服务意识不高、法制环境不健全、社会服务化程度低等。所有这些都严重影响创业企业的生存和发展。因此，通过对创业环境进行研究，可以了解创业环境是如何影响创业活动的，从而可以规避创业风险，提高创业的成功率。

（三）通过研究创业环境，以完善社会服务功能，建立有效的创业环境支持体系

创业环境会影响创业活动，而仅仅了解这一点是不够的，因为不同的因素对创业的影响程度不同，同一环境因素在创业的不同阶段也会产生不同的影响。因此，正确评估创业环境的影响程度，可以完善社会服务功能，从而建立有效的创业环境支持体系。

二、创业环境分析的九个维度

创业环境对创业者创业的成败起着决定作用，分析创业环境对于创业者具有十分重要的意义。分析创业环境应该从以下九个维度进行。

（一）金融支持

金融支持指新成立和成长型企业获得金融支持和资源的程度，包括馈赠和政府拨款。

（二）政府政策

政府政策是指政府的政策及实施情况（包括税收和政府规章制度等方面）对于创业的鼓励和支持力度。

（三）政府项目

政府项目是指各级政府对于新创企业和成长性企业可以提供的直接项目，如政府的

采购等。

（四）教育和培训

教育和培训是指各个层次的教育和培训系统在创立或管理小型企业、新创企业和成长型企业培训方面公司化的程度，包括初等教育、高等教育、职业技术教育、创业教育等方面。

（五）科研成果转移

它主要表现为科学研究和开发能在多大程度上创造新的商业机会，以及研发是否可以为新创立的小型企业和成长中的企业所用。

（六）商业和专业基础设施

商业和专业基础设施是指商业、会计和其他法律服务与机构对于允许和促进新创企业、小型企业或者成长中的企业的影响。

（七）市场开放程度和进入障碍

市场开放程度是指商业贸易规定的稳定和不变程度。市场进入障碍可以避免新创企业和成长中的企业与现有市场的供应商、分销商和咨询顾问竞争并取代他们。

（八）基础设施

基础设施包括可利用的有形资源的质量和获得难易度，如通信设施、邮政服务、互联网、公共设施、交通设施（陆、海、空运输）、土地和办公的空间、土地成本、财产所有权、办公用地租金，同时还包括原材料和自然资源的质量与获得难易度，如木材、土壤条件、气候等对潜在的创业企业成长和发展有利的自然条件。

（九）社会文化和社会规范

这个维度主要是分析现存的社会文化和社会规范是否鼓励个人行为，这种行为是否可以导致人们以新的运营模式经营商业或者经济活动，反过来又会导致社会财富和收入的分散。

三、创业环境的调查方法

创业者必须对自己准备创业的环境有清晰的了解，了解其中对自己创业的有利因素和不利因素，可以帮助创业者寻找创业机会和规避风险。

（一）主观反馈法

主观反馈法即收集现实中的创业者对创业环境各要素的主观评价，再进行系统分析，从而推断创业环境的现况。因为每一位创业者的切身经历和经验都是对客观的创业环境的直接感受，也是对创业环境的最直接评价。

（二）抽样调查法

抽样调查法即从现有的创业者中选择一部分能够充分代表总体信息的调查样本，从这些样本的分析中正确地认识创业环境。

（三）问卷调查法

问卷调查法即通过设计问卷表，向创业者总体中有代表性的样本提出有关创业环境要素的问题，并且，对回答进行统计分析，从而对创业环境各要素的真实状况做出评估。

（四）个别访谈法

个别访谈法即依照方便、开放的原则，选择较有代表性的创业者进行无结构式访谈，提出有关创业环境的开放式问题，受访者就个人经验和自身的实际遭遇进行陈述，发表个人意见。

（五）座谈访问法

根据区域分布，分别在不同地区召开有关创业环境的专题座谈会，邀请部分创业企业家和企业管理者，就创业环境展开开放性和封闭性问题的组合座谈，在了解个别企业实际境遇的同时，对共同关心的环境“瓶颈”问题展开讨论，并且提出相应的对策建议。

（六）个案分析法

选择个别成功创业者，对其创业及成长的过程进行结构式采访，分析其成功与创业环境的相关要素和制约其进一步发展的“瓶颈”因素。选择个别创业失败者，帮助其分析创业失败的原因，并分离出哪些因素与创业环境有关。选择个别外迁的企业，了解其外迁的主要原因，并分析哪些因素与创业环境有关。

四、创业环境分析的方法

环境因素的发展变化可能会给创业者带来市场机会，也可能成为威胁因素。研究环境因素对企业有利或不利的影响，可采用矩阵图来进行分析和评估。

（一）机会矩阵

如图 3-1 所示，横坐标表示机会的吸引力，即成功后能带来的利益的大小，纵坐标表示机会出现的概率，并将成功概率和吸引力大致上分为高低或大小两档。根据各环境因素的相应数据在坐标平面上的定点，就可以区分其重要程度。

区域 1：成功概率高，而且成功后会带来较大的利益，因此对创业者的吸引力大，是应该尽量利用的环境。

区域 2：成功概率高，但成功后带来的利益较小，是创业者应该注意开发的环境。

区域 3：成功概率低，并且成功后给企业带来的利益也较小，是创业者应该注意回避的环境。

区域 4：成功概率低，但一旦成功会给企业带来较大的利益，因而创业者应该注意创造条件，力争成功。

（二）威胁矩阵

如图 3-2 所示，横坐标表示威胁对企业经营影响的严重性，即威胁出现之后所带来损失的大小，纵坐标表示威胁发生的概率，并将发生概率和严重性大致分为高低或大小两档。根据各环境因素的相应数据在坐标平面上定点，就可以区分事件的影响程度及其性质。

区域 1：威胁发生的概率高，而且发生后将产生较为严重的负面影响，因此创业者要予以特别关注。

区域 2：威胁发生的概率高，但发生后带来的负面影响有限，创业者应该予以必要的关注。

区域 3：威胁发生的概率低，并且发生后给企业经营带来的负面影响也比较有限，创业者可以基本忽略。

区域 4：威胁发生的概率低，但一旦发生会产生较为严重的负面影响，因而创业者不能掉以轻心。

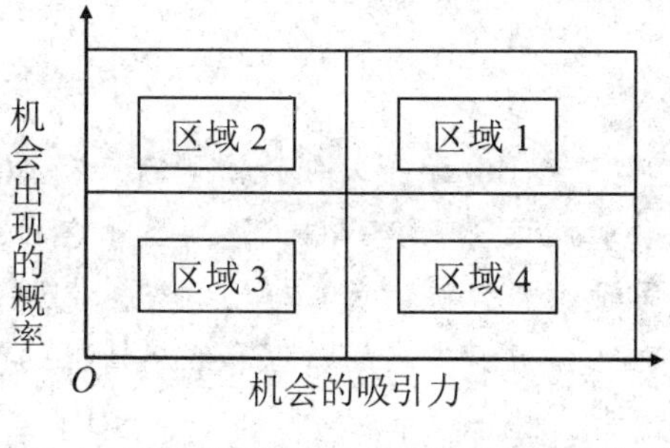

图 3-1　机会的吸引力与出现的概率分析矩阵

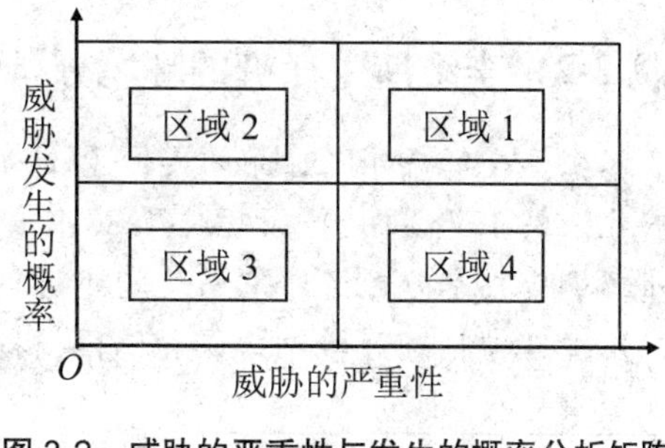

图 3-2　威胁的严重性与发生的概率分析矩阵

（三）机会威胁综合矩阵

通过市场机会和环境威胁矩阵图的分析，可以判断创业者所面临的市场机会和环境威胁的位置，以便找出主攻方向。同时，对市场机会和环境威胁进行比较，还可以预测对创业者来说机会和威胁哪一个占主要地位。把两个方面的分析结果重叠，就可以形成新的矩阵图，如图3-3所示，横坐标表示机会水平的高低，纵坐标表示威胁程度的强弱。这样，业务项目就可以分为四种类型。

区域1：威胁程度高，机会水平也高，两相比较，难分上下，处于这一区域的是风险型业务。

区域2：威胁程度高，机会水平低，是最差的环境状态，处于这一区域的是困难型业务。

区域3：威胁程度和机会水平均低，虽盈利能力不高，但也没有多大风险，处于这一区域的是成熟型业务。

区域4：威胁程度低，机会水平高，是最佳的环境状态，处于这一区域的是理想型业务。

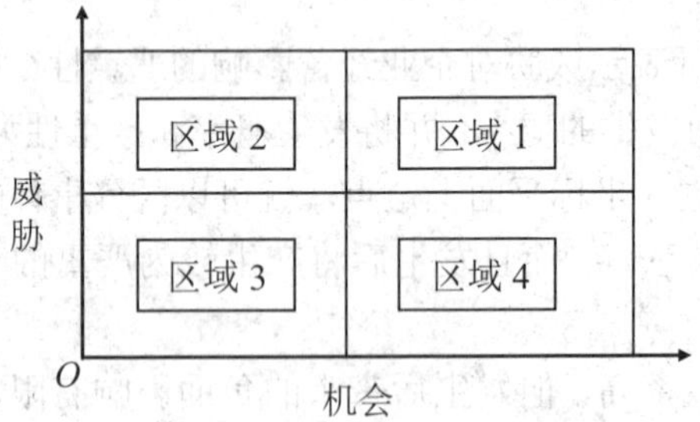

图3-3 机会威胁综合矩阵

创业环境分析是发现创业机会的基础，是进行创业可行性分析的前提。随时变化的环境，能给各行各业带来机遇，也能给各行各业造成威胁。创业者必须清楚宏观的、微观的、行业的等各种环境因素及其发展趋势对具体行业、企业的影响是限制性的还是促进性的，只有这样，创业者才能抓住机遇，避免严重威胁，成功创业。

案例3-2：李维斯牛仔裤的环境分析①

以生产牛仔裤闻名世界的美国李维斯公司，20世纪40年代末期的销售额只有800万美元，到1978年销售额超过了20亿美元，40年时间增长了250倍，这得益于它的分类市场调查，充分地了解它所处的市场环境。公司设有专门机构负责市场调查，在调查时应用心理学、统计学等知识和手段，按不同国别，分析消费者的心理和经济情况的变

① 资料来源：袁秀珍．国外知名企业市场调查妙策[J]．中国中小企业，2002（11）．

化、环境的影响、市场竞争条件和时尚趋势等，并据此制订生产与销售计划。

1974 年公司对西德市场的调查表明，多数顾客首先要求合身，公司随即派人在该国工厂进行合身测验，一种颜色的裤子就定出 45 种尺寸，因而扩大了销路。公司根据市场调查，了解到美国青年注重合身、耐穿、价廉、时髦，故把合身、耐穿、价廉、时髦作为产品的主要目标，于是产品长期打入了美国青年人的市场。近年来，在市场调查中，公司了解到许多美国女青年喜欢穿男裤，于是公司经过精心设计，推出了适合妇女需要的牛仔裤和便装裤，使妇女服装的销售额不断上升。

如此，虽然在美国及国际服装市场业竞争相当激烈，但李维斯公司依靠其对市场环境的充分调查与研究，其制订的生产与销售计划同市场上的实际销售量只差 1%～3%。

【思考】

1. 李维斯牛仔裤在西德和美国的市场环境有何不同？
2. 李维斯公司在调查市场环境过程中使用了哪些具体的方法？

第三节　创业宏观环境分析

宏观环境对企业的影响作用是间接的，但是也是巨大的，因为这些因素是企业无法控制的。因此，创业者必须了解或熟悉相应的宏观环境因素，以适应环境，把握机遇。

一、政治环境

与创业活动密切相关的政治环境，主要包括政局和政治事件、国家政策等，它们是企业生存发展的前提条件之一。

（一）政局

政局是指某一国家的政治制度、外交政策、战争、执政党更换、政府更迭、要员更迭、政策巨变、社会治安恶化、罢工、暴乱、压力集团活动、民族矛盾和社会动乱等情况。

（二）国家政策

国家政策是任何一个企业都必须遵守的准则，当国家在一定范围内调整或改变某项政策时，企业要相应调整经营目标和策略，因为政策分析是制定企业发展规划的基础。

1. 政策持续性分析

政策持续性包括政策的稳定性和政策变化趋向的一致性两个方面。各种政策总有一定的稳定性，创业者应对各种政策的稳定性做出合理的预期，以便更好地在国家政策允许的范围内从事创业活动。但由于各种条件总在不断变化，政策的制定者要根据变化的环境重新制定政策或及时调整、修订政策，因而各种政策总有一定的变动性。创业者应对各种政策的变化趋向做出合理的预期，分析各种政策是否会一直向有利的方向发展。

2. 信贷政策

创业往往离不开银行的贷款支持，即使大型跨国公司也离不开银行，因为资金周转总有不畅的时候，市场机遇常常需要迅速集中投入。国家和银行对待大众创业的信贷政策会直接影响创业成败。

阅读材料 3-1：我国大学生创业的贷款政策[①]

1. 大学生创业贷款的申请条件

申请者必须为大学专科以上，毕业后 6 个月以上未就业，并在当地劳动保障部门办理了失业登记的毕业生。另外，申请者还需具备三个条件：一是贷款申请者必须有固定的住所或营业场所；二是必须有营业执照及经营许可证，稳定的收入和还本付息的能力；三是创业者的投资项目已有一定的自有资金。

具备以上条件的大学生创业者才能在向银行申请贷款时享受国家给予的优惠政策，申请时还需提供婚姻状况证明、个人或家庭收入及财产状况等还款能力证明文件、贷款用途相关的创业项目合同、担保材料、涉及抵押品或质押品的权属凭证和清单，以及银行认可的评估部门出具的抵（质）押物估价报告。

2. 大学生创业贷款的额度

国家为大学毕业生提供的小额创业贷款是政府贴息贷款，其期限为 1~2 年，2 年之

[①] 资料来源：根据百度百科“大学生创业贷款”词条内容整理。

后不再享受财政贴息。创业贷款金额最高不超过借款人正常生产经营活动所需流动资金、购置（安装或修理）小型设备（机具）及特许连锁经营所需资金总额的 70%，期限一般为 2 年，最长不超过 3 年，其中生产经营性流动资金贷款期限最长为 1 年。个人创业贷款执行中国人民银行颁布的贷款利率，可在规定的幅度范围内上下浮动。

3. 大学生创业贷款的偿还方式

贷款期限在一年（含 1 年）以内的个人创业贷款，实行到期一次还本付息，利随本清；贷款期限在 1 年以上的个人创业贷款，贷款本息偿还方式可采用等额本息还款法或等额本金还款法，也可按双方商定的其他方式偿还。

【分析提示】

资金是大学生创业的首要困难，大学毕业生有的刚工作不久，有的甚至连工作都还没有，缺乏创业投资的经济基础。国家为大学生创业者出台的一系列贷款优惠政策，对于扶持大学生创业、解决资金困难起到了一定的积极作用。

3．税收政策

税收政策对于吸引投资，鼓励创业和保护创业，促进经济发展有着重要的作用。为了鼓励大众创业和保护大众创业，国家普遍实行优惠的税收政策，降低他们的创业风险。

阅读材料 3-2：广东省扶持大学生创业的税收优惠政策[①]

2009 年 7 月，广东省财政厅、教育厅、劳动保障厅、工商局、地税局等 14 个部门联合下发了《关于贯彻落实〈广东省人民政府办公厅关于促进普通高等学校毕业生就业工作的通知〉的意见》，其中对于扶持大学生自主创业提出了多项税收优惠政策。

---

① 资料来源：广东省人民政府官网。

（1）高校毕业生创办企业从事技术转让、技术开发业务和与之相关的技术咨询、技术服务业务取得的收入，免征营业税。

（2）高校毕业生创办企业为开发新产品、新技术、新工艺所发生的研究开发费，未形成无形资产计入当期损益的，在按照规定据实扣除的基础上，按照研究开发费用的50%加计扣除；形成无形资产的，按照无形资产成本的150%摊销。

（3）高校毕业生创办企业被省科技厅、省财政厅、省国税局、省地税局认定为高新技术企业后，减按15%的税率征收企业所得税，税收优惠执行时间从当年的1月1日算起。

（4）高校毕业生创办符合条件的小型微利企业减按20%的税率征收企业所得税。符合条件的小型微利企业是指从事国家非限制和禁止行业，并符合下列条件的企业：① 工业企业，年度应纳税所得额不超过30万元，从业人员不超过100人，资产总额不超过3000万元；② 其他企业，年度应纳税所得额不超过30万元，从业人数不超过80人，资产总额不超过1000万元。

（5）高校毕业生创办企业从事农、林、牧、渔项目的所得，可以免征、减征企业所得税。企业从事下列项目的所得，免征企业所得税：蔬菜、谷物、薯类、油料、豆类、棉花、麻类、糖料、水果、坚果的种植；农作物新品种的选育；中药材的种植；林木的培育和种植；牲畜、家禽的饲养；林产品的采集；灌溉、农产品初加工、兽医、农技推广、农机作业和维修等农、林、牧、渔服务业项目；远洋捕捞。企业从事下列项目的所得，减半征收企业所得税：花卉、茶及其他饮料作物和香料作物的种植；海水养殖、内陆养殖。

【分析提示】

国家对高校毕业生创办的企业采取税收的优惠政策，可以降低创业的成本，提高创业成功的概率，是世界各国普遍采用的鼓励创业的政策。

4．财政补贴

为了引导创业者和中小企业的发展方向，政府不仅采取优惠税收政策，而且通过财政补贴方式以税养企业。

阅读材料 3-3：广东省扶持大学生创业的财政补贴政策[①]

按照广东省财政厅、教育厅、劳动保障厅、工商局、地税局等 14 个部门联合下发的《关于贯彻落实〈广东省人民政府办公厅关于促进普通高等学校毕业生就业工作的通知〉的意见》的要求，政府对同时符合下列条件的应届高校毕业生自主创业给予一次性创业资助：① 领取广东省营业执照时间在 2009 年 7 月 1 日后；② 正常经营 6 个月以上，依法纳税并按规定缴纳社会保险费；③ 能带动其他劳动者就业。补贴申领的截止时间为 2010 年 12 月 31 日止。珠三角地区的资助额度为 2000～3000 元，粤东西北地区的资助额度可提高至 3000～4000 元。

【分析提示】

财政资助可以在一定程度上减轻高校毕业生创业的资金困难，并且激励大学生的创业热情。同时，在制度安排上，又要求创业者能够带动其他劳动者就业，而不同地区的补贴额度有所差异，能起到一定的政策引导作用。

5．技术创新政策

技术创新政策对于促进科技人才创业和中小企业技术创新起着重要作用。

① 资料来源：广东省人民政府官网。

（1）孵化支持。建立企业孵化器是鼓励技术创新的重要措施，也是技术创新政策的体现。所谓企业的孵化器就是协助创建高新技术企业的系统。由政府给予资金、技术、人力、物资等多方面的支持，以求把高新技术企业迅速有效地培育起来。企业孵化器有助于科研成果尽快转化为生产力。经济发达国家的科技成果转化率达到了50%左右，美国的硅谷转化率高达70%以上。

企业孵化器分为四个级别：

一级孵化，又叫项目孵化，孵化对象是高新技术的研发成果，目的是使科研成果商品化、产业化，创建新的中小型高新技术产业。

二级孵化，又叫企业孵化，孵化对象是培育成功的中小科技型企业和创业者。

三级孵化，又叫大孵化，从二级孵化阶段进入科技园区向大型科技企业发展。

四级孵化，又叫跨国孵化，通过高新技术园区的国际企业孵化器及海外孵化基地，孵化成外向型高新技术企业，引入国外尚未产业化的高新技术，实现跨国经营。

企业孵化器对企业是一种有偿服务的关系，进驻孵化器的企业，双方签订孵化协议，互相制约。在创业中心有条件和双方自愿的条件下，创业中心可以参股。创业中心也可以自我孵化，创办企业。

（2）法规支持。我国为了支持创办高新技术产业，促进高新技术成果转化，出台了《中华人民共和国科学技术进步法》和《中华人民共和国促进科技成果转化法》，鼓励科研机构和科研人员以多种方式转化高新技术成果，可以自办企业，也可以将成果作为资本向其他企业投资，作价可达到企业注册资本的35%。

（3）财政支持。为了扶持和促进高新技术企业的成长与发展，国家制定了《关于科技型中小企业技术创新基金的暂行规定》。创新基金来自中央财政拨款及其银行存款利息。根据中小企业和项目的不同特点，创新基金采取不同的资助方式：一是贷款贴息；二是无偿资助。

二、经济环境

经济环境包括经济结构、经济发展阶段、经济周期、国民收入及其变化趋势、居民可支配收入、储蓄及资本市场发育程度等因素，它们决定了企业潜在市场的大小。

（一）经济结构

经济结构是指一个国家或地区的产业结构、分配结构、交换结构、消费结构、技术结构及所有制结构等。其中，产业结构与新创企业的关系最为密切，如果一国（地区）的产业结构处于升级阶段，则会提供较多的创业机会。

（二）经济发展阶段

企业的经营活动要受到一个国家或地区整个经济发展阶段的制约。以消费品市场为例，处于经济发达阶段的国家，较重视产品的基本功能，同时也比较强调产品的款式、性能与特色；而处于经济欠发达阶段的国家，则比较侧重于产品的基本功能和实用性，价格竞争具有一定的优势。

（三）经济周期

经济周期是现代社会发展过程中不可避免的经济波动，包括繁荣、萧条、衰退和复苏四个阶段。在经济周期中，经济波动几乎会影响所有部门，造成产量、就业、物价水平、利率等的变动。一般来说，经济周期的不同阶段都可能产生创业机会，但是由于经济总量与经济结构在萧条、衰退阶段处于相对的收缩状态，因而不利于创业活动；在经济复苏、繁荣阶段，经济活动十分活跃，因而有利于新创业企业的发展。

（四）国民收入

国民收入是一个国家物质生产部门的劳动者在一定时期内所创造的价值总和，反映了一个国家的经济发展水平。人均国民收入是每年平均每人的国民收入，反映了一个国家消费品市场的平均水平。居民个人收入包括每人的工资、奖金、津贴、退休金、红利、租金、赠予等从各种来源所得的全部货币收入，它反映了消费者的购买力水平。从个人收入中扣除直接支付税款及非税性负担后所剩的收入才是个人可支配收入；从个人可支配收入中扣除维持生活所必需的支出（食品、固定费用、水电费、分期付款、学费、托儿费、抵押借款等）后所剩余的收入才是个人可随意支配收入。所有家庭成员个人收入的总和构成家庭收入。根据恩格尔定律，随着家庭收入的增加，用于购买食品的支出占家庭收入的比重下降，用于住宅、建筑和家务经营的支出占家庭收入的比重大体不变，用于其他方面（服装、娱乐、交通、卫生保健、教育）的支出占家庭收入的比重会上升。

根据经济学的一般原理，收入等于消费与储蓄之和，当收入一定的时候，消费与储蓄的关系是此消彼长。居民收入中有一部分以各种形式储蓄起来，它是一种推迟的、潜在的购买力，往往影响到消费的潜在需求量及消费模式、消费内容、消费的发展方向。但是，消费者的购买能力并非局限于收入和储蓄，随着金融市场的不断发展和完善，消费者可以通过消费信贷等多种信用形式来增加购买力，这是一种预支的购买力。

（五）资本市场

资本市场在现代经济中具有重要地位，它是融通资金、调节投资的主渠道，其发展状态决定着企业可获得资本的数量和取得资金的难易程度，尤其对于新创企业而言，资本市场是决定其能否度过初创期的资本障碍并进一步发展壮大的关键。

三、社会环境

（一）人口结构

人是市场的主体，是企业经营活动的基础和最终对象，人口的变化意味着市场规模的变化、市场结构的变化。人口总数及其增长速度决定了潜在市场和现实市场的规模，但居住在不同地区的人群，由于地理环境、气候条件、自然资源、风俗习惯的不同，消费需求的种类和数量不尽相同，购买习惯与行为也存在差别。同样，年龄结构不同，对商品和服务也会产生不同的需要，形成各具特色的市场；性别不同，不仅需求不同，而且购买习惯与行为也有很大差异。

（二）社会文化环境

任何企业的经营活动都必须处于一定的社会文化环境中。所谓**社会文化环境**，是指一个国家、地区民族的传统文化，通常由价值观念、信仰、风俗习惯、行为方式、社会群体及相互关系等内容构成。社会文化环境是影响人们欲望和行为的重要因素。人们在不同的文化背景下生活，建立起不同的观念和信仰，遵循不同的行为规范，因而也具有不同的购买理念，从而导致不同的购买行为。企业只有全面了解社会文化环境，认真、准确地判断和分析消费者所处的社会文化环境，才能较准确地把握消费者的需求，正确选择自己的目标市场。

四、科技环境

科技环境包括社会科技水平、社会科技力量、国家科技体制、国家科技政策和科技立法，它们直接或间接地影响着创业活动及新创企业的生产经营，因为科学技术的发展决定社会生产力水平，一种新科技的出现必然导致新的产业部门的出现，使消费对象的品种不断增加，范围不断扩大，进而使消费结构也发生变化。

五、自然环境

创业者考察自然环境的目的是要分析周围的环境及资源是否适合创业项目的发展，能否提供该行业所需的资源条件。同时，随着人们环保意识的增强，可持续发展已成为全球关注的战略问题，许多国家或地区已经制定了相关的环境保护法。因此，创业者必须顺应可持续发展战略的要求，在生产经营中保证不破坏自然环境、不浪费资源，以实现企业利益、消费者利益、社会利益及生态环境利益的和谐统一。

六、法律环境

法律是市场经济条件下规范企业经营行为的准则，国家的法律法规，特别是关系到经济活动的立法，不仅规范企业的行为，而且会使消费需求数量和结构发生变化，能鼓励或限制某些产品的生产和销售。在我国，司法均以法律、法规、规章为依据，判例不是法律，没有普遍的约束力，但具有较强的参考意义，尤其是最高人民法院公布的判例。对于新创企业而言，首先，要了解我国的基本法律环境，如《企业登记管理条例》等工商管理法规、规章，了解《合同法》《担保法》《票据法》《知识产权保护法》等基本民商法律及行业的管理的规章。其次，创业者不仅要熟悉我国的法律法规，而且要了解相关国际贸易规则与惯例，在与外国资本进行生产、经营、投资合作时，要了解所在国的反垄断法、反倾销法、劳动法及有关产品安全等方面的法律规定。

案例 3-3：北大才子卖猪肉[①]

2009 年“北大才子卖猪肉”的新闻曾引起广泛关注，“壹号土猪”品牌开始被人们熟悉。2009 年，“壹号土猪”在广州开了 100 多家店，2013 年它在广州已有 230 家连锁店，在珠三角有 550 家连锁店。“壹号土猪”的创办人，毕业于北京大学的陈生说：“‘壹号土猪’发展这么快，是因为大家都开始关注生活的品质……我们踩对了趋势，在正确的时间选择了正确的行业和产品。”

1994 年之前，中国只有土鸡、土猪，但是很快被转化率高、生长快的洋鸡、洋猪取代，因为它们更便宜。土猪生长周期达 10 个月，而洋猪（即瘦肉型猪）只需要 5 个月。10 年之后，随着生活水平的提高，很多人开始怀念土鸡、土猪的好滋味。陈生经过调查发现，2006 年广州土猪肉占肉禽市场的 1%，地级市是 20%，县级市是 50%，而乡镇里面全都是土猪。在市场需求最大的地方，供应却是最少的，这为壹号食品提供了一个重要的发展契机，成为壹号食品最重要的一个转折点。

“壹号土猪”在广州上市时，陈生让员工牵着一头头戴大红花、浑身漆黑、270 斤的大土猪在菜市场里面游街，让城市里的人看看土猪的模样。虽然价格比瘦肉型猪贵了 50% 以上，但土猪肉靠香味留住了不少消费者。陈生的努力很快见到了成效，在“壹号土猪”的带动下，2013 年广州土猪肉市场占额已经上升到 10%。

---

① 资料来源：黄秋丽. 北大才子卖猪肉：让“土猪”飞[N]. 中国企业家，2013-06-25，本文根据该文整理。

【思考】

1. 陈生创办“壹号土猪”的有利环境因素有哪些？
2. “壹号土猪”与土猪肉行业之间形成什么关系？

第四节　行业环境分析

不同的行业由于所处的发展阶段不同，行业的特征及经济特性都是不同的。这些特性将直接决定企业所选择进入的行业及所要生产的产品能否为企业带来可观的利润，甚至关系到企业的生死存亡。行业分析的目的在于通过了解行业基本的竞争情况及潜在的发展机会，方便创业者做出正确的投资决策，尽量避免投资失误和资源浪费。

一、行业的发展阶段

每一个行业发展所经历的周期可以分为四个阶段：孕育阶段、成长阶段、成熟阶段和衰退阶段。行业的生命周期，从本质上看是由该行业生产所使用的关键技术的成熟程度决定的，而技术同样也具有生命周期，从萌芽、生长、成熟至老化。当一项新技术刚刚被研制出来还不被人们熟悉时，它的发展较慢，行业处于孕育期；一旦越过最初阶段技术就会迅速扩散，直到形成一定规模，行业也相应地进入成长阶段、成熟阶段；进入成熟阶段后，技术扩散速度逐渐放慢，行业随之处于衰退阶段。如果在此期间有新的技术取代原有技术，则行业的生命周期会在技术替代的过程中得以延续。

对创业而言，不同的行业发展阶段所带来的机会和威胁是不同的。

（一）孕育阶段

此时，行业生产的关键技术尚处于研制过程中，消费群体不明确且规模很小，在这个阶段存在大量的创业机会，先进入者拥有制定行业、生产、技术标准的优势，但同时也存在很大的技术风险和市场风险。

（二）成长阶段

在该阶段的前期，行业刚刚形成，现有企业的规模小、产品少，但给创业者的机会多。随着关键技术逐渐成熟，企业纷纷进入，行业规模迅速扩大，投放到市场上的产品数量大、品种多。由于这一阶段的市场需求增长较快，所以带给创业者较大的机会。

（三）成熟阶段

这是行业稳定发展的阶段，企业间竞争激烈，实力弱的企业或被兼并或被淘汰出局，实力雄厚的大企业拥有较高的市场占有率。由于市场需求已趋于稳定，这一阶段留给创业者的机会十分有限。

（四）衰退阶段

这是行业逐渐消亡、衰落的阶段，许多企业纷纷退出，由于市场需求下降，原有产品逐渐被新产品替代，这一阶段的市场机会微乎其微，创业者应尽量回避。

行业发展的四个阶段带来的市场机会各不相同，其中，机会最大的应属行业的成长阶段，因此创业者应该尽量在此阶段进入。

二、行业的进入壁垒

创业者进入一个行业之前，必须对进入这一行业的障碍有所把握。一个行业的进入壁垒越大，潜在进入者就越难进入。影响或阻碍潜在企业进入的行业壁垒主要有以下几个方面。

（一）规模经济

无论进入哪一行业，创业项目都必须具备相应的生产规模，否则难以达到一定的盈利水平。

（二）产品差异

所谓**产品差异**是指顾客对某产品所形成的消费偏好。如果存在诸如品牌偏好、风俗偏好或口味偏好这样的产品差异，新进入企业要耗费大量的成本费用进行品牌建设、产品定位、广告宣传等工作，以建立新的差异改变顾客对原有品牌的忠诚度。否则，企业将很难销售其产品，甚至导致亏损。

（三）顾客品牌转移难度

顾客品牌转移难度是指顾客对老品牌信任和偏爱的程度。顾客对于熟悉品牌的依赖程度越高，就越难接受新品牌或根本不进行尝试，这样的行业是难以进入的。

（四）所需投资量的大小

进入某一行业所需的投资量的大小，除由行业最低经济规模和合理经济规模决定以外，还由该行业的技术复杂程度决定。一个行业所要求的生产经营技术越复杂、技术难度越大，则进入的企业在开发新产品、试制生产和商品化工作方面需要的费用也就越多，所需投资越大，该行业就越难进入。

（五）转换成本

转换成本不仅包括进入一个新的行业在固定资产、工艺装备的改造和原材料供应转换及新员工培训等方面所花费的费用，而且包括心理转换成本。所谓**心理转换成本**是指新进入企业往往需要比现有企业提供更好的产品、更低的价格，或者给予顾客更多的免费服务项目，否则难以使顾客接受新产品。心理转换成本越高，一个行业越难进入。

（六）销售渠道限制

如果进入一个行业不能利用原有的销售渠道，就必须花费一定的费用建立新的销售渠道。这方面的费用越高，该行业越难进入。

（七）资源的稀缺性

如果某一行业所使用的资源，如原材料、劳动力、设备等供应充足，就比较容易进入；相反，在资源短缺的行业，新企业的加入则意味着该行业的资源更加短缺，这种稀缺性越强，该行业就越难进入。

（八）技术进步速度

技术进步的速度将直接影响到产品的生命周期，而企业能否跟上技术进步的速度则直接决定了其产品能否在市场上受到消费者的欢迎。尤其是一些技术含量对产品的影响比较大、技术的更新换代比较快的行业，如计算机行业，企业能否跟上技术进步的速度则更是决定了企业的生死存亡。一个行业的技术进步速度越快，新产品替代老产品的时间越短，该行业就越难进入。因为这对创业者的新产品开发工作构成极大的挑战，创业者可能还没有开发出该行业原有的老产品，产品就可能由于技术进步的原因步入了成熟或衰退期，而使企业的获利受到影响，或者是行业内其他企业新开发的产品对现有市场产生冲击。

案例 3-4：大学生创办无线网络游戏公司[①]

大学毕业季，正当其他同学纷纷签约就业单位时，上海外国语大学某班的刘露悄悄地注册开张了自己的公司。创建公司的点子来源于和朋友的聊天。刘露有一群做 IT 的朋友，长期以来都非常关注无线网络游戏市场，闲聊间，朋友谈起无线网络游戏市场是网络游戏之后又一块大奶酪，特别适合年轻人去挖宝。于是，几个朋友商议组建个科研团队，而刘露被推出来做市场开发和营销。刘露的想法得到了家人的支持，家人出资 10 万元，帮助她注册公司。于是，当昔日的同学开始奔波穿行于高楼大厦间，体验新鲜的白领生活时，刘露却已端坐在浦东的一间办公室里，忙碌地接听电话、联系客户、指挥团队，品尝着自己当老板的酸甜苦辣。

【思考】

1. 你认为无线网络游戏行业的未来发展空间如何？
2. 你认为当前无线网络游戏行业所面对的环境中有哪些有利和不利的因素？

本章小结

创业环境分析是发现创业机会的基础，是进行创业可行性分析的前提。但是，创业环境是随时变化的，这种变化一方面能给创业者带来机遇，另一方面也能给创业者造成威胁。创业者只有认清影响创业的各种环境因素及其发展趋势，才能抓住机遇，成功创业。

创业环境分为宏观环境和行业环境。

创业的宏观环境分析的主要方面包括政治环境、经济环境、社会环境、科技环境、

① 资料来源：“大学生创业”网站。

自然环境和法律环境。

行业环境分析的主要方面是行业的发展阶段和行业的进入壁垒。

思考与讨论

1. 如何理解创业环境的概念？
2. 创业环境的分析有哪些意义？
3. 创业环境包括哪些内容？
4. 创业的宏观环境调查的内容包括哪些方面？
5. 创业的宏观环境分析包括哪些方面？
6. 创业的行业环境分析包括哪些内容？

实训题

1. 把学到的“创业环境”“创业宏观环境分析”“创业行业环境分析”的理论和方法运用到营销实践中去，就某地区的创业环境进行分析，在分析的基础上形成一份《某地区的创业环境分析报告》或《对某地区创业环境改善的意见》。

2. 能够运用创业环境分析的方法，对自己将来的创业形成一个规划的初步方案。

第四章　创业市场机会识别

本章目标

1. 把握创业机会对于创业的关键意义，了解创业机会的来源与类型。
2. 熟悉创业机会的认知基础。
3. 掌握创业机会的基本评价方法。

引导案例[①]

袁旭，一个“骨灰级”网游玩家，在玩中发现了商机，用 10 万元开始创业，三年掘金千万，而他做的这个生意是提供网游加速服务。

所谓的网游加速服务，即解决玩家网游中遇到的延时长、登录难、易掉线等问题的一种网络服务。游戏玩家在玩游戏时先进入袁旭的网站，以网站的网络为跳板进入游戏公司的网络，进而达到加速的目的。现在袁旭不仅和国内 1400 多款网游建立了合作，还与一些欧美国家的网络游戏建立了合作。

袁旭的收费标准是用户可先免费试用 10 天，如果愿意使用，可注册会员，按月收费，国内用户 20 元/月，国际用户 40 元/月。现在袁旭每年相对稳定的收入达到了千万元级别。虽然这个数字已经相当令人咂舌，但如果知道当初袁旭只投资了 10 万元，恐怕绝大多数人都会“羡慕嫉妒恨”了！

袁旭认为，2011 年网游市场进入了一个拐点，因为从各大网络公司的财报包括上市公司的业绩数字来看，网游行业正面临下滑期。这也代表着这个行业出现了功利化趋向和过度竞争两大现象。但无论是功利化趋向还是过度竞争，各大厂商将从之前追求游戏量化的阶段发展到开始注重游戏的品质、客户的体验的阶段，这对游戏的流畅度、合理的设计和合理的环境都有了更高的要求，市场上对网游加速服务的需求也更为强烈。

不过他也认为，这个生意更适合精通网络技术的人介入，因为这是一个靠技术吃饭的生意，如果投资者对于技术不精通，根本无法准确了解顾客的需求，无法与市场接轨，

---

① 资料来源：根据百度百科“袁旭”词条整理。

赚钱会很困难。

【思考】

1. 2011年网游市场进入拐点，袁旭从中发现了哪些机会？
2. 袁旭在利用机会创业成功的过程中，具备哪些自身优势和条件？

成功的创业者能及时捕捉创业机会，并在众多的机会中选择适合自己的创业机会进行创业。机会来源于创业者的主观感知和客观存在，创业动机和创业能力是机会识别的基础，创业环境影响机会的识别、评价和选择。识别和选择创业机会是一个动态过程，机会评价活动贯穿整个过程。

第一节　创业机会的含义与来源

一、创业机会概述

（一）创业机会的含义

市场机会是指市场上尚未全部满足的需求。**创业机会**是指创业者可以利用的商业机会。广义上说，机会是指通过对资源进行创造性的组合来满足市场需求（或兴趣或短缺），从而带来超额价值的可能性。

（二）市场机会的存在

市场机会一般存在于三种情况下：一是在现有的产品和服务市场上，寻找尚未满足的顾客，启动开发一个新市场，或者发现现有产品的新功能和新用途，引导人们使用它；二是创造开发，设计生产出具有新功能的产品，以满足人们变化的需求；三是由于社会分工的演进，专业化所衍生的新的市场。创业者应对市场机会进行寻找、发掘、识别，以确定其是否可以成为自己的机会。

（二）创业机会的特点

1. 具有吸引力

虽然创业机会在市场上以各种形式存在着，但是只有当创业者确认这个机会存在且有价值时，才能够获得商业利润，也才会产生创业。

2. 持久性

创业过程是动态和不连续的，它始于创业者的思想创意，但其最终结果会受到很多内外部条件的制约。但是，创业机会则具有持久性。

3．适时性

创业机会产生于一个特定时间，同时也是在特定的时间才有效用。

4．可以识别

创业者对创业机会有一个识别的过程，影响识别的效果的因素将在下文论及。

二、德鲁克的机会来源理论

德鲁克明确指出了七种外部环境中潜在的机会来源，这是目前比较公认的理论。

（一）出乎意料的情况

出乎意料的情况即意料之外的事件，包括意外的成功、意外的失败和意外的外在事件。当外部环境中的情形是未预期到的时候，就会发现机会。事情可以是未被预期到的成功或者是未被预期到的失败，在每一种情况下，都有企业家可以追寻的机会。

（二）不一致的状况

不一致的状况，即指实际状况与预期状况间不一致。当事情和传统的知识呈现不一致性时，机会就可能出现，当创业者用超越传统的和习惯的思维方式进行思维时就会发现有许多潜在的创业机会。

（三）过程或程序的需要

创业机会不一定要在“重大突破”中产生，在经营活动的各个阶段都会有一系列的创业机会，虽然不可能有大的跃进，但是在每一个小的环节上都会有机会产生。

（四）产业与市场结构

产业和市场结构并不是固定的，而且是非常脆弱的，一个小的打击就会导致现有的产业和市场结构瓦解。技术的变化、社会价值和顾客偏好的变化都会改变产业和市场的结构，结构的变化要求有创业精神来适应这种变化。

（五）人口统计数据

人口统计的变化通过改变顾客偏好以及购买力来影响行业和市场，在任何一种情况下，在预期和满足人们的需求方面都有创业机会。

（六）认知的变化

认知的变化意味着人们对事物的态度和价值观的变化，这些变化为企业家创造了潜在的市场机会。

（七）新知识

新知识是创业机会的一个重要来源，以知识为基础的创新是创业精神中的“超级明星”。

三、创业机会的种类

总的来说，创业机会可归纳为技术机会、市场机会和政策机会三种。

（一）技术机会

技术机会即技术变化带来的创业机会，主要源自新的科技突破和社会的科技进步。通常来说，技术上的任何变化或多种技术的组合，都可能给创业者带来某种商业机会，具体表现在三个方面：

（1）新技术替代旧技术。当某一领域出现新的科技突破和技术，并且足以替代旧技术时，创业的机会就来了。

（2）实现新功能、创造新产品的新技术的出现，无疑会给创业者带来新的商机。

（3）新技术带来的新问题。多数技术的出现对人类都有既利又弊的两面性，即在给人类带来新的利益的同时，也会给人类带来某些新的灾难。这就会迫使人们为了消除新技术的某些弊端，再去开发新的技术使其商业化，这就会带来新的创业机会。

（二）市场机会

市场机会即市场变化产生的创业机会。一般来看，主要有以下四类：

（1）市场上出现的与经济发展阶段有关的新需求。当出现新需求时，就需要有企业满足这些新需求，这就是创业者可以利用的商业机会。

（2）当期市场供给缺陷产生的新的商业机会。非均衡经济学认为，市场是不可能真正“出清”——供求平衡的，总有一些供给不能实现其价值。因此，如果创业者能发现这些供给结构性缺陷，同样可以找到可利用并创业的商业机会。

（3）先进国家（或地区）产业转移带来的市场机会。从历史上看，世界各国各地的发展进程是有快有慢的。即使在同一国家，不同区域的发展进程也不尽相同。这样，在先进国家或地区与落后国家或地区之间，就有一个发展的“势差”。当“势差”大到一定程度时，由于国家或地区之间存在“成本差异”，而且经济也发展到一定程度，环保问题往往就会被先进国家或地区率先提上议事日程。因此，先进国家或地区就会将某些产业向外转移，这就可能为落后国家或地区的创业者提供创业的商业机会。

（4）从中外比较中寻找差距，差距中往往隐含着某种商机。通过与先进国家或地区比较，看看别人已有的哪些东西我们还没有，这些“没有的”就是差距，其中极可能发现某种商业机会。

（三）政策机会

政策机会即政府政策变化赐予创业者的商业机会。随着经济发展、科技变革等，政府必然也要不断调整自己的政策，而政府政策的某些变化就可能给创业者带来新的商业机会。

案例 4-1：李维·斯特劳斯的“淘金”之路[①]

李维·斯特劳斯（Levi Strauss）

1829 年，李维·斯特劳斯（Levi Strauss）出生于一个德国的犹太家庭。1850 年，在李维刚过 20 岁的时候，美国西部发现大片金矿，于是无数怀揣淘金梦想的人如潮水般涌向曾经人迹罕至、荒凉萧条的美国西部不毛之地。李维和这些人一样，放弃了原先的稳定但又无味的工作，加入到淘金人流之中。经过漫长的路程，李维来到美国旧金山，这才意识到自己的莽撞。不是每个人都那么幸运，绊倒在地就会捡起一个金坨，确实有人发了财，但也有不少人不仅没捡到金子，还花光了所有的钱财，成为破产者、流浪者。他努力了多日，却和很多人一样毫无所获。

于是，李维开始思考，这么多的淘金者都住在一个地方，生活在帐篷里，再加上远离市中心，购物十分不方便。于是，他决定放弃原先的淘金梦想，踏踏实实地定下心来，开一家日用品小店。果然，这家小店的生意很好，来光顾的人络绎不绝，李维赚到了他人生的“第一桶金”。有一次，李维采购了一大批搭帐篷、马车篷用的帆布。他以为帐篷是淘金者们的必需品，应该会有不错的销路，但没想到却无人问津。因为淘金者们都已搭好了帐篷，谁也不会费钱费力再去搭第二个。眼看帆布就要赔本，李维·斯特劳斯开始思考如何处理这批帆布。他发现，淘金的工作很艰苦，衣裤经常与石头、砂土摩擦，棉布做的裤子不耐穿，几天就磨破了，而如果用这些厚厚的帆布做成裤子，肯定结实耐磨，也许会受到淘金者们的欢迎。于是，他便找人将这批帆布制作成工装裤，向矿工们

---

① 资料来源：根据百度百科“李维·斯特劳斯”词条整理。

出售。果然大受淘金矿工们的青睐，大量的订货纷至沓来。李维·斯特劳斯不再开那家日用品小店，于1853年正式成立了Levi Strauss牛仔裤公司，开始了这个著名品牌的漫漫长路。

此后，李维·斯特劳斯对牛仔裤的布料和制作工艺进行了多次改良，使得这种裤子受到越来越多人的喜爱。牛仔裤逐渐成为不同职业、收入阶层，以及不同国家、民族的人们共同喜欢穿着的服装。李维·斯特劳斯本人也借此成为历史上最受人们尊敬的企业家之一。

【分析提示】

世界上不是缺少机会，而是缺少发现机会的眼睛。处于同样的环境，不同人却有不同的观点和结论。其实，当我们经常往坏的或消极的方面想时，我们将错失许多“成功的机会”。相反的，如果我们一直往好的或积极的方面思考的话，我们就会挖掘出许多令人意想不到的机会。

第二节　创业机会的识别

机会识别是创业过程的起点，也是创业过程中一个重要的阶段。许多好的商业机会并不是突然出现的，而是对于“一个有准备的头脑”的一种“回报”，或是在一个识别市场机会的机制建立起来之后才会出现。在机会识别阶段，创业者需要弄清楚如下问题：机会在哪里？如何识别机会？

一、创业机会识别的过程

（一）感知

感知是指感觉到或认识到市场需求和未得到充分利用的资源。每种机会——市场需求或未充分利用的资源——都有可能被一些人而不是另一些人所识别。

一些人对市场需求或问题很敏感，能够在自己所处的任何环境里不断认识到可能出现的新产品或解决问题的新方法。这种对问题或可能性的敏感能力，并不一定能发展成为解决这些问题的方法，因为并不是每一个善于提出问题的人都同样善于解决问题。

另外一些人对于那些未得到利用或未得到充分利用的资源尤其敏感，如未开垦的荒地、闲置的生产能力、未加利用的技术或发明创造和未到期的金融资产等。但是，认识到这些未利用资源的人，并不一定能够指出这些资源应如何加以利用才能创造价值。发明家、科学家或其他人在构思新的产品或服务时并不考虑这些发明创造或新技术的市场接受程度和商业上的可行性。

（二）发现

发现是指识别或发现特定市场需求和专门资源间的配合。要感知到市场需求和资源的配合，前提条件是这些需求和资源可能在一个尚未运转的企业实现匹配。对已经匹配的市场需求和资源的感知，表现为探查并发现特定的地区和产品市场空间。

（三）创造

创造是指以商业概念等形式创造一个独立的需求与资源间的新的配合。从逻辑上来说，创造商业概念紧随感知需求和资源之后，使市场需求和资源相匹配。但是创造不仅仅是感知和发现。商业概念创造包括资源的重组和重新定位，这是为了创造和传递比现有情况更多的价值。商业概念等形式的创造不仅是调整现有资源和市场需求的配合，还可能导致对现有企业进行重组或彻底的改革。创造性的机会识别活动通常与机会利用活动结合在一起，涉及人力、物力资源的投入。

二、影响创业机会识别的因素

成功的机会识别是多种因素综合作用的结果。首先，需要有创业的愿望。没有创业的意愿，再好的创业机会也会视而不见，或失之交臂。其次，要具备识别机会的能力。“机会只垂青于有准备的头脑”，没有这种能力，是很难在瞬息万变的市场中捕捉机会的。最后，创业环境应让机会可以识别。再有吸引力的市场机会，如果环境不允许，也不能成为机会，更谈不上识别了。

（一）创业愿望是机会识别的前提

创业愿望是创业的原动力，推动创业者去发现和识别市场机会。研究表明，多数创业者希望通过创业实现自己的理想和抱负，如改变现状、成就一番事业等。

1．改变现行生活方式的愿望

在现实中，因不满足现状而进行创业的不计其数，许多创业者期望通过创业来改变现有的生活方式。

2．自主创业的意愿

自主创业是创业的主流。GEM（全球创业观察）指出，全球创业的 2/3 是机会型创业，创业者因有更好的机会而选择创业。

（二）创业能力是机会识别的基础

如果说创业愿望与创业者的性格特征有一定的关联，那么识别创业机会则在很大程度上取决于创业者的个人（团队）能力。

1．财务管理经验与能力

创业者的重要任务之一就是确定价值。这不仅对于打算购买公司的人至关重要，而且对创建企业并试图估算企业未来价值的创业者也十分重要。

2．远见与洞察能力

成功地发现并利用创业机会是由机会本身的特性和企业家所拥有的创业信息与认知能力共同决定的。相同的信息在不同的人眼里产生的联想会有很大的差异。

3．模仿与创新能力

研究发现，创业榜样影响周围的创业活动。在一个地方有一些企业成功的实例，对于潜在的创业者具有重要的示范作用。一般而言，当人们选择创业机会时，其他人的成功经验可供他们借鉴，并且是鼓励他们选择同一条发展道路的重要因素。

三、创业机会识别的途径

（一）现有的市场机会

对创业者来说，在现有的市场中发现创业机会是很自然和较经济的选择。一方面，它与我们的生活息息相关，能真实地感觉到市场机会的存在；另一方面，由于总有尚未全部满足的需求，在现有市场中创业就能减少机会的搜寻成本，降低创业风险，有利于成功创业。

1．不完全竞争下的市场空隙

不完全竞争理论或不完全市场理论认为，企业之间或者产业内部的不完全竞争状态导致市场存在各种现实需求，大企业不可能完全满足市场需要，必然使得中小企业具有市场生存空间。中小企业与大企业互相补充，满足市场上不同的需求。各类企业在竞争中存在，市场对产品差异化的需求是各类企业并存的理由，细分市场及系列化生产使得创业成为可能。

2．规模经济下的市场空间

规模经济理论认为，任何行业都存在企业的最佳规模或者最适度规模的问题，超越这个规模，必然会带来效率低下和管理成本的提升。产业不同，企业所需要的最经济、最优成本的规模也不同。企业从事的不同行业决定了企业的最佳规模，企业最终都要适应这一规律，发展适合自身的产业。

3．企业集群下的市场空缺

企业集群是指地方企业集群，是一组在地理上靠近的相互联系的公司和关联的结构，它们同处在一个特定的产业领域，由于具有共性和互补性而联系在一起。集群内的中小企业彼此之间发展高效的竞争与合作关系，形成高度灵活且专业化的生产协作网络，具有极强的内在发展动力，依靠不竭的创新能力保持地方产业的竞争优势。

（二）潜在的市场机会

潜在的创业机会来自新技术应用和人们需求的多样化等。成功的创业者能敏锐地感知社会大众的需求变化，从中捕捉市场机会。

（三）衍生的市场机会

衍生的市场机会来自社会分工的演进、经济活动的多样化和产业结构的调整等方面。第一，社会分工的演进为创业机会提供了新空间；第二，经济活动的多样化为创业拓展了新途径；第三，产业结构的调整与国企改革为创业提供了新契机。

四、创业机会的发现

创业机会的发现是创业机会识别过程中最重要的一步。它意味着创业者发现存在着的创业机会并使之形成为自己所理解、认识的创业机会。

（一）顾客

创业者可以通过正规或非正规的方式，接触有关新产品或服务的创意的最终焦点——潜在顾客，了解顾客的需求或潜在需求，从而形成创意。

（二）现有企业

创业者可以对市场竞争者的产品和服务进行追踪、分析和评价，找出现有产品存在的缺陷，有针对性地提出改进产品的方法，形成创意，并开发有巨大潜力的新产品进行创业。

（三）分销渠道

由于分销商是直接面向市场的，他们不仅可以提供顾客所需的产品改进和新产品类型等方面的广泛信息，而且能对全新的产品提出建议并帮助推广新产品。因此，与分销商保持沟通是形成创意的一条途径。

（四）政府机构

一方面，专利局的文档中蕴含着大量的新产品创意，尽管其专利本身可能对新产品的引进形成法律制约，却可能对其他具有市场潜力的创意带来有益的启发；另一方面，创意可能来源于对政府有关法规的反应。

（五）研发活动

企业本身如果具备研发人才及装备，有能力为企业成功地开发新产品，那么它也是一个创意的很大来源。

案例4-2：马云与他的阿里巴巴公司[①]

马云登上《福布斯》杂志封面

阿里巴巴公司的创始人马云在当今的中国是一个引人瞩目的人物。他在1995年4月成立的中国黄页互联网公司，是中国最早的互联网公司之一。马云是中国电子商务的开拓者。20世纪90年代末，当时中国几乎还没有电子商务，马云已经清晰并且坚定地认为，电子商务将是未来中国乃至世界商业模式发展的一场革命，有着巨大的市场前景。他认为，如果把企业也分成富人与穷人的，那么互联网就是穷人的世界，“例如市场上一支钢笔的订购价是15美元，如果沃尔玛以每支8美元开出1000万美元的订单，供应商也不得不做，但如果第二年沃尔玛取消订单，这个供应商就完了。而通过互联网，这个小供应商就可以在全球范围内寻找客户。”1999年3月10日，马云创立了阿里巴巴公司，不久就获得了来自软银集团的风险投资资助。现在，阿里巴巴已发展成为全球最大的B2B电子商务平台，马云也被认为是在全世界范围内最有影响力的企业家之一。

【分析提示】

成功人士之所以能抓住机遇，其实并没有什么特别的原因，无非是因为他练就了“火眼金睛”，善于从普通的生活现象中发现人们的潜在需要，比普通人更注意观察一些细节问题，善于联想、勤于思考，并由此抓住不放，马上行动。

---

① 资料来源：根据百度百科“马云”词条整理。

第三节 创业机会评价

一、机会评价的原则

成功地进行机会识别后，便进入机会的评价阶段。对创业者来说，市场机会的评价类似于投资项目的评估，这不仅对投资能否取得收益十分重要，而且也能帮助创业者从另一角度来分析其创意是否具有继续发展成为一个企业的实际价值。事实上，大约有60%～70%的创业计划在其最初阶段就被否决了，这是因为这些计划不能满足创业投资者的评价准则。为了全面、真实地反映被评价机会的价值构成，并使评价指标体系便于操作运算，在建立评价指标体系时，应遵循下列原则。

（一）系统性原则

机会评价的指标体系，一方面要做到尽可能完整、全面系统地反映创业机会的全貌，另一方面又要力求抓住主要因素，突出评价重点，不能面面俱到。

（二）科学性与实用性原则

机会评价的指标体系有必要正确反映评价项目各价值构成要素的因果、主辅、隶属关系及客观机制，在满足完备性要求的前提下，指标的设置力求简练、含义明确和便于操作。

（三）互斥性与有机结合原则

机会评价的指标体系有必要排除指标间的相容性，消除重复设置指标而造成评价结果失真的不合理现象，避免出现过多的信息包容、涵盖而使指标内涵重叠。但是，指标完全独立无关就构不成一个有机的整体，因此指标之间应有逻辑关系。

（四）动态与稳定性原则

为了进行综合的、动态的比较，指标设置应是静态和动态相结合，并具有相对稳定性，以便借助指标体系探索系统发展变化的规律。

（五）可比性原则

机会综合评价的目的是鉴别机会的优劣，选择最优机会。因此，机会比较要建立共同的比较基础和条件，符合可比性原则。

二、机会评价指标体系

国外的机会评价指标体系简单的只有两三项指标，复杂的可达数百项指标。指标的多少视创业者性格和创业机会识别的复杂程度而有所差异。在同等条件下，细心、严谨的创业者在进行机会评价时，会考虑用较多的评价指标；在对较难识别的创业机会进行评价时，多数创业者会选择较完备的评价指标体系，对其进行综合评价。

（一）行业与市场

一个具有较大潜力的企业应能够生产出满足客户需求的产品，这种产品应能令客户感到具有较大的价值。也就是说，对客户来说，他们能够从产品或服务的购买中得到利益，或可降低成本，或可获得较明显的、可衡量的和确定的价值。因此，有吸引力的市场机会应容易识别，且预期能带来持续收入。另外，创业者应尽量避免进入竞争激烈的市场，一是风险太大，二是意味着较低的毛利和获利能力。

（二）经济因素

投资回报率在15%以上认为是必需的，那些投资回报率不到5%税后利润的企业是十分脆弱的。有着较少或中等程度的资本需要量的投资机会是有吸引力的，如果创业需要太多的资金，这样的机会就较为缺乏吸引力。考虑到初创企业的盈利能力，需要较多的研究开发资金显然不现实。

（三）收获条件

创业的目的主要有两种：一是作为一项事业经营下去；二是实现资本的保值增值。若有更好的机会，创业者一般会考虑将现有的企业出售。作为风险投资者，也要考虑在一定的时候将所投资金抽回。因此，退出机制对于创业机会的评估也具有相当大的重要性。资金的退出主要有企业被收购或出售、公开发行股票等各种途径。有吸引力的机会应该能够拥有或者想象一种获利和退出的机制，而没有一种退出机制的机会就没有太大的吸引力。

（四）竞争优势

成本优势是竞争优势的主要来源之一。成本可分为固定成本和可变成本，从另一个角度又可分为生产成本、营销成本和销售成本等。较低的成本给企业带来较大的竞争优势，从而使得相应的投资机会较有吸引力。一个新企业如果不能取得和维持一个低成本生产者的地位，它的预期寿命就会大大缩短。

若能对价格、成本和销售渠道等实施较强的或有力的控制，这样的机会就有吸引力。这种控制与市场实力有关，是一种相对力量。拥有专利或具有某种独占性（局部垄断），就能将竞争者阻挡在市场之外。

（五）管理团队

一支强大的、拥有一些行业“超级明星”的管理队伍，对于机会的吸引力是非常重要的。这支队伍一般应该具有互补性和一致性的技能，以及在同样的技术、市场和服务领域具有赚钱和赔钱的经验。如果没有一个称职的管理团队，这种机会就是无吸引力的。

（六）致命缺陷

有吸引力的机会不应该有致命缺陷，一个或更多的致命缺陷使一个机会变得没有吸引力。通常，这些缺陷涉及上述种种指标中的一个或几个。在许多例子中，市场太小、市场竞争太激烈、进入的市场成本太高或竞争者不能以有竞争力的价格进行生产等，都可以是一种致命的缺陷。

（七）创业家的个人标准

创业机会的选择应该是创业家自愿的结果。这涉及创业家的性格特征、能力本位和期望目标。要想度过不可避免的失望和临近的灾难，需要对企业有热情，能力和愿望是密不可分的。

（八）战略性差异

在相对成熟的市场里，有吸引力的机会应避免产品或服务的同质化，需要有创新思维。另外，具有灵活的适应能力，能快速地调整生产和经营，也是有吸引力的机会特征之一。

三、机会评价方法

对创业机会的评价，目前尚无一种一致认同的方法，创业者在进行非正式评价时，往往不考虑评价指标体系和评价方法，仅凭直觉做出判断。综合考虑国内外的研究成果，创业机会的评价方法一般有定性分析和定量分析等。

（一）定性分析方法

定性评价创业机会的流程包括五大步骤：第一步，判断新产品或服务将如何使购买者创造价值，判断新产品或服务的使用的潜在障碍及如何克服这些障碍，根据对产品和市场认可度的分析，得出新产品的潜在需求、早期使用者的行为特征和产品达到创造收益的预期时间；第二步，分析产品在目标市场投放的技术风险、财务风险和竞争风险，进行机会的分析；第三步，判断在产品的制造过程中能否保证足够的生产批量和可以接受的产品质量；第四步，估算新产品项目的初始投资额，确定使用何种融资渠道；第五步，在更大的范围内考虑风险的程度，以及如何控制和管理这些风险因素。

（二）定量分析方法

1. 标准打分矩阵

首先选择对创业机会成功有重要影响的因素，再由专家小组对每一个因素进行最好（3 分）、好（2 分）、一般（1 分）三个等级的打分，最后求出每个因素在各个创业机会下的加权平均分，从而可以对不同的创业机会进行比较。

2. 公式法

技术成功概率×商业成功概率×（价格−成本）×投资生命周期/总成本=机会优先级

在该公式中，技术和商业成功的概率是以百分比表示的；价格是指单位产品的销售价格；成本是以单位产品的成本计算；投资生命周期是指可以预期的年均销售数保持不变的年限；总成本指预期的所有投入，包括研究、设计、制造和营销费用。将不同的创业机会的具体数值带入公式，计算得出的特定机会的优先级越高，该机会越有可能成功。

案例 4-3：胡润和他的财富榜[①]

胡润（Rupert Hoogewerf），1970 年出生于卢森堡，1993 年毕业于英国杜伦大学（Durham University），通晓德语、法语、卢森堡语、葡萄牙语等七种语言，是《胡润百富》创刊人。

胡润在大学期间曾于 1990 年到中国人民大学深造了一年，毕业后胡润从事与父亲一样的会计行业。凭借中文优势，1997 年胡润从伦敦来到上海的安达信，他最初的想法只是希望在华奋斗几年后回到英国进入中产阶级。

胡润（Rupert Hoogewerf）

① 资料来源：根据百度百科“胡润”词条整理。

在胡润的记忆里，1990 年是全球 IT 业爆发的顶峰期，身边的很多朋友、同事都选择了下海创业，致富的神话不断在他眼前晃动。从创业者脸上的胜利笑容中，胡润感觉到那才是自己想要的生活。但对于胡润而言，干什么，做哪个行业，这是一个大问题。

从 1990 年第一次来中国，胡润就感受着中国日新月异的剧变。每一次回到英国，被朋友问及中国是什么样子时，胡润总是说“GDP 连续超过 10%……”，但这样的回答总是难以让朋友“解渴”，也有着太多的不确定性。于是他试图去寻找一种万变经济中的不变标准。

胡润想到了那些中国经济成长的最大受益者。从一开始，胡润就很明确，这些人的故事代表着中国的故事，诠释着中国的变迁。对于他们的故事，全世界包括中国十多亿百姓在内都十分好奇却又毫不知情。1999 年，胡润利用业余时间和假期查阅了 100 多份报纸杂志及上市公司的公告报表，凭着兴趣和职业特长，经过几个月的折腾，终于排出了中国历史上第一份和国际接轨的财富排行榜。

【思考】

1. 胡润在中国的经济发展中发现了什么机会？
2. 胡润富豪榜的推出与中国经济发展之间存在什么关系？

第四节　创业机会选择

完成创业机会的评估后，便进入机会的选择阶段。机会选择对于创业成功具有关键意义，对大多数创业者而言，自主创业是一项关系重大的决策，因为它将对个人的一生产生极其重大的影响。

一、机会选择的原则

创业可以说是一种全身心的付出，很多事情需要亲力亲为，面对的是更多的不确定性和创业风险，既要关注创业过程，也要重视创业结果。因此，对创业者来说，仅有利润回报是不够的。可以说，创业机会的选择是一种不确定条件下的多目标决策。创业者在进行机会选择时，应遵循以下原则。

（一）目标相符原则

目标相符是创业机会选择时的首要准则。创业者的动机也许有许多，但在选择机会时，所选机会应符合创业者的主要目标。创业的目标是什么？是做自己喜欢的事、个人成就需要、收入的增加还是才能得到更大的发挥？创业者一般会从个人观点来慎重思考选择什么样的创业机会——企业是否适合他们想要做的及他们能做的。

（二）资源匹配原则

资源匹配在创业机会选择时，也是需要重点考虑的。对创业者而言，并非所有的创业机会都可以选择，能够选择什么样的创业机会在很大程度上取决于创业者拥有或可利用的创业资源的数量和质量（是否能满足创业需要）。主要的创业资源有创业所需的人力资源、原材料的可获得性、一定的生产技术和足够的创业资本等。

（三）环境适应原则

环境是企业赖以生存的土壤。一般来说，创业者难以改变环境，只能适应环境。跨国公司进行海外扩张时，必须考虑当地的投资环境是否适合投资。创业环境影响创业机会的选择，主要影响因素有政府政策和规程、产业政策、税收、基础设施等方面。

案例4-4："用完即扔"的吉列剃须刀[①]

坎普·吉列

坎普·吉列1854年出生在美国芝加哥一个小商人的家庭里，曾做过长达24年的推销员，直到40岁的时候事业仍毫无起色。有一次，吉列为一家生产新型瓶塞的厂家推销产品，这种产品并不起眼，价钱又低，但很受人们欢迎，十分畅销。当吉列问及产品畅销的原因时，老板微笑着告诉吉列，这种新型瓶塞属一次性产品，消耗得快，卖得自然也就快，因为价格便宜，人们重复购买也不会有心理障碍，像这种"用完即扔"的产品，人们自然会多次购买消费。吉列听了之后，深受启发，于是下决心也要发明一种"用完即扔"的产品，开创属于自己的事业。

有一天，吉列手托下巴正在沉思，那刮不干净的胡须扎了一下他的双手，同时也激起了他的灵感，于是他想到设计一种廉价、方便、安全而且可以"用完即扔"的剃须刀。经过潜心的钻研和多次试验，吉列终于设计了一种新型的剃须刀，其

① 资料来源：果莲．吉列——男人的公司[J]．中国连锁，2013（6）．

刀片用超薄型钢片制成，刀刃锋利，夹在两块薄金属片中间，刀刃露出。当使用这种剃须刀刮胡子时，刀刃始终与脸部形成固定的角度，这样既能很轻易地刮掉脸部和下巴上任何部位的胡须，又不容易刮破脸。然后，吉列极力说服人们投资来开发这种新型剃须刀。在他的鼓动下，有几位朋友抱着试试看的心理给他投资了 5000 美元。

1901 年，吉列终于结束了他的推销员生涯，创建了吉列保险剃刀公司。可是这种新型产品起初的销路却并不好。在一年的时间里，吉列总共才销出刀架 51 个、刀片 168 片。吉列经过反复思考，发现了新型剃须刀滞销的原因：一是人们喜欢保持自己往日的习惯；二是人们对这种新型剃须刀的优点还不了解；三是这种新型剃须刀还没有做到"用完即扔"的廉价和方便。

根据这三点原因，吉列调整了自己的营销策略。刀柄坚固耐用，买一个可以用几年，刀片则作为一次性产品，可以灵活更换。吉列把刀柄大幅度削价，而从刀片上挣钱，甚至把刀柄赠送给人们无偿使用，从而大大提高了人们购买刀片的积极性。这一措施推出后，公司的销售额果然直线上升。此后，吉列又采取了许多有效的营销手段，使吉列剃须刀逐步走向世界，成为受到全世界男人喜爱的产品。

【分析提示】

在本案例中，坎普·吉列之所以取得了成功，是因为他在选择创业时有明确的创业目标，同时根据自身所拥有的资源条件，以及所处的社会、政治和经济环境，制定了恰当的创业策略和方法，提供满足人们需要的产品或服务。

二、创业机会可行性分析

（一）市场调查

这一阶段的工作是根据自己的创业设想，有选择、有针对性地收集有关的市场信息，尤其是同类产品与同类服务的市场信息、消费者需求偏好、竞争对手的市场状况和收益回报情况等信息。

（二）市场分析与研究

在收集市场信息的过程中会对与创业相关的市场有一定的了解，但还应对这些市场现象与信息做进一步的分析与研究。例如，创业者想开一个花店，并且已经了解到其他花店的经营情况、利润回报等信息，但只是做到这些还不够，要进一步分析别人赚钱的做法或亏本的原因，从而进一步明确自己应如何开展花店的生意，进行创业选择。

（三）项目资金需求量分析

进行了市场研究之后，应根据经营设想，分段测算项目所需的投资资金。一般来说，创业之初，资金非常短缺，所以应坚持精打细算的原则，但是对必需的资金不能打折扣，不能为了减少投资而影响到项目效益的发挥，这是得不偿失的。项目投资测算最好能做到滚动开发，用项目本身产生的效益不断完善配套资金以促使项目投资完善。

（四）项目盈利能力分析

对每一个项目的盈利能力进行规模分析，只有当项目的销售额在盈利平衡点之上时，项目才可能产生效益，因为固定资本并不因销售额减少而减少。这样项目可行性分析的重要内容之一就是编制盈亏平衡分析表，或是进行盈亏平衡分析。

（五）市场不确定性分析

市场是千变万化的，项目的可行性分析应充分估计未来市场的变化。当然，经营设想本身就应具有前瞻性，所以未来市场变化应是有利于项目向更好的方向发展的。但是也应充分估计市场的不确定性，也许它并不是按照预期的方向在变化，因为消费者的消费偏好是受到很多因素影响而不断变化的。因此，一个好的可行报告应对此做出估计，并提出相应的对策。

三、创业机会开发

虽然创业机会的发现是创业的必要条件，但并不是充分条件。在发现创业机会后，潜在的创业者必须决定开发机会。并不是所有已发现的机会的开发都能获得成功的。为什么有些人而不是其他人开发了他们所发现的机会呢？他们是在何时又是如何开发的呢？问题的答案涉及了机会特性和个人特点之间的相互作用。

（一）机会本身的特性的影响

机会本身的特性影响了人们开发机会的意愿。创业机会在多个方面体现出不同之处，这就影响了他们的期望价值。

（二）机会的价值

不是所有的潜在创业者都会开发所有具有相同期望价值的机会。开发机会的决定涉及权衡机会价值与开发机会的成本和用另外一种方式开发机会的成本之间的大小。因此，人们在做是否开发机会的决定时都要考虑机会成本，在机会成本较低时才会决定开发机会。另外，人们也要考虑获取开发机会所需要资源的成本问题。

（三）先前的经验

信息从先前经验（包括创业经验）到机会的可转移性，也增加了创业机会开发的可能性，因为学习也可以降低成本。开发创业机会的决定受个人感知能力不同的影响。新产品的开发和新市场的开拓都涉及越开发越小的风险，因为时间、精力和资金都必须在不知道是否能获得回报前投资出去。例如，开发机会的人们倾向于将信息设计成更加确定的结构，然后再对这种确定的结构做出回应。开发创业机会的决定还受到个人乐观程度的影响。

（四）机会开发成功的概率

开发机会的人们认为他们获得成功的概率要高于其真实概率，也远远高于行业中其他人成功的概率。当这些人创建新公司时，他们往往以一种小于最小的有效规模的形式进入一个规模效应占重要地位的行业，进入一个公司数目已超过均衡数目的行业。其他个体差异在解释开发机会的意愿时也有其重要性。

四、创业机会的市场评估标准

（一）市场定位

一个好的创业机会必然具有特定的市场定位，专注于满足顾客需求，同时能为顾客带来增值的效果。因此，在评估创业机会的时候，可由市场定位是否明确、顾客需求分析是否清晰、顾客接触通道是否流畅、产品是否持续衍生等来判断创业机会可能创造的市场价值。创业带给顾客的价值越高，创业成功的机会也会越大。

（二）市场结构

针对创业机会的市场结构进行四项分析，包括进入障碍，供货商、顾客、经销商的谈判力量，替代性竞争产品的威胁，以及市场内部竞争的激烈程度。由市场结构分析可以得知新企业未来在市场中的地位，以及可能遭遇竞争对手反击的程度。

（三）市场规模

市场规模大小与成长速度也是影响新企业成败的重要因素。一般而言，市场规模大者，进入障碍相对较低，市场竞争激烈程度也会略为下降。如果要进入的是一个十分成熟的市场，虽然市场规模很大，但由于已经不再成长，其利润空间必然很小，那么这家新企业就不值得再投入了。反之，一个正在成长的市场通常也会是一个充满商机的市场，所谓水涨船高，只要进入的时机正确，必然会有获利的空间。

（四）市场渗透力

对于一个具有巨大市场潜力的创业机会，市场渗透力（市场机会实现的过程）评估将会是一项非常重要的影响因素。聪明的创业者知道选择在最佳时机进入市场，也就是在市场需求正要大幅成长之际，创业者已经做好准备，等着接单。

（五）市场占有率

从创业机会预期可取得的市场占有率目标可以显示这家新创公司未来的市场竞争力。一般而言，要成为市场的领导者，最少需要拥有 20%以上的市场占有率。如果市场占有率低于 5%，则这个新企业的市场竞争力就不高，自然也会影响未来企业的价值。

（六）产品的成本结构

产品的成本结构也可以反映新企业的前景是否亮丽。例如，从物料与人工成本所占比重之高低、变动成本与固定成本的比重，以及经济规模产量大小，可以判断企业创造附加价值的幅度及未来可能的获利空间。

本章小结

把握创业机会对于创业具有关键的意义。成功的创业者必须能够及时捕捉创业机会，并在众多的机会中选择适合自己的创业机会进行创业。

创业机会是指创业者可以利用的商业机会。创业机会的特点是具有吸引力、持久性、适时性和可以识别。创业机会共有技术机会、市场机会和政策机会三种。

机会识别是创业过程的起点，也是创业过程中一个重要的阶段。影响创业机会识别的因素包括创业愿望和创业能力。创业机会评价的原则有系统性原则、科学性原则、互斥性与有机结合原则、动态与稳定性原则和可比性原则。

创业机会选择的原则有目标匹配原则、资源匹配原则和环境适应原则。

思考与讨论

1. 创业机会对创业有什么意义？

2. 创业机会的表现是什么？
3. 创业机会选择的原则有哪些？
4. 德鲁克理论中创业机会的来源有哪些？
5. 影响创业机会识别的因素有哪些？
6. 如何评价创业机会？

实训题

1. 根据所学的理论分析自己身边有哪些创业机会？并加以评价。
2. 要求能够运用理论，对“校园网吧”这一创业机会进行全面的分析。

第五章　创业风险

本章目标

1. 熟悉主要创业风险的类型。
2. 掌握创业风险的防范方法。
3. 了解创业风险的来源及对创业风险管理的重要性。

引导案例[①]

开心网迷失的十字路口，曾经有一个明显但容易被忽略的路牌：开放向左，封闭向右。

前雅虎中国总裁谢文认为，开心网不能成为中国的 Facebook，因为一开始就错了。Facebook 做的是通用平台，靠平台来带用户；而开心网被称为“恶搞型社交娱乐网站”，主打偷车位、卖奴隶和偷菜，是靠应用来带用户。

开心网的衰落并不在于它以网页游戏应用为出发点。做网络寻呼机的腾讯都能开辟一个企鹅帝国，经营网页游戏的开心网凭什么不能收获起码的江湖地位？开心网之败应该来自两个方面：一是没能抓住用户需求的变迁；二是没能抓住产业链重构的机遇。

2009—2010 年间，开心网上最吸引用户的是朋友转帖和网页小游戏。可惜的是，开心网没有认清“转帖”这个需求的实质，其实用户最需要的是一个可以承载发言权、知情权的社交网络。对于一个相对“羞涩而胆小”的社会，有什么能比激发民众沟通交流这个需求更大呢？有什么能比开启民智、宣泄民众秘密和情绪更有吸引力呢？而在开放战略上，开心网很长一段时间内都沉醉于自身的成功。在发展最好的时候，以用户体验为借口而拒绝第三方的介入。自己开发游戏当然可以，但却忽视了平台本身的潜力挖掘。

开心网流量遭遇滑铁卢的背后是中国用户的网络社交偏向。或许是因为中国的 Facebook 们没有给用户提供真正的 SNS 网络，又或许是因为用户压根就对封闭性的 SNS

---

① 资料来源：企业经典案例分享的博客（http://blog.sina.com.cn/u/2509371042）。

平台缺乏黏性，最终半开放的新浪微博超过了封闭的人人网和开心网。

在 Facebook 上，用户找到老朋友、结识新朋友，以人际关系为纽带组织线上社交关系；在开心网上，用户玩过旧游戏，再玩新游戏，以各种游戏拉粉、互动为目的加了无数个不认识的人，而且加了之后仍然不认识。这就是开心网与 Facebook 最大的区别。

SNS 的精髓是社会关系网络，开心网设计的一些 Web 游戏，为了达到游戏效果，鼓励添加小号、乱加好友，最终导致了关系网络的破坏。使用者在体验了短暂的游戏乐趣之后，发现好友中 90%的账号是为了游戏而临时加入的，最终就会选择离开。

在开心农场最火的时候，QQ 农场杀了进来，最终夺了开心网的风头。其实，最早对开心网造成致命冲击的不是新浪微博，而是 QQ 农场。这一点很少有人注意到。

开心农场

【思考】

开心网创业期间面临什么样的风险？

据统计，发达国家中小高新技术企业创业的失败率高达 70%。例如，2000 年一季度，美国的纳斯达克市场有 176 家公司上市，同时有 173 家退出，纳斯达克市场成立至今已有数千家公司摘牌。也就是说，20%～30%的创业公司的巨大成功是以 70%～80%的企业失败作为代价的。由此可见创业失败率之高，风险之大。新创企业的规模往往较小，资金实力薄弱，各项工作均处于起步阶段，因而此时的企业抗风险能力最差。如果不能对创业时期的各种风险实施有效的防范和管理，将会使创业者举步维艰，甚至有可能使新生的企业遭受灭顶之灾。

第一节　创业风险概述

一、创业风险的内涵

国外有这样一句谚语："除了死亡、税收外，没有什么是确定的。"同样，套在创业中来说："除了风险外，没有什么是确定的。"实际上这就指出了风险存在的普遍性。一般意义上的风险是指导致各种损失事件发生的可能性。**创业风险**是指在创业过程中，由于创业环境的不确定性，创业机会与创业企业的复杂性，创业者、创业团队的能力与实力的有限性，而导致创业活动偏离预期目标的可能性及后果。

二、创业风险管理的重要性

据有关文献报道，在英国，1990年注册的创业企业有235000家，同时由于各种风险而关门注销的创业小企业有185000家。在这些倒闭的创业企业中，有70%的企业生存的时间不足三年。因此，创业企业能够识别各种风险，并进行管理，便可减少各种风险可能带来的损失。管理创业风险有以下几个重要作用。

（一）有限的资金得到更有效的使用

创业资金是困扰创业者的主要问题之一。由于新创企业没有原始的资本积累，新创企业往往资金实力薄弱，现金流量不足，创业者需要通过多种渠道争取对企业的投入。企业处于初创时期，各方面均需要大量的投入，而收入却极其有限，因此从多个方面筹集来的资金仍会使创业者捉襟见肘。一旦创业者对资金使用方面的风险认识不够，就会产生资金与实际项目不匹配的现象，容易带来财务上的各种风险。因此，对创业过程进行有效的风险管理，可以使新创企业有限的资金得到更有效的使用。

（二）获取更有利的竞争地位

创业初期，企业在人才、技术、产品与市场上的竞争优势会带来企业发展所需要的收入，但是一个风险损失却可能使这些竞争优势全部丧失。例如市场的变化，假如是由于消费需求的变化，那么会导致企业现有产品滞销，从而给企业带来目标市场选择风险。而新创企业在选择目标市场时对风险估计不足有可能导致全部投资根本无法回收，令其竞争优势荡然无存。

（三）利于管理规范化

新创企业初期规模较小，2/3 的新创的企业的员工都在 20 人以下。在这种情况下，各种管理机构是不可能存在的，甚至连必需的专业分工也得不到实现，管理职责也不可能得到明确的划分，所以企业管理的主要责任就落在了创业者身上，但由于创业者的精力与能力方面的限制，对各类风险识别与管理往往是不到位的。只要创业者对风险管理有充分的认识，在企业具备了相应的条件后，创业者便会建立一个合理的风险管理体系，使各类风险都有人分工负责，加快企业管理的规范化。

三、创业风险的来源

创业环境的不确定性，创业机会与创业企业的复杂性，创业者、创业团队与创业投资者的能力与实力的有限性，是创业风险的根本来源。研究表明，由于创业过程往往是将某一构想或技术转化为具体的产品或服务的过程，在这一过程中存在着几个基本的、相互联系的缺口，它们是上述不确定性、复杂性和有限性的主要来源，也就是说，创业风险在给定的宏观条件下往往就直接来源于这些缺口。

（一）融资缺口

融资缺口存在于学术支持和商业支持之间，是研究基金和投资基金之间存在的断层。其中，研究基金通常来自个人、政府机构或公司研究机构，它既支持概念的创建，也支持概念可行性的最初证实；投资基金则将概念转化为有市场的产品原型（这种产品原型有令人满意的性能，对其生产成本有足够的了解并且能够识别其是否有足够的市场）。创业者可以证明其构想的可行性，但往往没有足够的资金将其实现商品化，从而给创业带来一定的风险。通常，只有极少数基金愿意鼓励创业者跨越这个缺口，如富有的个人专门进行的早期项目的风险投资和政府资助计划等。

（二）研究缺口

研究缺口主要存在于仅凭个人兴趣所做的研究判断和基于市场潜力的商业判断之间。当一个创业者最初证明一个特定的科学突破或技术突破可能成为商业产品基础时，他仅仅停留在自己满意的论证程度上。然而，这种程度的论证后来不可行了，在将预想的产品真正转化为商业化产品（大量生产的产品）的过程中，即具备有效的性能、低廉的成本和高质量的产品在从市场竞争中生存下来的过程中，需要大量复杂且可能耗资巨大的研究工作（有时需要几年时间），从而形成创业风险。

（三）信息和信任缺口

信息和信任缺口存在于技术专家和管理者（投资者）之间。也就是说，在创业中存在两种不同类型的人：一是技术专家；二是管理者（投资者）。这两种人接受不同的教育，对创业有不同的预期、信息来源和表达方式。技术专家知道哪些内容在科学上是有趣的，哪些内容在技术层上是可行的，哪些内容根本就是无法实现的。在失败类案例中，技术专家要承担的风险一般表现在学术和声誉上受到影响，以及没有金钱上的回报。管理者（投资者）通常比较了解将新产品引进市场的程序，但当涉及具体项目的技术部分时，他们不得不相信技术专家，可以说管理者（投资者）是在拿别人的钱冒险。如果技术专家和管理者（投资者）不能充分信任对方，或者不能够进行有效的交流，那么这一缺口将会变得更深，带来更大的风险。

（四）资源缺口

资源与创业者之间的关系就如颜料和画笔与艺术家之间的关系。没有了颜料和画笔，艺术家即使有了构思也无从实现。对于创业来说，没有所需的资源，创业者将一筹莫展，创业也就无从谈起。在大多数情况下，创业者不一定也不可能拥有所需的全部资源，这就形成了资源缺口。如果创业者没有能力弥补相应的资源缺口，要么创业无法起步，要么在创业中受制于人。

（五）管理缺口

管理缺口是指创业者并不一定是出色的企业家，不一定具备出色的管理才能。进行创业活动时出现管理缺口的情况主要有两种：一是创业者利用某一新技术进行创业，他可能是技术方面的专业人才，但却不一定具备专业的管理才能，从而形成管理缺口；二是创业者往往有某种“奇思妙想”，可能是新的商业点子，但在战略规划上不具备出色的才能，或不擅长管理具体的事务，从而形成管理缺口。

案例5-1：“欠款门”中的凡客①

2013年10月11日晚间，微博上有消息称凡客拖欠包括李宁等品牌在内的供应商货款，有供应商表示不结算欠款就去凡客跳楼。对此，凡客方面则表示因内部调整影响了货款结算，供应商货款正在结算中。不过，早在今年8月就有消息称凡客遇到了资金危机，拖欠第三方平台供应商货款，但凡客当时否认了资金链断裂一说。

凡客高调签约“中国好声音”回归“我是凡客”的品牌战略后已是捉襟见肘。此外，

① 资料来源：凤凰科技网。

凡客近段时间还被曝出高管离职、部门裁员等消息。据说，凡客近期又开始一波裁员，而正洽谈的新一轮约 2 亿美元的融资并未到账，凡客或将面临资金链断裂。有分析人士指出，雷军作为凡客的投资人之一，接盘凡客的可能性非常大。

凡客的页面消息纷纷爆出，逐渐没落，深究其原因主要有以下几个。

一、凡客产品质量逐年降低

低价是凡客的竞争力，低价不低质则是凡客的核心竞争力。但低价与高质之间存在不可调和的矛盾，凡客如何能够保持一贯的性价比？那么，是适时调高价格以保持品质，还是适当降低品质以保持价格优势？随着凡客代理的第三方的产品越来越多，也出现了很多质量问题。陈年在推动公司以惊人的速度发展的同时，也以“肉眼可见”的速度逐渐伤害着消费者的期望值。凡客产品质量逐年降低是不争的事实。

二、营销策略错误

营销被指吃老本：凡客赶上了 2008 年的电商热潮，又无心插柳地做了凡客体，借助明星效应做的风生水起，但显然营销的老本已经被吃得差不多了。目前，百度指数从高峰时的 8 万降到了现在狂砸广告才争取到的 2 万。

粗放式广告投放已经不适宜：几年前流量成本还比较低的情况下，凡客不分渠道狂砸广告，流量的边际产出还很高。但是，在电商的流量成本越来越高的今天，效果第一、品牌第二才是今天互联网营销的核心策略。

品牌营销没有新意：凡客狂砸 1000 万元到“中国好声音”，看着这一轮黑白的素面广告，就知道凡客的营销做的不是一般的落后，还在沿用原来的品牌传播老路子，着实令人惊讶。

三、战略摇摆不定

2012 年 12 月，凡客诚品宣布推出开放平台，而 2013 年 9 月，陈年又表示凡客回归品牌战略，已经没有任何平台的倾向。战略的摇摆不定进一步稀释了品牌价值。目前，凡客虽然进行了一定的收缩和品类结构调整，但如果仍未能明晰自己做品牌还是做平台的定位，未来有可能使商业边界模糊，最终失去控制。聚焦品牌还是零售，两者不能兼顾，必须选择其一。

四、大跃进式的自我膨胀

“凡客体”的消逝跟凡客自身的发展速度“相得益彰”。据了解，陈年公布的 2011 年销售目标竟然提高到了 100 亿元。过高的销售目标下，凡客选择了盲目的品类扩张，直接导致供应链管理难度大大增加。

从 2012 年底到现在，凡客多次曝出库存危机，传言库存高达十几个亿，库存周转率急剧下降，被迫延长供应商付款周期，而这正是因为品类盲目扩张导致的供应链管理危机。此外，凡客为了提高销售量，解决库存问题，产品定价不断走低，折扣活动也持续不断。低价不仅导致产品品质降低，还直接侵蚀了凡客的品牌价值。盲目扩张经营策略给凡客带来了沉重的负担，由此引发的品牌价值下滑更是将其推向了深渊。

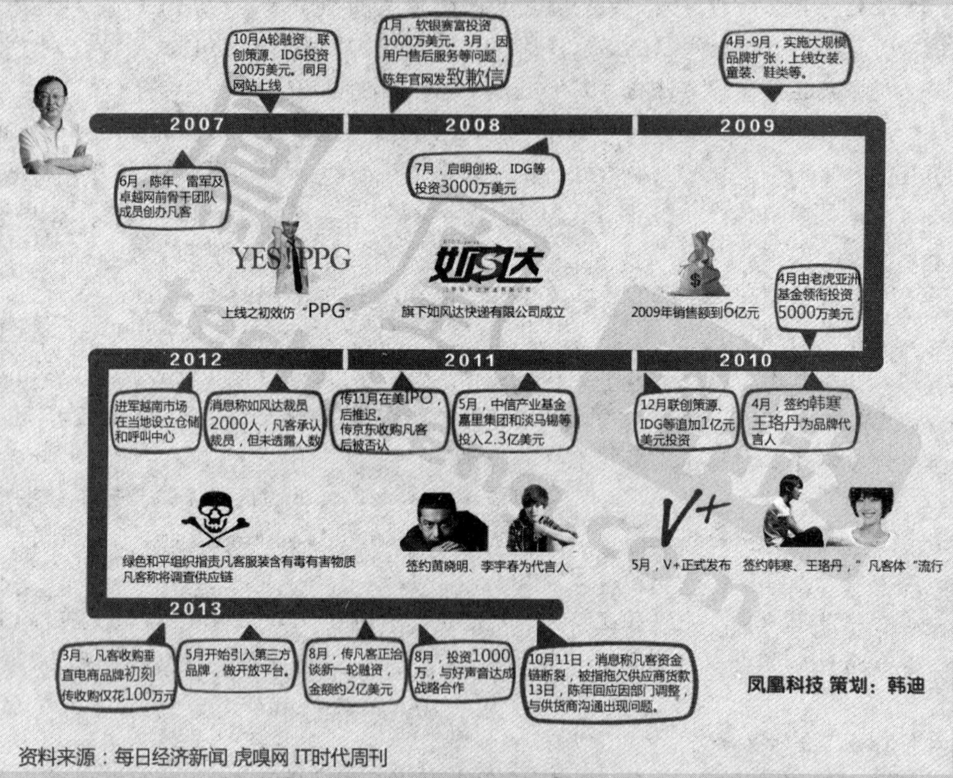

凡客发展史

【思考】

凡客没落的风险来源于哪几个方面？

第二节　创业风险的主要类型

一、创业人力资源风险

创业人力资源风险指的是在企业初创期和成长期期间，由于人力资源的原因而导致的经营结果与经营目标相偏离的潜在可能性。它主要包括创业团队风险和关键员工离职风险。

（一）创业团队风险

创业期间，建立优势互补的创业团队是人力资源管理的关键。团队是人力资源的核心，“主内”与“主外”的不同人才，耐心的“总管”和具有战略眼光的“领袖”，技术与市场两个方面的人才都是不可偏废的。创业团队的组织还要注意个人的性格与看问题的角度，如果一个团队里有总能提出建设性的可行性建议的成员和能不断地发现问题的批判性的成员，对于创业过程将大有裨益。但是，创业团队也存在着风险。所谓**创业团队风险**，主要是指团队成员素质、团队的组织协作能力、团队的环境适应能力和创新能力等方面可能存在的问题或风险。

1．创业团队风险的来源

（1）没有共同的愿景和目标。如果团队中的每个人考虑的是如何通过“团队”达到自己的目标（而不是如何实现个人与团队目标的“双赢”）、只为完成工作而工作（而不是为更好地完成团队任务而共同努力），那么团队成员要么是缺乏工作热情，要么会成为实现团队目标的障碍。这样的团队不仅很难成功，而且会形成创业过程中潜在的风险。

（2）不能塑造和谐的创业团队关系。在工作中，人们可能结成各种关系，有些是不利于团队发展的，如任人唯亲、各占山头等，其结果就是工作中常常出现人为的阻力，帮派之争常常左右重大的决议等。这种团队关系显然是不会给企业带来高绩效的，相反会成为创业团队风险的又一来源。“具有和谐平等、相互信任的人际关系”是真正团队的一大特征。当每个人在表达自己的意见的过程中不必顾及人际关系，每个人只需要忠实于团队，而无须忠实于某个人时，团队成员才能相信团队中存在平等的发展机会，才会将自己和团队紧密联系在一起。

（3）没有或不能很好地遵行团队规范和应该严守的纪律。不少创业企业在团队建设过程中，过于追求团队的亲和力和人情味，认为“团队之内皆兄弟”，而严明的团队纪律有碍团结。这就直接导致了管理制度的不完善，或虽有制度但执行不力，形同虚设。比如，某个成员没能按期保质地完成某项工作或者是违反了某项具体的规定，但他并没有受到相应的处罚，或者处罚根本无关痛痒。从表面上看，这个团队非常具有亲和力，而事实上对问题的纵容或失之以宽会使这个成员产生一种“其实也没什么大不了”的错觉，久而久之会使企业的各种规章制度失效，从而带来无穷后患。GE 的前 CEO 杰克·韦尔奇这样认为：指出谁是团队里最差的成员并不残忍，真正残忍的是对成员存在的问题视而不见，文过饰非，一味充当老好人。对于这一点，每一个创业团队都要有足够清醒的认识。

（4）团队角色配置不合理。有一些人将团队精神理解为集体主义，并简单地与个人英雄主义对立起来。这样常常导致团队成员的个性创造和个性发挥被扭曲和淹没。而没有个性，就意味着没有创造，这样的团队只有简单复制功能，而不具备持续创新能力。其实团队不仅仅是人的集合，更是能量的结合。团队精神的实质不是要团队成员牺牲自我去完成一项工作，而是要充分利用和发挥团队所有成员的个体优势去做好每一项工作。

2. 创业团队风险的防范

（1）在企业成立之前开展创业团队成员之间合作协调程度的测试。团队成员在价值观、目标、拥有多少股份等方面会有很大的不同，团队成员在这些方面产生分歧之后能否很好地解决，将直接决定新创企业的生存和发展。

（2）创业团队成员的股份比例、工资等各方面不要出现人人平等的现象。如果出现这种现象，将不利于企业的决策和管理。因为过于松散的民主气氛常常使得管理软弱无力。

（3）主要创业者要对团队成员某些具有潜在破坏力的动机保持足够的警觉。在现实生活中，不能保证所有人都是高素质、高品德的完人，肯定有不少掠夺、欺骗和虚伪的现象，所以创业团队的大多数成员特别是主要创业者应该十分理性，以行动来观察团队成员，而不是简单地以感情投资之后希望得到回报的心理来处理与团队成员的关系。

（4）创业团队应该具有动态的发展观念。这里所说的动态发展观念是指：其一，企业的创建与发展是一个动态的过程；其二，创业团队的组成会随着时间的变化而变化。具有发展观念的创业团队会建立一套完善的机制，根据成员的实际贡献调整创业之初的协议，从而也有利于成员体面地离开。

（二）关键员工离职风险

企业关键员工是指那些拥有专门技术、掌握核心业务、控制关键资源、具有特殊经营才能、对企业的经营与发展会产生深远影响的员工。关键员工人数一般占企业总人数的 20%～30%，但他们集中了企业 80%～90%的技术和管理，创造了企业 80%以上的财富和利润。他们是企业的核心和代表，是企业的骨干，对于企业提升核心竞争力起着关键性的作用。

关键员工离职将会对企业产生不利影响，主要有三个原因：一是关键员工熟悉企业的主营业务，了解企业的客户资源，掌握核心技术和商业机密，他们离职会使企业的有形资产和无形资产遭受损失，削弱企业的核心竞争力；二是企业需要追加招聘成本、培训费用及寻求新客户所需的成本；三是关键员工离职会导致企业关键岗位的空缺，而新员工也需要一段时间适应工作环境，这会影响到企业的正常运转和发展的连续性。

关键员工离职的原因主要有两个：一是内部原因。由于契约的不完备性，员工个人目标与组织整体目标不一致而产生矛盾，员工在企业中受到不公平的待遇或企业无法提供足够的发展空间，都将引起他们的不满意而导致离职。二是外部原因。关键员工往往是知识与能力的拥有者，他们有为其资本寻求高利润的流动愿望，一旦外界提供更好的发展机遇，关键员工便会通过比较机会成本的大小最终选择离开。

对于防范关键员工流失，可以从以下几个方面入手。

（1）利用关键员工流失风险表识别风险。创业者可以根据表 5-1 中的因素定期或不定期地认真了解关键员工的情况，并对情况进行分析，对其中可能存在和发生的风险进行有效识别并采取相关措施。

表 5-1　关键员工流失风险表

风 险 类 别	风险分析内容	拟采取措施	备　注
待遇	是否对他的待遇满意		
工作成就感	是否有工作成就感		
自我发展	是否在工作中提高了自己的能力		
人际关系	在公司是否具有良好的人际关系		
公平感	是否感到公司对他与别人是公平的		
地位	是否认为他在公司的地位与他对公司的贡献成正比		
信心	是否对公司的发展和个人在公司的发展充满信心		
沟通	是否有机会与大家沟通交流		
关心	是否能够得到公司和员工的关心		
认同	是否认同企业的管理方式、发展战略		
其他	是否会因为结婚、出国留学或继续深造等原因离职		

（2）用培训和开发来激励关键员工。据世界经理人文摘网站进行的一次网上调查显示，在所提供的七项福利（医疗保险、退休保障、住房及补贴、带薪休假、业务用车、进修和培训机会、子女教育津贴）中，43%的人首先选择了进修和培训机会。由此可见，进修与培训机会已经成为许多员工重视的福利，对于高素质的关键员工而言，与良好的进修与培训机会相比，薪水反而显得不是最重要的了，因为他们不仅仅是为了通过工作赚钱，更希望通过工作得到发展和提高。

（3）契约约束。企业可以与关键员工在合同中阐明责任、权利和义务，一旦出现问题可以诉诸于法律。例如，双方事先签订“竞业禁止”协定，要求员工在离开企业后的一段时间内不得从事与本企业有竞争关系的工作，并要为本企业保守商业秘密、技术秘密等，同时规定相应的补偿措施。

二、创业市场风险

创业市场风险是指在创业的市场实现环节，由于市场的不确定性而导致创业失败的可能性。因此，创业者在选择创业项目和进行市场营销时，必须学会从风险的角度来审视和评估自己的创业项目与营销方法。

（一）创业项目的选择风险

1．项目市场需求量的不确定性

通常，人们对传统技术产品司空见惯，因此传统技术产品的市场需求量相对而言是较为明显的。但创业往往依托于某一创新技术，而创新技术产品多数是新鲜玩意儿，它的市场多是潜在的、待成长的。产品推出后，顾客往往不能及时了解其性能，从而对新产品持观望态度，甚至做出错误判断。例如，微波炉上市之初，消费者担心微波有辐射危害，所以厂家、商家、新闻媒体都不得不反复向人们宣传“微波炉不会害你”，一些早期用户也现身说法，这才打消了部分消费者的恐惧和困惑。如果一项高技术产品的推出投入巨大，而产品的市场容量较小或短期内不能为市场所接受，那么产品的市场价值就无法体现，投资就无法收回，从而就会造成创业夭折。

2．项目市场接受时间的不确定性

无论是市场上已有的同类产品，还是一个全新的产品，进入市场被市场所接受都需要一定的过程和时间，若创业企业缺乏雄厚的财力投入到广告宣传中，产品为市场接受的过程就会更长，因而就会不可避免地出现产品销售不畅，甚至产品积压的情况，从而会给创业企业资金周转带来困难，甚至导致创业夭折。例如，世界著名的贝尔实验室在20世纪50年代初就推出了图像电话，但20年之后（20世纪70年代），美国市场才接受了商品化的图像电话。

3．项目产品的市场扩散速度的不确定性

产品生产出来后，以什么样的速度扩散也很难测算。例如，移动通信技术、产品及其服务在中国的发展就极其迅速。移动通信刚刚被引入中国时，不少人认为“那是大款才会用的奢侈通信工具”，然而10年之后，大街上随处可以看到掏出手机接打电话的人。

（二）市场营销风险

市场营销风险是指由于新创企业制定并实施的营销策略与其营销环境（包括微观环境和宏观环境）的发展变化不协调，从而导致营销策略难以顺利实施、目标市场缩小或消失、产品难以顺利售出、盈利目标无法实现的可能性。

1．营销模式不转变带来的风险

20世纪末，中国企业界曾经涌现了一批企业，如巨人、爱多、三株等，他们借助轰炸式的广告效应、大规模的营销队伍和密集的销售网络一度以惊人的速度发掘出大规模的消费需求，成功地把握住市场机会。然而，短暂的辉煌如昙花一现。从三株的市场营销模式来看，可以说是“成也萧何，败也萧何”。人海加广告轰炸造就了三株在中小城市和农村的成就，但面对需求尚未唤起的大城市却毫无建树甚至埋下了最终失败的祸根。要启动真正意义上的城市市场需要与原来截然不同的手法及更加正规化、专业化的宣传方式和宣传内容，原先的三大法宝——传单、专题、活动——需要更加有效地针对受众进行从内容到形式的全面创新，而三株对此从上至下都缺乏相应的心理准备，缺乏面对新形势的新思路，对消费者需求变化的不调查、不研究、不分析，为宣传而宣传，这是三株市场营销策略的重大失误之一，使风险一步步向三株迈进。

一些新创企业在短期内快速成长，没有经历痛苦的市场导入过程，一旦它要开拓新的市场区域或推进新产品上市，就会如法炮制原有的市场营销模式。一两个产品市场开拓初期的成功，并不意味着产品市场成熟阶段可以继续延用原先的价格策略、渠道策略和促销策略。不重新对新的市场受众进行分析，沿用以前的思维定式，最终所得的就可能是和三株一样的结局。随着市场的成熟，新创企业的营销模式需要逐步地转入精耕细作，而不是一味依赖以前成功的定式。

2．盲目依赖广告带来的风险

不可否认的是，广告在新创企业初期发挥着巨大作用，尤其是央视“标王”的力量。原为山东临朐县酒厂的秦池酒厂依靠其在央视的“广告轰炸”，几乎在一夜之间就成为“强势品牌”，但秦池失误之处在于对广告的盲目依赖。一家企业最终能够成功，不仅需要通过广告获得知名度和美誉度，还需要企业拥有与广告宣传相匹配的好产品和符合企业自身特点的市场营销模式。

新创企业强势的“广告轰炸”会造成过大的市场预期，当企业不能提供与名气相称的产品和服务，而盲目继续推进广告策略时，就不能产生持久的市场忠诚度；当企业出现一点信誉风险时，消费者就会有极度上当受骗的感觉，市场就会地动山摇。秦池的失败就是最好的证明。新创企业在初创期利用广告获得知名度和美誉度后，应转而进行“内功”的修炼，使企业内部管理与广告策略相匹配。

3．营销过程中缺乏危机管理带来的风险

纵观三株、巨人、秦池的失败，不仅仅是因为前面所述的因素，更重要的是缺乏危机管理。虽然三株在“喝死老汉事件”中进行了处理，但是处理时没有形成一个富有创造性和实质性的危机处理方案，并加以对照实施，并且与公众缺乏有效沟通，未能赢得公众的信任。市场是一个包含无数未知因素的巨大魔方，品牌随着所提供的产品或服务的时间和空间跨度几何数级增长，时空中的参变量也会越来越多，潜在的风险袭击也就越来越大。新创企业在成长过程中要树立危机管理意识，完善公关工作，处理突发事件。

（三）创业市场风险的防范

1．建立市场监测及策略调整机制

建立市场监测及策略调整机制，也就是在企业运营过程中，定期重复市场分析过程，保持对关键市场信号的敏感度，结合产品适销推广阶段，调整先期制定的市场营销策略机制，如图 5-1 所示。

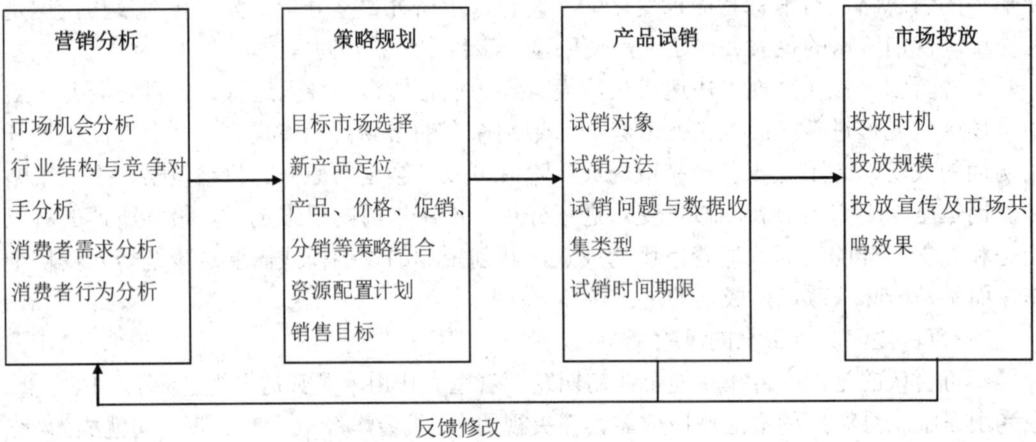

图 5-1　市场营销策略调整机制

2．与强者联合，规避市场风险

市场对新创企业提供的产品或服务的需求短期内不够明显，但是经过一定时间的投入和培育，消费者的需求就会被唤起。在这种情况下，借助行业中强势企业的力量，借船出海，最为有效、简捷。

三、创业管理风险

创业管理风险是指在创业过程中因管理不善而导致创业失败所带来的风险。其主要来源于以下几个方面。

（　）创业者的素质

创业者不一定具备精深的技术知识，不一定是新创企业最大的股东，也不一定成为优秀的企业家，但在创业阶段，创业者的素质与能力将对创业活动的顺利进行起到举足轻重的作用。创业者应该具有强烈的创业精神与创新意识和愿望；应该具有献身精神和忍耐力，能吃苦耐劳，勇于承担义务；应该具有强烈的凝聚力，能领导整个创业团队共同创业，成为整个创业团队的领袖，并在关键时刻做出正确决定。在创业实施的过程中，不仅需要民主决策，集体努力，更需要一位能凝聚团队所有成员的“灵魂人物”或“核心人物”来领导整个团队，否则团队就很可能成为一盘散沙，从而失去战斗力。因此，创业者不仅仅要具备较强的专业技术素质，还应具备相应的管理素质。如果管理素质很差，就会局限在产品的创新上，而忽视市场、管理等方面的创新，导致企业风险加大。

（二）决策风险

决策风险是在创业过程中决策失误而带来的风险。决策一旦失误，往往会造成不可估量的损失，从而导致创业的失败。在创业实施的过程中，固然需要民主决策与管理，但在这一阶段更多的是实行集权式决策与管理，而创业者往往就是最终的决策者。因此，对于创业者而言，绝不可以根据自己的喜怒哀乐或不切实际的个人偏好做出决策，或者不进行科学分析，仅凭个人经验或运气进行决策，这样都可能导致创业的失败。

（三）组织风险

组织风险是由于创业企业的组织结构不合理所带来的风险。创业企业的迅速发展如果不伴随着组织结构的相应调整，往往会成为创业企业潜在的危机根源。创业者建立一个具有共同目标的组织，使不同才能和性格的人能够在同一目标下工作，是一件需要耐心、技巧的事情。构建组织的方法与经验容易被传授学习，但需要精心权衡。哈佛商业评论文章《你的组织设计得好吗》或许可以供创业者在构建组织的时候参考，预防构建组织过程中出现的风险。文中列出了九项检验分别如下。

（1）市场优势检验：组织结构是否保证公司在每一个细分市场上的竞争能力都得到管理层足够的重视？

（2）管理优势检验：组织结构是否有助于管理部门给整个组织增加价值？

（3）人员情况检验：组织结构是否反映了公司员工的优势、劣势及行为动机？

（4）可行性检验：是否全面考虑了阻碍实施组织设计方案的所有因素？

（5）特殊文化检验：组织设计方案对需要特殊文化的部门是否有保护措施？

（6）协作难度检验：组织设计方案能够为部门之间的协作矛盾提供解决方案吗？

（7）层级余度检验：在组织设计方案里，管理层级和管理部门是否过多？

（8）责任检验：组织设计方案是否支持公司进行有效控制？

（9）灵活性检验：组织设计方案能否为新战略的实施铺平道路？为适应变革，组织设计方案能否提供必要的灵活性？

四、创业财务风险

创业财务风险是指因资金不能适时供应而导致创业失败的可能性。创业尤其是依托高新技术产品进行的创业，所需的创业资金规模较大，融资渠道较少，如果创业者不能及时解决资金问题，非常容易造成创业夭折。另外，创业需要持续的投资能力。随着创业活动的进一步实施，往往需要进一步的投资，若缺乏这种持续投资能力，资金支持不能按时按需到位，就可能导致创业失败。因此，创业者应随时关注创业期间的筹资风险和现金流风险。

（一）筹资风险

筹资风险是指与企业筹资相关的风险，一般是指由于资金供需情况、宏观经济环境等因素的变化，企业筹集借入资金给财务成果带来的不确定性。

1．筹资风险的来源

（1）创业企业投资利润率和借入资金利息率的不确定性。当企业投资利润率高于借入资金利息率时，企业使用一部分借入资金，可以因财务杠杆的作用提高自有资金利润率；当企业投资利润率低于借入资金利息率时，企业使用借入资金将使自有资金利润率降低，甚至发生亏损，严重的则因资产负债率过高或不良资产的大量存在导致资不抵债而破产。

（2）创业企业经营活动的成败。创业企业筹资经营，其还本付息的资金最终来源于创业企业的收益。如果创业企业经营管理不善、长期亏损，那么就不能按期支付债务本息，这样就给其带来偿还债务的压力，也可能使信誉受损，不能有效地再次筹集资金，导致其陷入财务风险。

（3）负债结构。借入资金和自有资金比例的确定是否适当，与企业财务上的利益和风险也有着密切的关系。在财务杠杆作用下，当投资利润率高于利息率时，企业扩大负债规模，适当提高借入资金与自有资金之间的比率就会增加企业的权益资本收益率；反之，在投资利润率低于利息率时，企业负债越多，借入资金与自有资金比例越高，企业权益资本收益率也就越低，严重时企业会发生亏损甚至破产。同时，当负债规模一定时，债务期限的安排是否合理也会给企业带来筹资风险。若长、短期债务比例不合理，还款期限过于集中，就会使企业在债务到期日还债压力过大，资金周转不灵，从而影响企业的正常生产经营活动。

2．筹资风险的防范

（1）建立有效的风险防范机制。创业企业必须立足市场，建立一套完善的风险预防机制和财务信息网络，及时地对财务风险进行预测和防范，制定适合创业企业实际情况的风险规避方案，通过合理的筹资结构来分散风险。例如，通过控制经营风险来减少筹资风险，充分利用财务杠杆原理来控制投资风险，使企业按市场需要组织生产经营，及时调整产品结构，不断提高企业的盈利水平，避免由于决策失误而造成的财务危机，把风险减少到最低限度。

（2）确定适度的负债数额，保持合理的负债比率。负债经营能获得财务杠杆利益，同时企业还要承担由负债带来的筹资风险损失。为了在获取财务杠杆利益的同时避免筹资风险，企业一定要做到适度负债经营。企业负债经营是否适度，是指企业的资金结构是否合理，即企业负债比率是否与企业的具体情况相适应，以实现风险与报酬的最优组合。在实际工作中，要选择最优化的资金结构是复杂和困难的，对一些生产经营好、产品适销对路、资金周转快的企业，负债比率可以适当高些；对于经营不理想、产销不畅、资金周转缓慢的企业，其负债比率应适当低些，否则就会使企业在原来的商业风险的基础上又增加了筹资风险。

（3）根据创业企业的实际情况制订负债财务计划。根据创业企业一定资产数额，按照需要与可能安排适量的负债，同时还应根据负债的情况制订还款计划。如果举债不当，经营不善，到了债务偿还日无法偿还，就会影响企业信誉。因此，企业利用负债经营加速发展，就必须从加强管理、加速资金周转上下工夫，努力降低资金占用额，尽量缩短生产周期，提高产销率，降低应收账款，增强对风险的防范意识，使企业在充分考虑影响负债各项因素的基础上谨慎负债。在制订负债计划的同时须制订还款计划，使其具有一定的还款保证，使企业负债后的速动比率不低于1:1，流动比率保持在2:1左右的安全区域。只有这样，才能最大限度地降低风险，提高企业的盈利水平。同时还要注意，在借入资金中，长短期资金应根据需要合理安排，使其结构趋于合理，并防止还款期过分集中。

（二）现金流风险

现金流风险是指新创企业在企业运营过程中出现资金短缺而导致损失的可能性。新创企业成败的关键因素之一在于成功地获取并驾驭所需的资金，建立和完善采购、产品递送、会计、收款等日常财务营运系统，使得不断增加的资金在可控的范围能为企业成长服务。在企业进入发展期后，能够不被人员增加、客户增加、业务增加、机构增加等现象所蒙蔽，要时刻关注企业经营的现金流入与流出，关注现金流的实际情况。

1．从现金流量表分析现金流短缺的原因

企业的现金流量包括经营活动产生的现金流量、投资活动产生的现金流量和融资活动产生的现金流量，如表5-2所示。

表5-2　现金流量表

项　　目	现　　金	备　　注
一、经营活动产生的现金流量：		
销售商品、提供劳务收到的现金		
收到的其他与经营活动有关的现金		

续表

项　目	现　金	备　注
现金流入小计		
购买商品、接受劳务支付的现金		
支付给员工以及为员工支付的现金		
支付的其他与经营活动有关的现金		
现金流出小计		
经营活动产生的现金流量净额		
二、投资活动产生的现金流量：		
收回投资所收到的现金		
现金流入小计		
构建固定资产、无形资产和其他长期资产所支付的现金		
支付的其他与投资活动有关的现金		
现金流出小计		
投资活动产生的现金流量净额		
三、融资活动产生的现金流量净额：		
吸收权益性投资所收到的现金		
发行债券所收到的现金		
借款所收到的现金		
收到的其他与融资活动有关的现金		
现金流入小计		
偿还债务所支付的现金		
分配股利或利润所支付的现金		
偿付利息所支付的现金		
支付的其他与融资活动有关的现金		
现金流出小计		
融资活动产生的现金净流量		
现金流量净增加额		

（1）在经营活动产生的现金流量中，销售产品获得的现金是最主要的现金流入来源。新创企业在产品市场开拓上遇到的困难，包括销量低迷、需求不稳定、行业发育速度不足以支持企业的发展等，都会直接影响到现金流入的稳定性和充足程度。另外，出现实际现金流入过少的情况不一定是因为产品销量和需求少，而是因为居高不下的应收账款。另一方面，对于资金捉襟见肘的新创企业而言，吸引人才和控制人工成本实际支出是一对必须处理的矛盾。当新创企业与成熟企业竞争优秀人才时，遥远的愿景远没有现实的

激励更直接和有效。这种物质激励上的高额支出便成为现金流短缺的另一个原因。

（2）在投资活动产生的现金流量中，需要特别关注投资回收金额与投资支出的匹配情况。新创企业在创业构想短期实现的激励下，容易有扩大投资的冲动。例如，三株、巨人等过度关注规模扩张而忽视投资的收益问题。

（3）在融资活动产生的现金流量中，新创企业的融资渠道相对单一，可选择的融资方法较少，容易在现金流饥渴的驱动下接受筹资成本较高的资金。如果新创企业经营活动的收益率低于筹资成本，这样的融资活动对于原本就短缺现金流的企业来说就是雪上加霜。

2．现金流短缺的其他原因

（1）融资计划没有远见，后续工作不充分。对于研究开发新产品的新创企业来说，融资取得成功后，企业会按照原来的计划投入资金、人才等进行近期的产品开发。如果创业者仅仅考虑近期的资金需要，没有考虑企业长远的资金需求，也没有做长远的财务预测和财务计划，等到研发过程结束后，产品市场就可能并未按照创业者的计划成长起来，前期的投资成果就无法得到市场的认可和回报，或者研发出来的新产品要进入市场时，第一轮所融资金大部分已经在开发期间使用，企业没有充裕的资金进行市场拓展工作，无法培养产品的市场成熟度，再次融资也为时已晚，市场先机有可能被竞争对手抢去，由此创业企业将陷入市场和资金的双重困境中。

（2）内控体系不健全，现金支出失控。三株 1996 年的销售额达到惊人的 80 亿元，80 亿元的销售额无外乎得益于其全国各地的 600 家子公司、2000 个办事处、15 万名促销人员，而庞大的销售网络对其内部管理也提出了巨大的挑战。三株在财务管理与控制方面存在着一系列的漏洞和问题，特别是对于广告费用的支出已经严重失控。许多子公司巧立名目，向总公司套取广告费用。财务监控与营销策略脱节，总公司一味地追求销量而增加投入，只关注子公司的销售情况，忽视投入产出效果。过度关注市场运作，忽视内部控制系统的发展，导致了三株的衰败。

（3）盲目投资。亚细亚在创办的四年时间内，先后开办 15 家大型连锁百货分店，在自有资金不足 4000 万元的条件下，进行了近 20 亿元的超级扩张。巨人大厦从最初的 18 层一直涨到 70 层，投资从 2 亿元涨到 12 亿元，而当时的资产规模只有 1 亿元。这些巨大的投资项目使公司有限的财务资金被冻结，周转产生困难，造成资产盈利性与流动性的矛盾，从而使得公司陷入财务困境。

3．防范现金流风险的方法

（1）构筑严密的企业内控体系。构筑内控体系，通过费用支出结构分析及支出的必要性和经济性分析，采取相应措施改善费用支出的效果。在企业一线供、产、销全过程中融入相互牵制、相互制约的制度，建立以防为主的监控防线。

（2）用收付实现制的会计原则来管理现金流。权责发生制是在费用和销售发生时入账，收付实现制是在付出和收到现金时入账。前者不能真实反映现金的流入和流出，报表上的业务收入和净利润值并不是企业实际交易发生的现金状况；后者与现金流量一致，利于现金流管理。创业者必须时刻关注现金流量表，仔细分析预算的现金流量与现实的现金流量的差距，采取有针对性的措施改善现金流状况。

（3）变短期激励为长期激励，减缓短期现金流压力。高额的短期激励方式不仅会增加企业现金流的负担，而且不具备对员工的长期约束效果。从人才的选择职业风险来看，进入新创企业相比进入成熟企业来说要承担更大的风险，这种风险主要来自新创企业未来发展的不确定性。因此，员工通常会要求高于成熟企业的回报，包括物质方面的回报和学习、能力增长等自身成长方面的回报。新创企业不仅需要为员工规划清晰的发展前景，还必须支付相对较高的人工成本。为了减缓短期现金流压力，可采取变短期激励为长期激励的策略。

五、创业技术风险

创业技术风险是指由于技术的不确定性而导致创业失败的可能性。创业的活动往往表现为将某一创新技术应用到实践，将其转化为产品或服务的过程。其中技术是否可行，在预期与实践之间是否出现偏差，存在巨大的风险。

（一）创业技术风险的来源

1．技术上成功的不确定性

一项技术变为现实的产品或服务，需经历研发到商品化的过程。任何一个环节的技术障碍都将使创业活动前功尽弃，归于失败。例如1998年，一家企业着力开发某种自动化生产线，其中用到激光切割技术，原本以为投资上万元、耗时2个月就可以解决这一技术问题，结果花了10多万元、耗时一年也没有解决。

2．技术前景的不确定性

一些在实验室看来很好运作的技术到了新建的生产车间，如果还按照实验室的工艺条件，就会产生很难实现甚至实现不了的问题。这是因为工业化生产与实验室是不可能完全相同的，而技术创业者却常常忽视了不该忽视的各技术环节及其他制约条件。如果赖以创业的技术不能够实现工业化，也将造成创业夭折。

3．技术寿命的不确定性

由于产品变化迅速、寿命周期短，极易被更新的技术所代替，所以原有技术就会蒙受提前淘汰的损失。

4. 没有及时将自己研发出来的技术申请专利

VCD 行业的先驱"万燕"将 MPEG（图像解压缩）技术开发为电子消费产品，研发生产了中国的第一台 VCD、世界上第一台家用 VCD。但是，万燕没有及时申请专利，产品上市后国内外的企业纷纷仿制。这些企业在技术上以较少的投入进入市场，迅速蚕食 VCD 市场份额。而此时，万燕的资金已经枯竭，对此毫无回击之力，两年多的时间里市场份额从 100%降到 2%。

（二）防范创业技术风险的方法

（1）建立技术发展趋势的监测系统。系统实时追踪相关技术的发展状况，判断未来趋势，监测竞争对手的研发进展、产品的商业化进展，关注市场对不同技术产品的种种反应。

（2）高度重视专利申请、技术标准申请等保护性措施。

（3）在合适的时机，选择战略合作伙伴，采取灵活的方式分担风险。

案例 5-2：诺基亚的衰落[①]

诺基亚曾是欧洲人的骄傲，但现在大家谈到这家手机制造商时，更多的却是伤感。在 20 世纪末和 21 世纪初，诺基亚是全球最大的手机制造商，也是消费者首选的手机品牌。在一些新兴市场，这家拥有 147 年历史的芬兰公司甚至已经成为"手机"的代名词。不过在达到顶峰后，诺基亚开始慢慢走向衰落。

一、形势糟糕

毋庸置疑，诺基亚已经很难重回移动市场的巅峰。目前，三星电子成为全球移动市场新的霸主，而 Google 的 Android 系统则在智能手机领域占据统治地位。根据市场调查机构 Canalys 提供的数据显示，2010 年底，Android 系统的市场份额正式超越诺基亚 Sysbian，成为智能手机领域使用率最高的操作系统。而据 IDC 发布的数据显示，2012 年第三季度，Android 系统在全球智能手机领域占有 75%的份额。IDC 在另外一份报告中称，诺基亚在 2012 年 10 月跌出全球五大智能手机厂商行列，这也是自 2004 年来，诺基亚首次跌出前五名。

为了挽回颓势，诺基亚在 2012 年 2 月采用了新的战略，决定放弃经营多年的 Sysbian 系统，转而投入微软的 Windows Phone 生态系统。尽管这一战略转变取得了初步成效，但依然很难使诺基亚重回昔日的辉煌。

[①] 资料来源：驱动之家。

目前的诺基亚早已失去昔日的风采，该公司的利润率、资产及可用资源在近几年均大幅减少。2012年第三季度，诺基亚的净现金为36亿欧元，比前一季度减少了6亿欧元。2012年12月初，该公司还不惜出售和出租总部房产以筹资1.7亿欧元。关于诺基亚将被其他企业收购的传闻也不断见诸媒体，该公司股价更是跌至历史新低。

微软前高管斯蒂芬·埃洛普（Stephen Elop）在2010年出任诺基亚CEO后，裁员便成了这家公司“常见”的事。根据诺基亚公布的数据显示，截至第三季度末，该公司手机与地图部门的员工总数仅为44630人，远低于去年同期的60995人。诺基亚在2011年亏损高达10.73亿欧元，而从该公司今年公布的财报来看，前三季度分别亏损13.4亿欧元、8.26亿欧元、5.76亿欧元，尽管亏损额度不断缩小，但第四季度的形势仍不容乐观。业内人士预计，诺基亚在2012年将亏损30亿欧元。尽管诺基亚目前并未公布其Windows Phone产品的销售数据，但从各方综合的信息来看，该公司的WP 7.x系列产品的出货量不容乐观。

五年之前，诺基亚在移动硬件和软件市场还处于领导地位，该公司2007年的净利润更是高达79.85亿欧元。而时至今日，诺基亚再也无法掌控自己的命运，其智能手机业务的命运已经跟微软牢牢绑定。目前，Android和iOS两大系统在智能手机领域占据统治地位，诺基亚要在这两大系统的夹击下找到生存之地，非常困难。

二、管理层缺乏远见

诺基亚为何迅速走向衰落？从事后的分析来看，诺基亚未能果断放弃Sysbian系统，转向新一代MeeGo平台是致命的失误。

2011年，诺基亚首次推出基于MeeGo平台的N9智能手机，但这已经远远落后于Android和iOS。不过，当时诺基亚已经与微软达成合作协议，将放弃自主研发的Sysbian和MeeGo，主推Windows Phone系统，但这意味着N9的消亡。

21世纪初，诺基亚是全球移动通信领域的霸主，利润率和出货量均遥遥领先于竞争对手，该公司股东对此非常满意。但这种成功使诺基亚在面对互联网企业的冲击时变得反应迟钝。除了苹果前CEO史蒂夫·乔布斯之外，其他许多公司的CEO都非常乐意告诉股东是时候享受成果了，但事实上这却是最危险的做法。这时，诺基亚真正需要努力的是想办法在新一轮的互联网公司的冲击中生存下来，因为这些互联网公司非常清楚，数据时代将取代语音成为移动通信领域的新趋势。

Screen Digest分析师丹尼尔·格利森（Daniel Gleeso）指出，在诺基亚处于辉煌时期时，该公司管理层缺乏前瞻性的战略眼光，未能制订出远大的发展计划，以至于在竞争对手发起攻击时，未能迅速作出决策。诺基亚管理层太过于专注现有产品的“渐进式创新”，而忽略了“破坏性创新”。另外，该公司的智能手机战略非常糟糕，其主要操作系统是Sysbian，但又同时研发Maemo/MeeGo系统，诺基亚并不清楚未来哪个平台能取得成功，所以希望同时兼顾两个平台的发展，但这意味着它并不清楚生态系统对手机制造商的重要性。

三、忽视软件

从更深入的角度来看，诺基亚当前在智能手机领域面临的困境其实属于软件问题。目前，诺基亚几乎没有任何软件，该公司并不清楚应用及围绕应用打造生态系统的重要性。

格里森表示："诺基亚的硬件产品质量全球知名，但在软件方面却非常糟糕。该公司管理层并未意识到第三方应用对智能手机的影响力，因此在Sysbian系统上限制了第三方应用的开发。更令人沮丧的是，诺基亚并未遵循操作系统向后兼容的惯例，以S60第三版和WP8为例，诺基亚新开发的手机并不兼容此前发布的游戏应用。对于消费者来说，智能手机并不仅仅是通信工具，还有更多其他的功能，如果一个操作系统缺少第三方应用，消费者将不得不选择其他的产品。比如，诺基亚此前推出的许多产品都不支持深受用户欢迎的流媒体播放器Spotify，直到Lumia 800和900才开始做出改变。"直到现在，诺基亚仍然没有改变自身对软件的看法，而该公司也未能解决 WP 7.5 系统无法升级至WP 8的问题。业内分析师认为，相对于开发软件系统，诺基亚或许更适合成为一家硬件公司。不过目前的问题是，诺基亚不仅在软件领域举步维艰，其在硬件领域也面临着激烈的竞争。

为了与Android系统竞争，诺基亚在2008年决定开放Sysbian系统，但这一决策来得太迟，Sysbian系统很难对Android构成威胁，诺基亚也始终未能重视互联网服务。无论诺基亚推出的新手机使用了哪些先进技术，该公司的产品似乎总落后于市场需求，始终无法满足数字时代人们对手机功能的需求。

市场调查机构Gartner分析师卡罗琳娜·米兰内塞（Carolina Milanesi）表示，诺基亚在Sysbian上浪费了太多资源，也未能为赢得未来而做出改变，现在诺基亚就像在一个"着火的平台"上跳舞。

四、执行不力

在诺基亚的发展历史上，其实并不缺少革命性的想法。诺基亚成立于1865年，当时以造纸为生，后来逐步向胶鞋、轮胎、电缆等领域转移，最后才发展成为一家手机制造商。而在移动领域，诺基亚也有许多创新的想法，该公司最先推出了拍照手机、音乐手机，并提出了应用、平板电脑等最新移动概念。但遗憾的是，虽然诺基亚曾看到了未来的发展趋势，但却并未能把握住机会，始终未能消除手机功能第一的想法，这导致其忽略了那些极具价值的新想法。

诺基亚研发部门是该公司成功的关键，但诺基亚的企业文化却限制了该部门的发展。由于诺基亚管理层缺乏远见和执行力，研发部门提出的一些好想法最后都被束之高阁。毋庸置疑，诺基亚的员工中拥有许多梦想家，但该公司需要一位执行力强的CEO来将这些想法落实到企业业务中。从造纸业转型到手机制造业，诺基亚已经实现了一次飞跃，但从手机制造业向移动数据时代转变需要该公司付出更大的代价。

市场研究机构 Ovum 首席分析师亚当·里奇（Adam Leach）说："诺基亚研发部门所做的一切都是为了手机业务，但对于该部门提出的一些革命性想法，诺基亚并不能及时地将其变成产品并推向市场。以 Nokia Communicator 为例，该设备于 1996 年推出，能够支持应用下载，但诺基亚并未将这一功能利用好。诺基亚当时认为，只有少数用户才会喜欢下载应用，但这显然是一个巨大的错误。苹果的成功就是最好的证明。"

里奇说："诺基亚并不缺少创新的能力，他们只需相信自己，就能够掌握市场。该公司的规模非常庞大，拥有不错的品牌号召力，并且与运营商都保持着良好的合作关系，只要其能根据市场变化迅速做出反应，诺基亚的状况就能逐步好转。三星的成功表明，根据市场变化快速做出反应对企业来说至关重要。"

不过，即使诺基亚能够根据市场变化迅速做出反应，该公司的创新速度仍旧落后于 Google 和苹果。目前，诺基亚在平台过渡及建立可持续发展的生态系统方面面临着不少问题，该公司花费在 MeeGo 平台上的时间足以打造一个全新的、更具竞争力的生态系统。

IHS Screen Digest 分析师伊恩·福格（Ian Fogg）认为，诺基亚目前的困境是由于执行不力造成的。福格说："诺基亚曾看到了手机产业未来的发展动向，并也曾想要抓住这个机会，但他们未能很好地执行下去。该公司看到了智能手机的重要性，推出了 Sysbian 系统，并采用了触摸式用户界面，但最后却将其发展成只能通过键盘使用的操作系统。诺基亚也意识到手机游戏具有非凡的发展潜力，并试图通过 N-Gage 占领游戏市场，但该战略也因执行失误而失败，即便是该公司最后投入的移动服务目前也遭遇执行不力的困境。"

五、战略失误

对于诺基亚目前在 Windows Phone 领域面临的困境，福格认为这不仅是执行失败的原因，更关键的是该公司的战略出现了问题。福格说："埃洛普意识到生态系统已经成为移动领域竞争的关键，但他却推动诺基亚选择了 Windows Phone 来对抗 Android 和 iOS，这实际上已经宣告了诺基亚的失败。"转向 Windows Phone 意味着诺基亚将依附于微软，并将继续与主流智能手机平台拉开差距。福格说："微软对 Windows Phone 的更新非常缓慢，这对诺基亚来说并不是个好消息。而与 Windows Phone 7 相比，最新的 Windows Phone 8 只是在用户功能上略微有所改变，而苹果和 Google 分别推出的新版 iOS 和 Android 则新增了许多功能。"

埃洛普选择 Windows Phone 系统，主要是因为他认为这样可以减少在内容和服务方面的投入，从而达到削减成本的目的。但他没想到的是，诺基亚必须通过内容交易来刺激 Windows Phone 生态系统的发展。

当然，诺基亚并不需要将所有希望都寄托在 Windows Phone 上，该公司或许可以借鉴三星的成功之道，转而生产 Android 设备。目前，三星已经成为移动通信市场新的霸主，而诺基亚曾有机会借助 Google 达到这一目的，但该公司现在却不得不为微软打天下。

里奇说："三星已经超越诺基亚成为移动领域新的王者，如果诺基亚在 2008 年和 2009 年采用 Android 系统，那么诺基亚的霸主地位根本不会动摇。诺基亚管理层当时已经意识到，该公司需要下一代操作系统，因此推出了 MeeGo。不过现在看来，Android 才是他们最佳的选择。"

六、处境艰难

福格指出，与三星、HTC 等竞争对手相比，诺基亚要在 Windows Phone 平台实现差异化将非常困难。福格说："埃洛普认为选择 Windows Phone 可以让公司与竞争对手区别开来，使公司更容易创新并实现差异化，但现在微软制定的用户界面规则使其很难放开手脚。与此相比，三星、索尼、HTC 等竞争对手纷纷利用 Android 推出了定制的用户界面和应用。"

如果不是受到 Android 的冲击，诺基亚的境况可能会更好些。科技产业日新月异，诺基亚看到了智能手机的发展前景，但却因为自满而未能及时作出反应，等到他们明白需要对业务进行调整，并选择了 Windows Phone 时，这又给他们留下了隐患。

从目前的情况来看，无论诺基亚如何提高自己的执行力，Windows Phone 系统都无法成为该公司的救世主。Android 已经成为智能手机领域普及率最高的系统，但诺基亚并未推出基于该系统的设备。可以预见的是，随着 Android 系统继续保持强势，诺基亚在未来仍将面临生死挣扎，毕竟在当今移动领域，不顺应趋势进行创新就只有失败。

【思考】

1. 诺基亚衰落的原因是什么？
2. 对照创业风险的类型，诺基亚衰落过程中都出现了哪些风险？

第三节 特许加盟创业风险

1987年，美国连锁快餐巨头肯德基进入中国，使国人第一次见到了特许经营的“真容”。20世纪90年代初，中国本土企业开始涉足特许经营，其中李宁公司创造了中国特许经营的第一个神话，依然让人记忆犹新。屈指算来，中国特许经营行业仅发展了十多年，虽然时间不长，但速度却惊人的快，中国特许体系业一直以年均50%～60%的速度扩张。根据商务部统计，目前我国已有超过2000个特许经营体系，近8.2万个特许加盟店，从业者约200万人，覆盖50多个行业及业态，包括居民熟悉的超市、便利店、家电专业店、服装专卖店、药店、书店、洗衣店和彩扩店等。

一、特许加盟创业的流程

特许经营加盟创业，一般要经以下步骤：

（1）了解相关特许行业；

（2）访问特许人样板店（旗舰店）；

（3）提供必要的资料，申请加盟；

（4）双方签订意向书；

（5）调查、选点、评估；

（6）签订特许合同；

（7）证照办理；

（8）招募、培训员工；

（9）准备开店；

（10）正式开业。

二、特许加盟创业的风险

（一）特许人的道德风险

市场交易的一方无法观察到另一方所控制和采取的行动时所发生的知情方故意不采取谨慎行为的情形，即为道德风险。由于我国特许经营市场不规范，许多企业盲目发展特许经营，有些企业根本不具有发展特许经营的条件，却为了发展特许经营便采用造假、欺诈等手段迷惑创业者，引诱创业者加盟。由于其没有高知名度的品牌和成熟的管理经验，创业者可能很快就会陷入经营失败的境地。根据中央电视台“3·15”晚会透露的消息，曾经名噪一时，并创办了“香港科学院”“美国麦肯姆快餐连锁集团”等 41 家分公司，且在中国特许经营领域堪称传奇人物的郭湘泗，就因为实施特许经营欺诈而被北京市公安局收审。透过这一事件，创业者必须对加盟特许经营时所面临的道德风险有所警惕。

（二）轻信投资回报率带来的风险

投资回报和投资风险是加盟创业者最为关心的两个问题。一般来说，创业者在加盟特许经营之前对加盟后所从事的行业并不十分了解，甚至对这个行业毫无兴趣，他们加盟的动机就是最大限度地获取利润。创业者一般会要求特许方提供一份特许经营的盈利预测，并且往往将盈利预测作为决定是否加盟特许经营的重要参考依据。一旦预测失误，创业者可能面临严重损失。除了投资回报率的不确定性会使创业者面临巨大的投资风险外，另外一个重要因素就是加盟特许经营投入的人力、物力、财力都较大，而且时间周期较长，加盟成熟的特许经营品牌更是如此。例如，肯德基一般是将一家成熟的、正在盈利的餐厅转让给加盟者，但要拿到这张“准入证”并不容易。中国大陆第一个拿到肯德基特许经营证的溧阳肯德基餐厅老板顾翔接受了 20 周的培训，向肯德基上海总部支付了 800 万元费用，加盟之初又支付了加盟首期费 35000 美元，还承诺至少经营这间餐厅十年以上，并且每年向肯德基支付占营业额 6%的持续使用费和 5%的广告费，这才拿到了特许经营证。

（三）选择总部失误所带来的风险

我国企业发展特许经营存在的一个严重问题就是急功近利，发展速度过快，盲目扩大规模而忽视了管理制度与管理体系的建设，在成长能力没有成熟之前，就贸然且无限制地扩张，把不符合加盟标准的实体吸纳进来，导致人员素质参差不齐、服务质量低下，严重影响了整个连锁网络的形象，给加盟创业者带来巨大的损失。

（四）特许经营合同的风险

很多创业者容易被加盟总部品牌经理没有任何法律效力的口头承诺所迷惑，而忘记落实在纸上。对于加盟创业者来说，总部的各种支援能否及时提供，各项服务能否有充分保证，都需要制定特许经营合同以维护自己的利益，否则出现纠纷时就会因为没有法律依据而遭受损失。

三、特许加盟创业风险的回避

（一）认真审核特许人资格

创业者在选择特许人时，务必要审核其以下证件和资格。

（1）企业法人营业执照、税务登记证；

（2）企业设立时间和从事特许经营的时间；

（3）商标注册证、专利证书、商号、产品和独特的可传授的经营管理技术或诀窍的情况及相关的市场知名度；

（4）是否具备一定的经营资源；

（5）已有直营店和加盟店的数量与经营情况；

（6）是否有能力提供培训、指导及后续支持；

（7）是否具备成熟的特许经营体系和管理模式等。

（二）到样板店、加盟店进行实地考察

在正式签约之前，创业者应对特许人的样板店、加盟店进行实地查访，全面考察门店的营运状况。

（三）要求查看各种经营手册

特许人的各种经营手册是其具备特许经营体系和管理模式的集中体现，故在正式签约之前，创业者应要求察看特许人现有的各种经营手册，包括营运手册、门店管理手册和培训手册。

（四）明确签约相对方

在特许经营合同中，特许人的法定代表人往往不亲自签字，而由业务人员作为代表签字。在此种情况下，法定代表人应签署委托书给代表人，创业者须审核法定代表人委托书的真实性。为了避免招募公司和与创业者实际签约的公司出现不一致的情况，创业者在签约时应核对签约的合同相对方确为自己拟加盟的特许人。

（五）合同条款须双方协商确定

特别提醒创业者不要相信口头许诺，须签署书面合同，尽可能避免未经任何调查即进行现场签约。创业者在签订特许人预先准备好的合同时，须仔细审阅合同内容，对于不给予充分时间商讨合同内容、急于签约的特许人，要提高警惕。创业者要在平等、自愿、公平的基础上与特许人谈判后再签订合同，不要无条件地接受特许人要求自己放弃

权利、加重义务的不平等条款，以便将来双方产生纠纷时可以依法保护自己的合法权益。创业者的专业知识毕竟有限，如果条件允许的话，可以请专业人士如律师、审计师、会计师、特许经营专家等参与考察与谈判过程。

（六）注意签订特许合同时的细节问题

（1）特许区域。特许人必须明确在特许经营合同中约定的授权性质是独占许可、排他许可还是普通许可，这对创业者在特许区域内的经营业绩有直接影响。

（2）加盟费用。特许经营涉及各种名目的加盟费用，在订立特许经营合同时，创业者须明确加盟费用的项目、金额及收取方式。

（3）保证金。为了确保创业者履行特许加盟合同，特许人通常要求创业者交付一定的合同履行保证金。合同期满后，如创业者没有违约行为，特许人应将保证金全额退还给创业者，所以在合同中应对保证金的收取、扣除和返还有明确约定。

（4）培训和指导。为了有效地获得特许人的持续支持，保证加盟项目的长期运营，创业者一定要确认合同中有关培训、技术指导等具体约定。

（5）违约责任。合同双方有违约行为时，任何一方均可要求违约方承担违约责任。因此，签订特许经营合同时，创业者应当检查确认违约金条款的设定和数额是否合理，双方的违约责任是否对等。

（6）争议解决方式。在履行合同发生纠纷时，选择仲裁就意味着放弃诉讼，故在签订特许经营合同时，应明确争议解决条款中约定的是仲裁还是诉讼。

（7）期满续约。这里有两个问题要注意：一是续约的优先权，在同等条件下，现创业者应享有续约的优先权；二是现创业者续约的加盟费，可能随着特许人的知名度上升而相应地提高，也可能特许人会给予部分减免。这两个问题最好在合同中明确约定。

（七）提高对特许经营的认识，学会规避风险

特许经营有优势也有风险，成功的前提是科学的决策而非投机。加盟创业者应该系统地学习特许经营理论知识，严格地按照特许经营所要求的步骤去选择特许者，既要求准确地评估自己的实力，也要求科学地评估特许者的加盟系统，这样才能减少掉入加盟陷阱或被欺诈的可能。

案例 5-3：德克士在二三线城市的发展[①]

随着德克士借助加盟策略门店迅速扩张，麦当劳、肯德基也开始把它当成对手，并

[①] 资料来源：第一财经。

逐渐放开了特许加盟。2004年底，麦当劳放开了全国30余个城市的特许加盟权，不过加盟费高达850万元，直到2010年才降低到200万元，至今仍然只在指定省市放开加盟。而肯德基也是在麦当劳放开加盟之后，把加盟费从800万元降到200万元。但是，肯德基的加盟发展规划是从现有的肯德基餐厅挑选适合的“备选加盟店”进行转让，也就是指定城市且指定餐厅。昂贵的加盟费用和八九个月的脱产学习，把许多加盟商挡在门外，至少对二三线城市的投资者而言，麦当劳、肯德基仍然高不可攀。

在二三线城市的蓝海快速发展多年后，德克士终于再次回到一线城市。在二三线城市发展所获得的经验，有助于它在一线市场找到差异化生存之道。德克士郑州公司主管韩宪勇刚刚接待了来自平安银行的客人，平安银行郑州分行主动找上门来要为德克士加盟商提供无抵押贷款。原因很简单，从德克士在河南的发展势头来看，平安银行认为这些加盟商会是优质客户。

消费者已经发现，在河南和其他非沿海省份的许多城市，德克士已经无处不在，反倒是在一线城市随处可见的麦当劳、肯德基要找上半天才能看到。

德克士在中国的门店数量刚突破2000家，比两年前增加了近乎一倍。这些门店主要分布在与肯德基、麦当劳不会形成激烈竞争的二三线城市。作为一个诞生于美国的快餐品牌，德克士在1996年被台湾顶新集团收购，它的快速扩张期就是从那时开始的，凭借在二三线城市的优势，德克士已经成为连锁快餐市场上的主要竞争者，受到对手的重视。去年德克士销售额增长高达35%，门店数量超过麦当劳的1400家，在西式快餐业，肯德基仍然以4200家的数量遥遥领先。目前，河南是德克士发展最好的省份，拥有212家门店，而肯德基是91家，麦当劳是33家。德克士在中国的发展并不是一开始就这么顺利，它也曾经效仿过竞争对手的一线城市策略。最早在成都起家后，德克士把扩张的目标选在北上广和武汉等新一线城市，或者中部经济重镇。德克士先后在北京、上海等13个城市建立了54家直营店，其中多数是七八百平方米的大型店。由于租金高，缺乏与麦当劳、肯德基直面竞争的经验，最后的结果被德克士内部形容为遍地开花，遍体鳞伤。

于是，德克士果断退出北京、广州等大城市，转攻麦当劳、肯德基当时还无暇顾及的二三线城市。郑州德克士是德克士第一次扩张失败后幸存门店中的一个试验店。这家位于郑州丹尼斯百货商场内的门店开业于1997年底，当时德克士在经历了第一波扩张失败后，只保留了十几家门店，将其余的全部关闭。

作为人口大省、传统农业大省，GDP排名靠后、人均收入低的河南曾长时间被国际连锁快餐品牌忽略。20世纪90年代末先后进入中国的肯德基和麦当劳当时在此都没有开店。受到打击的德克士没有太多选择，它将这个当时几乎没有竞争压力的空白市场当作是喘息之地，并由此发展出一套战略，包括放开加盟、开发多级别门店等。

如今德克士正处于重回一线市场的转型之中，这是它第四次重返当年失败的地方，此时重温其在二三线市场时的发展思路，反倒会有助于它在一线市场找到可行的差异化生存之道。

1997 年，德克士在郑州享受到了近乎肯德基北京前门第一家店的待遇。作为郑州第一商圈，丹尼斯百货也汇集了一些西餐，如咖啡馆、牛扒店，但是在西式快餐领域德克士是第一家。德克士着重向顾客强调“美国德克萨斯州炸鸡”这一历史，于是它被当地消费者当成了一个体面的用餐地点。

按照当时的价位，35 元左右的平均客单价（营业额除以客人数量得出）绝不是一个小数目。当时郑州当地最受欢迎的食品烩面只要 3 元一碗，35 元足够三个人在一家普通中餐馆点几个菜吃上一顿。但是相比较周边那些陈旧不堪、卫生难以达到要求的中餐馆，装修得宽敞明亮的德克士餐厅吸引了众多尝鲜者，如同当年的肯德基前门店一样吸引了整个郑州市甚至周边来郑州出差的人。

考虑到价位较高，德克士把目标人群锁定在对生活讲究的年轻人和带孩子的家庭，餐厅设有儿童游乐区，由服务员带动跳舞。这与麦当劳最初的策略类似，儿童消费贡献很大，一个“六一”儿童节的营业额能达到 14 万元，超过平日数倍。之后德克士在郑州开一家店就火一个，这种情况持续到 1999 年，德克士开始考虑放开加盟。顶新国际集团餐饮事业群副总裁李明元说：“能架构出一个有中央集中资源的优势，又能够保证末梢神经最有效率的组织结构，就是加盟。这是全球连锁快餐业已经证明的，全世界的连锁餐饮中有 85.9%是加盟模式。”

这种常识性的判断不是德克士独享的秘密，重点在于如何把握开放加盟的时机。德克士最初的加盟费为 150 万元，对于个人加盟者门槛较高。连锁加盟的始祖麦当劳、肯德基还从来没有考虑过在内地放开加盟。不过德克士有着台湾企业的敏感，它很快发现当时不少国企自办酒店宾馆，发展第三产业。德克士决定找大型国企的第三产业办公室及当地知名企业合作，于是平顶山发电厂、许昌胖东来等企业成为第一批加盟合作伙伴。

前期与企业合作的加盟店获得成功之后，德克士也从 2000 年开始发展个人加盟店。李明元认为，德克士在接下来与强大对手直接竞争的时候能够采用更灵活的策略，主要得益于最早放开加盟。

就在德克士放开个人加盟的同一年，原本倾向于一线及沿海发达城市的麦当劳、肯德基也在开拓新的市场，它们先后在郑州友谊商场和郑弘百货两个商圈开店。德克士的对策是，在城市的最繁华地段或人流量最大的大型超市或商场这样的传统商圈，直接竞争不可避免，争取发挥先入优势。此外，德克士还灵活地在主商圈之外、社区和学校周围等商圈进行不同规格店铺的选址，即发展社区店、凭借门店数量多进行品牌渗透。

传统商圈是商家必争之地，这也是麦当劳、肯德基的一贯策略。在郑州，德克士第一次有了先发优势。郑州建文区属于人流密集的商圈，德克士在 1998 年开了一个门店，麦当劳于2000年在60米开外开了一家门店，它占据了更好的位置，刚好在十字路口，不过租金也贵了一倍。

发展社区店则是一种灵活对策，德克士根据社区人口经济状况调查预算当地可容纳的营业额，再以营业额为依据确定门店面积，可以灵活选择200～300平方米的店面，而主流商圈的店至少要400平方米。德克士挖掘的新兴社区往往距离市中心有点远，但是常住人口足够密集，人们会总在一个地方购物娱乐，而且租金便宜，竞争少，不需要频繁促销，每平方米的销售业绩不比商圈店差。

对于麦当劳、肯德基来说，社区店往往难以支撑一个标准面积店铺的成本，而加盟政策则可以让德克士付出极少的资金开更多的门店。找到足够多的加盟商并非易事，尤其在没有直营门店的地区，河南因为有了直营门店作为样板，加盟商做出决定相对容易，而周边的山东等地加盟者往往要到河南亲身体验过一次德克士之后，才会放心。

德克士当时确定了12个中心公司，分别辐射周边省市，中心公司负责培训及直营店试点工作，并进行统一配送。成都公司分管云南、广西、昆明等中西部市场。郑州分公司负责河南、山东和山西地区。郑州公司开发部的韩宪勇及另外两名同事，加上在青岛当地招聘的3个人作为山东市场的开发团队入驻青岛。

通常在准备进入一个市场之前，开发部已经通过市场调查、人流盘点把当地备选的商圈划出来，提供给加盟商作选择。山东市场不同于河南，这里已经被肯德基和麦当劳占领，肯德基当时在山东有65家门店，麦当劳有35家，青岛、济南、烟台等山东省内的一类城市都已经被占领，德克士没有先入优势。由于没有知名度，大商场不肯把门店租给德克士。河南的经验给了德克士两个选择：一是多开社区店；二是避开肯德基、麦当劳的风头，寻找空白市场，如经济相对不发达的济宁、临沂和滨州。德克士会选择那些非农业人口在15万人以上、居民年平均收入在4500元以上的地级市和那些非农业人口在10万人以上、年人均收入在6000元以上的县级市。

随着房租、人工各种成本的上升，一线城市的餐饮承受了更多的压力。德克士的社区店、县级店恰好避开了一线城市的高成本。

王宏志是韩宪勇接待的第一个真正有意向的加盟商。他随父亲在濮阳中原油田和东营胜利油田经商，当时东营已经开了一家肯德基，生意非常好，因此王宏志萌生了投资快餐的想法。王宏志选择德克士是因为加盟门槛低一些。德克士帮助王宏志选择门店，陪他一起见商场业主，包括谈租金、租期、水电要求、设备要求，提供统一的合同范本。作为第一批加盟商，王宏志和他的员工都要到郑州公司进行两个月的培训。

韩宪勇回忆，当时第一次来到东营，结果在东营主街道上，“远远地就看到一个白胡子洋老头（肯德基的标志）冲我笑，意思很明显，你来晚了。”先到的肯德基已经占领了东营主街道，此后半年时间，韩宪勇去了五次东营，都没有找到合适的店面。直到2001

年8月济宁一个百货大楼同意德克士去开店，德克士才算在山东落脚。

前期的门店以空白市场为主，不过开到三四十个门店之后，德克士决定回到青岛、济南等山东核心城市，与肯德基、麦当劳直接竞争。2005年6月，在青岛最繁华的泉城路上德克士开业了，500米商圈里已经有了2个麦当劳、3个肯德基，德克士的邻居是必胜客。

开发部的评估意见是，繁华地段租金高，但是作为当地第一个门店，必须在最好的地段起到示范作用。这家门店后来成为山东省营业额第一的门店。随着德克士借助加盟策略门店迅速扩张，麦当劳、肯德基也开始把它当成对手，并逐渐放开了特许加盟。

2004年底，麦当劳放开了全国30余个城市的特许加盟权，不过加盟费高达850万元，直到2010年才降低到200万元，至今仍然只在指定省市放开加盟。而肯德基也是在麦当劳放开加盟之后，把加盟费从800万元降到200万元。但是肯德基加盟发展规划，是从现有的肯德基餐厅挑选适合的“备选加盟店”进行转让，也就是指定城市指定餐厅。昂贵的加盟费用和八九个月的脱产学习把许多加盟商挡在门外，至少对二三线城市的投资者而言，麦当劳、肯德基仍然高不可攀。

二三线城市的投资者、消费者与大城市有很大不同，投资者希望用较小的投资获得利润，消费者的品牌忠诚度低，看起来差不多的产品他们更愿意接受价格便宜的。德克士看到了这种差别，把加盟费从最初的150万元降到25万元，另外还需要20万元保证金，选择加盟对象也没有那么严格，目的就是尽量降低门槛。德克士的店面规模普遍不是很大，这样对于设备的产能要求就低一些，再加上部分设备本土化，成本又可以降低。

在经营过程中，德克士也是尽量做到降低成本。德克士供应给店方的原料加价非常低；德克士收取的权利金和广告基金的比例也比较低，分别只有营业额的5%和3%，远低于肯德基和麦当劳的比例。

为了鼓励加盟商扩大门店数量，德克士把拥有3个门店以上的加盟者升级为准战略伙伴。“老加盟商抗风险能力强，经验充足，培训起来更容易。”韩宪勇解释，目前德克士有超过60%的重复加盟商。山东的首个加盟商王宏志已开设15家加盟餐厅，是德克士优秀的战略伙伴。

对于二三线城市的消费者而言，德克士食物价格也很敏感。广告对他们的影响相对有限，于是德克士就加大了促销活动的力度，将节省下来的广告费用转做促销和优惠活动。

中国人均消费水平提高、城镇化发展规划，都是有助于德克士扩张的好消息。坏消息是，麦当劳和肯德基也意识到城镇化发展机遇，竞争不仅仅在二三线城市展开，甚至已经延伸到小县城。

相对于肯德基和麦当劳，德克士的加盟策略可以更灵活地向县级渗透。德克士加盟比例高达90%，肯德基、麦当劳虽然放开加盟，但仍然以直营为主，这使得它们经营成本更高，向下渗透的时候必须更加小心——如果市场容量达不到标准，高额成本下更难以支撑。

河南新密市就体现了典型的德克士策略，找到市场空白，抢在对手开店之前占领地段，而一旦对手来了，则以更多的门店数量来包围对手。这个不大的县级市，其主干道上开了3家德克士、1家肯德基。

2004年，德克士在新密的第一商圈苹峰商场开了第一家加盟门店。2008年，新商场瑞德隆在斜对面约50米的地方开业，一个规模这么大的商场，而且在十字路口的黄金位置，自然吸引了众多连锁餐饮品牌。

“竞争对手总是要来的，与其等对手来开店，不如自己抢先占领。”韩宪勇这样去说服加盟者。2011年，第二个商圈丹尼斯百货逐渐成熟，肯德基率先开了一家门店。按照德克士的战略法则，要紧跟着开一个门店，用数量来包围对手。不过，新密加盟商没有实力再开新店，于是德克士紧跟着开了一家直营店。

但是，以数量取胜并不意味着盲目扩张，开发部还要提前计算市场容量。按照目前的消费水平，一个六七万人口的县城可以容纳一个门店，一个15万～20万人口的城市可以容纳三个门店。

除了前期开店的指导培训，开发部还有一个长期跟踪管理工作，德克士每年的开发部会议都会告诉加盟者，营业额达到一定程度就要考虑开新店，加盟商实力不足的时候，直营店就会进入。因为营业额到一定程度，意味着这个商圈的市场容量还可以继续挖掘，同时对手也会有机会。

“加盟主会有惰性，开一个门店能赚钱就满足了，但是从公司整体角度看，门店够多，品牌效应才能出来。”韩宪勇描述德克士的战术就是多开店，虽然单店利润会下降，但整体利润会增加。德克士要协调的是，保证一个合理的回报率，而不是越高越好。

低线城市的成功，使德克士重回一线和新一线城市有了可能。同时，随着竞争对手的进入，二三线城市会面临一线城市高租金、高人力成本、低利润的问题，市场迟早会有饱和的那一天，所以德克士与肯德基、麦当劳在一线城市进行一番竞争是不可避免的。李明元称，德克士甚至考虑怎样应用新技术把厨房搬到楼上，从而节约门店租金。重回一线城市，也是德克士提升品牌形象的重要举措。不过，在北上广等一线城市，德克士仍然处于明显劣势，而且德克士还有过三次进入一线城市失败的教训。

2011年，德克士在北京阜成门重新开业第一家店，至今德克士已经在北上广拥有超过30家门店。2013年5月底，德克士在台北101大厦的标志性门店开业。德克士的母公司顶新集团同时也是101大厦的大股东。

“内地游客们看到台湾标志建筑101大厦里面都有德克士，会更加信赖德克士这个品牌。”李明元的潜台词是，德克士在大城市最显眼的地方出现，更容易使顾客相信这是一个足以媲美麦当劳、肯德基的大品牌。

除了增加品牌的知名度，现在一线城市的德克士还负责门店升级试验、新产品试验。由于开店成本高，避免加盟者风险过高，德克士选择以直营店为主。德克士也可以在直营店进行各类升级试验，成功后再推广到全国的门店。

在北京第一家门店，德克士开始尝试新的快餐定位“东方舒食”，除了将传统汉堡中的面包用米饭代替，饮料的主打产品也是茶而非可乐等碳酸饮料。2012 年上海江宁路店针对消费者对欧洲面包的喜好，推出了很多多纤维面包产品供消费者选择。

2013 年 5 月开张的台北 101 门店主打食品包括裸麦三明治、多纤维面包，德克士还另辟了一个咖啡吧，提供 Smoothie Cafe、水果优格、精致点心之类更洋气的产品，为的是迎合 101 商圈时尚的白领人士的需求。根据计划，德克士还有一个针对家庭市场的门店类型——温馨舒食型门店即将开业。

德克士计划把这些新的快餐概念从北上广的门店进一步扩大到全国，逐步完成全国门店的升级。

“重回北上广深，要从占有消费者的心出发，市场份额是下一步的事情。”李明元称。德克士很有自知之明，二三线城市仍然是德克士的基石，目前以德克士在北上广的门店数量，它还难以形成规模效应与麦当劳、肯德基竞争。

【思考】

1. 德克士成功的原因是什么？
2. 德克士对加盟商的做法对你选择加盟创业有什么启发？

本章小结

创业风险是指在创业过程中，由于创业环境的不确定性，创业机会与创业企业的复杂性，创业者、创业团队的能力与实力的有限性，而导致创业活动偏离预期目标的可能性及后果。其主要来源于融资缺口、研究缺口、信息和信任缺口、资源缺口和管理缺口。

创业过程中主要的创业风险包括人力资源风险、市场风险、财务风险、技术风险和管理风险。人力资源风险包括创业团队风险和关键员工离职风险；市场风险包括创业项目选择风险和市场营销风险；管理风险包括创业者的素质风险、决策风险和组织风险；财务风险包括筹资风险和现金流风险。

特许经营加盟创业的风险主要有特许人道德风险、轻信投资回报率带来的风险、选择总部失误的风险和特许经营合同风险。

特许经营加盟创业风险的防范方法有：① 认真审核特许人资格；② 到样板店、加盟店进行实地考察；③ 要求查看各种经营手册；④ 明确签约相对方；⑤ 合同条款须双方协商确定；⑥ 注意签订特许合同时的细节问题；⑦ 提高对特许经营的认识，学会规避风险。

思考与讨论

1．论述创业风险管理的重要性。
2．创业风险主要有哪些类型？
3．创业团队风险应如何防范？
4．特许加盟创业的风险有哪些？
5．造成现金流短缺的原因是什么？

实训题

1．组建一个创业团队，针对团队成员的特点，列出你认为会出现的团队风险，并提出解决方法。

2．选择你喜欢的某一特许经营品牌，按照加盟创业的步骤和风险防范方法进行认真考察其加盟创业成功的可能性。

3．查阅有关中山爱多电器有限公司的资料，分析创业者胡志标的素质对中山爱多电器有限公司的影响。

第三篇

创建企业

第六章　创业市场调研

本章目标

1. 懂得市场调研是决定投资方向的前期工作。
2. 熟练应用创业市场调研的方法。

引导案例：知己知彼——红军长征的情报故事[1]

市场调研相对于企业而言，如同情报之于军队，都是战略决策与战术设计的重要依据，准确性和时效性越高，其正面的支撑作用越明显。

下面我们讲讲中央红军长征期间的情报战。

中央红军长征期间的情报工作，在一些著作当中，特别是回忆录当中，学者均对其进行较为系统、客观、全面的研究。历史的经验告诉我们，在今天这样的信息时代，尤其是信息战已经成为战场主宰之时，显然有必要做这项工作，看看当年的情报工作究竟对中央红军长征的胜利起了什么样的作用。

据长征中做电台侦听工作的钟夫翔回忆："搞侦听的有好几个台，每台都抓住敌人一两个军，什么时候都听着它。那时敌人通报用密码，通话用明码，有时加点英文。他们在通话中什么都谈，部队行动到什么地方，都互相告诉。这样，我们起码可以知道敌人的动向和驻地。另外，当时敌人使用的密码也比较简单，很容易破译。"

由于他们破译了上至南京蒋介石下至战场师团长的秘密电报，因此也就使红军领导层对敌军的战略部署、战役意图和部队动向一目了然，造成了对手在明处而红军在暗处的理想局面，从而充分发挥了红军机动灵活的特长而牢牢把握了战场主动权，使得对手处处陷于被动。

与此相反，国民党军队对红军的动态却一知半解甚至一无所知，仅靠飞行员在空中的肉眼侦察，非但像雾里看花，更要命的是往往因为早已胸有成竹的红军略施小计而上当受骗，使侦察的结果帮了红军的大忙。例如，为了欺骗敌机的空中侦察，红军在这些

---

[1] 资料来源：百度知道。

日子里发明了一些简单而又实用的绝招，如行军途中敌机突然飞临而来不及隐蔽，部队就在统一号令下全体向后转，给敌机造成错觉。这就直接导致了国民党军队在战场上的闭目塞听、处处被动，纵然人多装备好也只能束手缚脚穷于应付。

因此，从战场信息掌控这一点来看，我强敌弱的形势实在是显而易见的。而取得这一关键成果的原因很简单，那就是双方情报人员在交战中红军技高一筹。

【思考】

从这个故事，同学们知道调查对手的重要性了吗？

市场调研贯穿市场营销的始终，如今市场竞争的激烈程度已到了白热化的阶段，似乎逐渐萎缩的市场，确实不断增加的成本，导致大批企业都面临着生存的危机，但同样的市场环境下，却有一些创业者能准确地把握营销各个阶段，包括正确的投资方向、合理的产品布局、优质的产品质量、最佳的销售模式、可信赖的品牌策略等，一直处于良性发展状态，使创业能够茁壮成长，受到的“竞争”冲击最小，而且竞争反而为其提供了最好的市场成长机会。那么，为什么同样的环境下，他们会有这样的优异的表现呢？是什么让那些企业在日益激烈的市场竞争中处于有利地位，可以从容应对复杂的市场环境呢？秘诀只有一个，那就是进行充分的市场调研，掌握市场需求的脉搏。

第一节　创业市场调研概述

一、创业市场调研的定义

创业市场调研是指创业者为了是否进入某一目标市场、进行产品的销售决策、寻找产品销售中的机会或解决存在的问题而系统地、客观地收集、识别、分析和传播营销信息的工作。创业市场调研是为解决投资方向和产品营销的决策服务的，它为市场预测提供客观而具体的资料依据，并对这些资料进行系统的收集、整理、分析和处理。

二、创业市场调研的目的

创业市场调研与预测的目的，就是根据消费者需求和市场潜力，决定是否进入某一目标市场，安排生产销售。调查——预测——决策，是企业经营的重要工作，也是进入和推广前必须要做的工作，调研的好坏直接影响着创业是否成功。一般而言，创业市场调研是一项目的非常明确的工作，必须有计划、有组织、有步骤地进行。它的任务是搜集商业情报和市场信息。每次市场调研都要事先定好调研的范围和所要达到的目标。

创业市场调研还有以下的目的。

（1）决策依据：针对某细分市场，从利润、发展前景、销售量等方面来衡量是否值得进入。

（2）市场观察：针对特定的产业区域做对照性的分析，从经济、科技等有组织的角度来做研究。

（3）产品调查：针对某一性质的相同产品研究其发展历史、设计、生产等相关因素。

（4）广告研究：针对特定的广告做其促销效果的分析与整理。

（5）可能包括下列内容市场测试：在产品上市前，提供一定量的试用品给指定消费者，通过他们的反应来研究此产品未来市场的走向。

（6）概念测试：针对指定消费者，利用问卷或电话访谈等其他方式，测试新的销售创意是否有市场。

（7）神秘购物：安排隐藏身份的研究员购买特定物品或消费特定的服务，并完整记录整个购物流程，以此测试产品、服务态度等。

（8）零售店审查：用以判断连锁店或零售店是否提供妥当的服务。

（9）需求评估：用以判断产品最大的需求层面，以找到主要客户。

（10）销售预测：找到最大需求层面后，判断能够销售多少产品或服务。

（11）客户满意度调查：利用问卷或访谈来量化客户对产品的满意程度。

（12）分销审查：用以判断可能的零售商，批发业者对产品、品牌和公司的态度。

（13）价格调整测试：用来找出当价格改变时，最先受影响的消费者。

（14）象限研究：将潜在消费者的消费行为、心理思考等用人口统计的方法分为象限来研究。

（15）消费者购买决定过程研究：针对容易改变心意的消费者，分析什么因素影响他买此产品，以及他改变购买决定时的行为模式。

（16）品牌命名测试：研究消费者对新产品名的感觉。

（17）品牌喜好度研究：量化消费者对不同品牌的喜好度。

（18）广告和促销活动研究：调查所做的销售手法，如广告，是否能达到理想的效益，看广告的人真的理解其中的信息吗？他们会因为广告而去购买吗？

案例6-1：脑白金前期的调研[①]

史玉柱曾经说过一句很有名的话："我在我的公司只管一件事——市场调研。"史玉

① 资料来源：百度知道。

柱在做脑白金项目的时候，就曾花费了几个月的时间在公园、茶馆、大街小巷，只要是能跟大叔大妈大婶们接触到的机会和地方他都不会放过，目的就是一个：调研这些脑白金的目标客户对保健品的看法。调研后的结果发现，这些群体对保健品有较强烈的依赖，也就是对健康有强烈追求，并且不希望由自己出钱买，这一点很重要。当儿女送了保健品后，老人家吃完之后不好意思再叫儿女送，所以他们平时在吃完保健品之后就把包装盒放在家里显眼的位置，希望儿女能看到。于是被许多所谓专家评为中国营销史上最差的广告词应运而生：今年过节不收礼啊，收礼只收脑白金。哪个孝子孝女看了这句广告词会不动心呢？让客户动情的广告词就是伟大的广告词，这句广告词让史玉柱赚了个盘满钵满。

【思考】

1. 创业市场调研的目的是什么？
2. 脑白金市场调研发现了什么样的市场机会？

第二节　创业市场调研的内容

由于市场变化的因素很多，因而市场调研的内容也十分广泛。一般来说，凡属影响市场变化的主要因素都应调研，如图 6-1 所示。

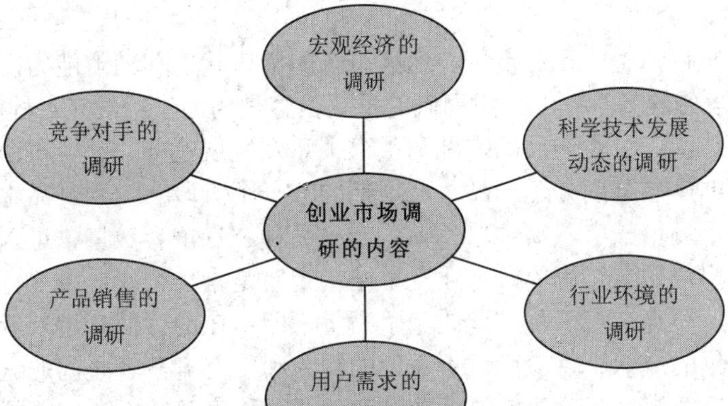

图 6-1　创业市场调研的内容

一、宏观经济调研

企业是社会经济的一个细胞，是整个国民经济建设有机整体的一部分。对产品的品种、规格、质量和数量等方面的要求，是受整个社会总需求制约的，而社会总需求的动态是与国家经济建设的方针与政策直接有关的。因此，任何企业的经营管理都必须适应国家经济形势的发展，都必须严格遵守政府的方针、政策和法令。只有在这个大前提下，企业才能自主经营。因此，首先必须对宏观经济进行调研，即调研整个国家经济环境的变化对企业产品的影响。调研的具体内容有工农业总产值、国民收入、积累与消费的比例、发展速度、基建规模、基建投资、社会商品零售总额、人口增长、就业率和主要产品产量等。调研这些内容的目的有两个：一是判断和确定企业的服务方向；二是通过调研主要产品产量，按相关比例测算对本企业产品的需要量。

二、科学技术发展动态调研

该项调研主要是调研与本企业生产的产品有关的科技现状和发展趋势。具体内容有：世界科学技术现状和发展趋势；国内同行业科学技术状况和发展趋势；本企业所需的设备、原材料的生产和科技状况及其发展趋势。进行科学技术调研的目的有两个：一是掌握同行业的科技动态以确定本企业的科研方向；二是正确地进行产品决策，以便确定发展什么样的新产品、什么质量水平的新产品。

三、行业环境调研

行业环境调研包括整个行业市场、地区市场的销售状况和销售能力，行业所处的生命周期、行业竞争结构等。行业环境调研的主要内容是商品供给的充足程度、市场空隙、库存状况，相关地区、企业产品的差别和供求关系及发展趋势，整个市场价格水平的现状和趋势，企业的产品分别处于产品生命周期的哪一个阶段。识别产品生命周期所处阶段的主要指标有市场增长率、需求增长率、产品品种、竞争者数量、进入壁垒及退出壁垒、技术变革、用户购买行为等。行业竞争结构调研是指一个行业中的竞争不只在原有竞争对手中进行，还存在着五种基本的竞争力量，即潜在的行业新进入者、替代品的竞争、买方讨价还价的能力、供应商讨价还价的能力和现有竞争者之间的竞争。这五种基本竞争力量的状况及综合强度决定着行业的竞争激烈程度，从而决定着行业中最终的获利潜力及资本向本行业的流向程度。行业环境调研的目的有两个：一是最终决定着创业者是否值得进入某一领域；二是帮助制定行业竞争策略。

四、用户需求调研

对用户需求的调研，就是要了解用户和熟悉用户，掌握用户需求的变化规律，千方百计地去满足用户的需求。

（一）对用户的特点进行调研

本企业产品的用户是谁？是生产性用户，还是非生产性用户?是城市用户，还是农村用户?是国内用户，还是国外用户？谁又是最主要的用户?用户不同，其需要的特点也不同，要按照用户的不同特点满足要求。

（二）对影响用户需要的各种因素进行调研

例如，调研用户的购买力的大小。用户购买力分为集团购买力和个人购买力。集团购买力受国家财政经济状况及税收政策的影响。个人购买力主要取决于劳动者个人和家庭经济收入。又如，调研社会风俗、习惯、文化水平、民族特点对用户的需要有何影响?用户购买动机如何？用户的购买动机分为三种类型：

（1）理智动机，是指用户物质上讲究实用的需要，如产品性能好、操作方便、节省能源、备品配件供应及时、修理方便；

（2）感情动机，是指满足用户在感情上的某种精神需要和欲望，如色泽、式样、包装的要求，以及为了声望、友谊、好奇等各方面的心理动机；

（3）偏爱动机，是指用户对某种特定的品牌，尤其是对名牌产品有特殊的偏爱，即使在产品的质量、价格相同的情况下，用户也非购买自己喜欢的品牌不可。因此，现代企业必须大力发展名牌产品，给用户留下深刻而独特的印象和良好的声誉。

（三）对用户的现实需要和潜在需要进行调研

所谓现实需要，就是用户已意识到有能力购买，也准备购买客观存在的某种产品的需求容量。用户的现实需要既包括对本企业已有的新老产品的需要，也包括本企业没有生产而市场已有产品的需要。

调研用户的现实需要主要是调查各种用户吸收容纳某种产品的能力有多大，了解购买本企业产品或服务的团体或个人的情况，如民族、年龄、性别、文化、职业、地区、购买欲望、购买动机、习惯爱好、购买习惯、购买时间、购买地点、购买数量、品牌偏好等情况，以及顾客对本企业产品和其他企业提供的同类产品的欢迎程度。这方面的调查一是为了了解市场容量的大小，二是为了确定本企业的生产条件是否有能力满足用户的需要，以及满足的程度如何。

所谓潜在需要，就是用户自己还没有意识到，但客观上将来会对某种产品产生的需要，或者用户已意识到，但由于种种原因，还不能即时产生购买行为的对某种产品的需要。生产经营者把握住“潜在的市场需要”，特别是将来成为“时代需要”的产品开发，这对企业兴衰是非常重要的。调研用户的潜在需要的目的就是确定企业开发新产品的方向。

五、产品销售调研

只有把产品顺利地销售出去，商品的价值才能得以实现，才能获取一定的盈利，才能有足够的资金重新购置生产资料进行再生产。因此，对产品的销售调研，实际上就是对产品的销路、产品的价值能否实现进行调研，这对企业是至关重要的。对产品销售的调研内容有以下三个方面：

（1）市场对企业产品的反应。企业所生产的各种产品，在一定的销售区域内是独家产品还是多家产品？用户对本企业产品是否满意?若不满意，其原因是什么？本企业的产品在市场上是畅销还是滞销？原因是什么？

（2）企业产品的价格优劣。企业各种产品的价格在市场上有无竞争能力？用户对价格有何反映？市场价格的现状对哪些产品有利？对哪些产品不利？产品的价格波动幅度有多大？其发展趋势如何？

（3）销售渠道、销售过程和销售趋势的情况。企业产品是自销还是代销，是完全通过自设网点销售，还是部分经由代销网点销售？代销商的经营能力、社会声誉、目前销售和潜在销量如何？委托代销的运输成本、工具、路线、仓库储存能力等如何？人员直销和非人员直销各自优劣之处在哪里？采用哪种广告媒体（如电视、广播、报纸、杂志、广告牌）引人注目，效果较好？服务方式，如成套供应、配件准备、分期付款、免费维修、价格折扣、技术培训等，哪种方式最受顾客欢迎？

六、竞争对手调研

企业的竞争场所是市场，产品的销售量是企业竞争的“晴雨表”，只有通过市场调研才能掌握竞争的情况。

（1）在全国或一个地区有哪些同类型企业，企业实力大小如何?所谓企业实力，是指企业满足市场要求的能力，包括生产能力、技术能力和销售能力等。在这些企业中，谁是最主要的竞争者？谁是潜在的竞争者？

（2）主要竞争者的产品市场分布如何?市场占有率多大？它对本企业的产品销售有何影响？所谓市场占有率，就是指本企业的某种产品在市场销售的同类产品中所占的比重。市场占有率反映一个企业的竞争能力和经营成果。

（3）主要竞争者采取了哪些市场营销组合策略？这些营销组合策略发生作用后对企业的生产经营产生何等程度的影响？

（4）有关企业同类产品的生产、经营、成本、价格、利润的比较。

案例 6-2：吉利公司市场调查的成功案例①

男人长胡子，因而要刮胡子；女人不长胡子，自然也就不必刮胡子。然而，美国的吉利公司却把"刮胡刀"推销给女人，居然大获成功。

吉利公司创建于 1901 年，其产品因使男人刮胡子变得方便、舒适、安全而大受欢迎。进入 20 世纪 70 年代，吉利公司的销售额已达 20 亿美元，成为世界著名的跨国公司。然而，吉利公司的领导者并不以此满足，而是想方设法继续拓展市场，争取更多用户。就在 1974 年，公司提出了面向妇女的专用"刮毛刀"。

这一决策看似荒谬，却是建立在坚实可靠的基础之上的。

吉利公司先用一年的时间进行了周密的市场调查，发现在美国 30 岁以上的妇女中，有 65%的人为保持美好形象要定期刮除腿毛和腋毛。这些妇女之中，除使用电动刮胡刀和脱毛剂之外，主要靠购买各种男用刮胡刀来满足此项需要，一年在这方面的花费高达 7500 万美元。相比之下，美国妇女一年花在眉笔和眼影上的钱仅有 6300 万美元，染发剂为 5500 万美元。毫无疑问，这是一个极有潜力的市场。

根据调查结果，吉利公司精心设计了新产品，它的刀头部分和男用刮胡刀并无两样，采用一次性使用的双层刀片，但是刀架则选用了色彩鲜艳的塑料，并将握柄改为弧形以利于妇女使用，握柄上还印压了一朵雏菊图案。这样一来，新产品立即显示了女性的特点。

为了使雏菊刮毛刀迅速占领市场，吉利公司还拟定了几种不同的"定位观念"到消费者中征求意见。这些定位观念包括：突出刮毛刀的"双刀刮毛"；突出其创造性的"完全适合女性需求"；强调价格的"不到 50 美分"；表明产品使用安全的"不伤玉腿"等等。最后，公司根据多数妇女的意见，选择了"不伤玉腿"作为推销时突出的重点，刊登广告进行刻意宣传。结果，雏菊刮毛刀一炮打响，迅速畅销全球。

【思考】

1. 吉利公司为什么不直接推出刮毛刀？而是要先进行调研？
2. 吉利公司调研的项目有哪些？各项目调研的目的何在？

第三节　创业市场调研的方法

市场调研的成败不仅在于市场调研主题和内容的明确，还在于有正确的方法，也就是采用什么组织方式和方法取得调查资料。搜集调查资料的方式有普查、重点调查、典型

① 资料来源：百度知道。

调查和抽样调查等。具体的调查方法有座谈会法、二手资料法、访问法、电话调查法和网络调查法等。在调查时，采用何种方式、方法不是固定和统一的，而要取决于调查对象和调查任务。为了准确、及时、全面地取得市场信息，尤其应注意多种调查方式的结合运用。

一、市场信息资料收集的方法

按照收集资料的方式不同，市场调查方法可以分为直接市场调查和间接市场调查。主要有座谈会法、二手资料法、文献法、入户访问法、拦截式访问法、电话调查法、邮寄调查法、神秘顾客访问法、深度访谈法、日记式/记账式调查法和网络调查法等几种常用的方法。

（一）座谈会法

座谈会法是由一个经过训练的主持人以一种无结构的自然的形式与一个小组的被访问者交谈，主持人负责组织讨论，从而获取对一些有关问题的深入了解。座谈会法的优缺点及适用方面如表6-1所示。

表6-1　座谈会法的优缺点及适用方面

优点	研究者能在座谈进行时观看到当时的情况 可以将整个过程录制下来事后分析 温馨愉快的环境使参加者能畅所欲言 经验丰富的主持人能启发参加者深入探讨问题
缺点	参加者不具有代表性 在发言时容易受其他人的影响，所说的话不一定代表每个参加者自己的意见
适用方面	搜集有关事物本质、特征方面的资料，对数量没有太大要求

（二）二手资料法

二手资料法是通过查找各种媒体发表的文章或文献来搜集相关资料。 二手资料法的优缺点及适用方面如表6-2所示。

表6-2　二手资料法的优缺点及适用方面

优点	搜集到的资料范围广，可以通过各种渠道搜集到各种类型的资料 与其他调查方法相比，省事、省力
缺点	难以考察资料的真实性及调查样本的代表性
适用方面	项目的前期准备工作 搜集政府的相关行业政策 搜集来自同行或相关行业在博览会、交易会、展销订货会或学术交流会议上的资料

（三）文献法

文献法是通过找文献搜集有关的市场信息，是一种间接的非介入式的市场调查方式。文献法的优缺点及适用方面如表 6-3 所示。

表 6-3 文献法的优缺点及适用方面

优点	适用范围广，现存的文献种类很多 省时并节省费用
缺点	只能被动地搜集现有资料，不能主动地提出问题并解决在市场决策中遇到的问题
适用方面	搜集国家统计局和各级地方统计部门定期发布的统计公报、定期出版的各类统计年鉴 搜集各种经济信息部门、各行业协会和联合会提供的定期或不定期信息公报 搜集国内外有关报纸、杂志、电视等大众传播媒介 搜集各种国际组织、外国商会等提供的定期或不定期统计公告或交流信息 搜集国内外各种博览会、交易会、展销订货会等营销性会议，以及专业性、学术性会议上所发放的文件和资料 搜集工商企业内部资料，如销售记录、进货单、各种统计报表和财务报告等 搜集各级政府公布的有关市场的政策法规，以及执法部门的有关经济案例 搜集研究机构、高等学府发表的学术论文和调查报告

（四）入户访问法

入户访问法是访问员到被访者的家中进行访问，直接与被访者接触，利用结构式问卷逐个问题进行询问，并记录下对方的回答；或是将问卷交给被访者，说明填写要求，等待对方填写完毕之后再收取问卷的调查方式。入户访问法的优缺点及适用方面如表 6-4 所示。

表 6-4 入户访问法的优缺点及适用方面

优点	直接与被访者接触，可以观察他（她）回答问题的态度 严格的抽样方法，使样本的代表性更强 能够得到较高的有效回答率 对于不符合填答要求的答案，可以在访问当时予以纠正 可由访问员控制跳答题或开放式问题的追问
缺点	人力、时间及费用消耗较大 可能出现访问员错误理解的情况 对访问员的要求较高 需要严格管理访问员
适用方面	时间、经费、人力充足，需要样本在较大程度上代表总体

（五）拦截式访问法

拦截式访问法是在一些固定范围内（如商业区、商场、街道、医院、公园和报摊等）拦截行人进行面访调查。拦截式访问法的优缺点及适用方面如表 6-5 所示。

表 6-5　拦截式访问法的优缺点及适用方面

优点	整个项目的访问时间短 可以在访问进行时对问卷真实性及质量进行控制 可以节省抽样环节和费用
缺点	由于在固定场所，容易流失掉不到该场所去的群体 不能耽误被访者太长时间 被访者中途拒答的情况可能发生
适用方面	项目时间短，能够清晰地定义被访者的年龄、性别、职业等各方面特征

（六）电话调查法

电话调查法是由访问员通过电话向被访者询问问题、搜集信息的方法。电话调查法的优缺点及适用方面如表 6-6 所示。

表 6-6　电话调查法的优缺点及适用方面

优点	整个项目的访问时间短 节省费用 可以解除对陌生人的心理压力 问卷较简单，对访问员的要求较低
缺点	无法访问到没有电话的单位或个人 只能得到简单的资料 无法深入了解情况，无法出示卡片、照片等相关资料 无法了解被访者当时的态度，难以辨别答案的真伪 拒访情况较多
适用方面	样本数量多，调查内容简单明了、易于让人接受的调查

（七）邮寄调查法

邮寄调查法是将调查的问卷及相关资料寄给被访者，由被访者根据要求填写问卷并寄回的方法。邮寄调查法的优缺点及适用方面如表 6-7 所示。

表 6-7　邮寄调查法的优缺点及适用方面

优点	扩大了调查范围 增加样本量 减少了访问员的劳务费，免除了对访问员的管理 被访者能避免与陌生人接触而引起的情绪波动 被访者有充足的时间填答问卷 可以对较敏感或隐私问题进行调查
缺点	问卷回收率较低 信息反馈周期长，影响收集资料的时效 要求被访者有较好的文字表达能力 问卷的内容和题型不能太困难 难以甄别被访者是否符合条件 调查内容要求易引起被访者兴趣
适用方面	社会共性问题的调查

（八）神秘顾客访问法

神秘顾客访问法是由符合条件的调查员作为消费者，到指定场所消费商品或服务，同时对商品、环境、服务态度等各方面进行调查。神秘顾客访问法的优缺点及适用方面如表 6-8 所示。

表 6-8　神秘顾客访问法的优缺点及适用方面

优点	可以对营销渠道的各个方面进行控制
缺点	真实性与调查员的心理状态有很大关系 在调查的当时无法做记录，可能产生细节的遗漏
适用方面	了解各种类型的销售网点环境、服务态度、商品的铺货情况

（九）深度访谈法

深度访谈法是一种无结构的、直接的、个人的访问，在访问过程中，一个掌握高级技巧的调查员深入地访谈一个调查者，以解释对某一问题的潜在动机、信念、态度和感情。深度访谈法的优缺点及适用方法如表 6-9 所示。

表 6-9　深度访谈法的优缺点及适用方面

优点	以获得比较全面的资料 适合了解一些复杂的问题
缺点	由于采用无结构访问，是否成功取决于访问员的技巧和经验 调查对象通常是一些特殊人群，因此较难联系

续表

适用方面	向相关部门的官员咨询行业政策 向竞争对手的各级经销商搜集资料 对与经销商品或提供服务紧密相关的群体访问，如医生、教师等

（十）日记式/记账式调查法

日记式/记账式调查是对固定样本发放登记簿或账本，由被访者逐日逐项记录，再由访问员定期整理汇总的一种调查方法。日记式/记账式调查法的优缺点及适用方面如表6-10所示。

表6-10　日记式/记账式调查法的优缺点适用方面

优点	因为与对方建立长期关系，问卷回收率较高 能够比较详实、细致地反映情况 可以减少由于调查双方交流产生的误差
缺点	只能得到简单的资料，无法深入了解情况
适用方面	对消费者的行为规律进行调查

（十一）网络调查法

网络调查法又称在线调查法，是通过互联网及其调查系统把传统的调查分析方法在线化、智能化。其构成包括三个部分：客户、调查系统、参与人群。网络调查法的优缺点及适用方面如表6-11所示。

表6-11　网络调查法的优缺点及适用方面

优点	收集信息速度快 节省大量的资源，如不用使用纸张印刷问卷，也不用到现场发放问卷，省去了大量的差旅费和印刷费，由于已经建立数据库，也省去了输入资料过程的麻烦 问卷具有开放性，不分地区，不分种族，凡是网民都可以填答问卷，在线调查不受空间限制，能够进行跨地域的大规模调查 网民多乐于接受主页问卷调查，因为网络主页问卷设计比较精练，所用时间比较短，只要网民在网页上单击鼠标就可以表达自己的意见，而且网民填好问卷后又能自己查看问卷调查的结果 与非网民相比，多数网民具有较高的文化程度
缺点	覆盖范围的误差通常被视作网络调查的最大误差源，目标总体与抽样框架之间的差距大

续表

缺点	使用计算机的群体主要是青少年，呈现年轻化、知识化、城市化等特点，许多 60 岁以上的人根本不用计算机，所以用计算机进行民意调查就不能实现随机抽样的公正性和均衡性 是一种快速的、快餐式的社会调查研究方法，失去了选择调查对象的主动权 被调查者的身份难以确定，这是网络调查问卷的一个缺陷，影响了网络问卷调查的可信度 对调查者填答问卷的质量难以控制
适用方面	针对某些社会现象或者事件进行调查，基本上所有的人都可以参与

二、调查样本规模与技术条件

作为一项了解消费者期望和购买行为的调查，其规模越大，结果也就越令人信服。但是由于人力、物力的限制，还有调查技术条件的限制，我们不得不根据具体情况分别采用以下几个调查规模。

（一）全面普查

全面普查是对调查对象总体所包含的全部个体都进行调查。对市场进行全面普查，可以获得非常全面的数据，能正确反映客观实际，效果明显，因为依据统计学上的大数定理，大样本可以降低误差。例如，如果对一个城市的人口、年龄、家庭结构、职业、收入分布情况进行系统调查，对房地产开发将是十分有利的。由于全面普查工作量很大，要耗费大量人力、物力和财力，而且调查周期较长，所以一般只在较小范围内采用。当然，有些资料可以借用国家权威机关的普查结果，如可以借用全国人口普查所得到的有关数据资料等。

（二）重点调查

重点调查是以总体中有代表性的单位或消费者作为调查对象，进而推断出一般结论。采用这种调查方式，由于被调查的对象数目不多，企业可以较少的人力、物力、财力在短时期内完成。例如，调查高档住宅需求情况，可选择一些购买大户作为调查对象，往往这些大户对住宅的需求量和功能要求占整个高档商品住宅需求量的绝大多数，从而可以推断出整个市场对高档住宅的需求量。当然由于所选对象并非全部，调查结果难免有一定误差，特别是当外部环境发生较大变化时，所选择的重点对象就可能不具有代表性了，市场调查人员应对此引起高度重视。当外部条件变化时，公司应及时调整，重新选取调查对象，并对调查结果认真分析，只有这样的市场调查结果才能为企业制定策略提供有用的根据。

（三）随机抽样

随机抽样调查是在总体中随机任意抽取个体作为样本进行调查，根据样本推断出一定概率下总体的情况。随机抽样调查在市场调查中占有重要地位，在实际工作中应用很广泛。随机抽样最主要的特征是从母体中任意抽取样本，每一样本有相等的机会，即事件发生的概率是相等的，这样可以根据调查的样本空间的结果来推断母体的情况。它又可以分为三种：一是简单随机抽样，即整体中所有个体都有相等的机会被选作样本；二是分层随机抽样，即对总体按某种特征（如年龄、性别、职业等）分组织（分层），然后从各组中随机抽取一定数量的样本；三是分群随机抽样，即将总体按一定特征分成若干群体，随机抽样是将部分作为样本。分群抽样与分层抽样是有区别的：分群抽样是将样本总体划分为若干不同群体，这些群体间的性质相同，然后将每个群体进行随机抽样，这样每个群体内部有性质不同的样本；而分层抽样是将样本总体划分为几大类，这几大类间是有差别的，而每一类则是由性质相同的样本构成的。

（四）非随机抽样调查

非随机抽样调查是指市场调查人员在选取样本时并不是随机选取的，而是先确定某个标准，然后再选取样本数。这样每个样本被选择的机会并不是相等的。非随机抽样又具体分为三种方法。

（1）就便抽样，也称为随意抽样调查，即市场调查人员根据最方便的时间、地点任意选择样本，如在街头任意找一些行人询问其对某产品的看法和印象。这在商圈调查中是常用的方法。

（2）判断抽样，即市场调查人员根据自己以往的经验来判断由哪些个体作为样本的一种方法。当样本数目不多且样本间的差异又较为明显时，采用此方法能起到一定效果。

（3）配额抽样，即市场调查人员通过一些控制特征，将样本空间进行分类，然后由调查人员从各组中任意抽取一定数量的样本。例如，某房地产公司需要调查消费者购买房屋的潜力，特别要了解中、低收入的消费者购房的欲望，以便使企业把握机遇，做好投资的准备。现根据收入与年龄将消费者进行分类，按收入分为高、中、低档，年龄根据中国国情划定为27岁以下、28～35岁、36～55岁和55岁以上四组，调查人数为300人，在对每个标准分配不同比例后，得出每个类别的样数。

第四节　创业市场调研的步骤

创业市场调研的步骤如图 6-2 所示。

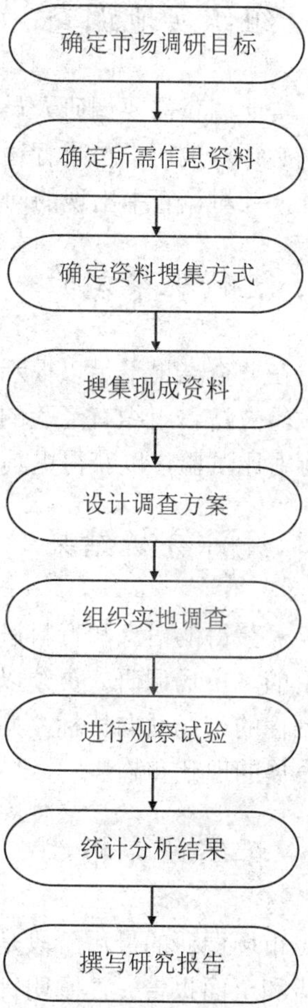

图 6-2　创业市场调研的步骤

一、确定市场调研目标

创业市场调研的目的在于帮助创业者确定是否进入某一行业，以及进入该行业后如何准确地做出经营战略和营销决策。在市场调研之前，须先了解企业所面临的市场现状和亟待解决的问题，如产品销量、产品寿命、广告效果等，确定市场调研的目标和范围。

二、确定所需信息资料

市场信息浩若烟海，企业进行市场调研时必须根据已确定目标和范围收集与之密切相关的资料，而没有必要面面俱到。纵使资料堆积如山，如果没有确定的目标，也只会事倍功半。

三、确定资料搜集方式

企业在进行市场调研时，搜集资料必不可少。而搜集资料的方法极其多样，企业必须根据所需资料的性质选择合适的方法，如实验法、观察法、调查法等。

四、搜集现成资料

为有效地利用企业现有资料和信息，首先应该利用室内调研方法集中搜集与既定目标有关的信息，这包括对企业内部经营资料、各级政府统计数据、行业调查报告和学术研究成果的搜集和整理。

五、设计调查方案

在尽可能充分地占有现成资料和信息的基础上，再根据既定目标的要求，采用实地调查方法，以获取有针对性的市场情报。市场调查几乎都是抽样调查，抽样调查最核心的问题是抽样对象的选取和问卷的设计。如何抽样，须视调查目的和准确性要求而定。而问卷的设计更需要有的放矢，完全依据要了解的内容拟定问句。

六、组织实地调查

实地调查需要调研人员直接参与，调研人员的素质影响着调查结果的正确性，因而首先必须对调研人员进行适当的技术和理论训练，其次还应该加强对调查活动的规划和监控，针对调查中出现的问题及时调整和补救。

七、进行观察试验

在调查结果不足以揭示既定目标要求和信息的广度与深度时，还可以采用实地观察和试验方法，组织有经验的市场调研人员对调查对象进行公开和秘密的跟踪观察，或是进行对比试验，以获得更具有针对性的信息。

八、统计分析结果

对获得的信息和资料进行进一步统计分析，提出相应的建议和对策是市场调研的根本目的。市场调研人员须以客观的态度和科学的方法进行细致的统计计算，以获得高度概括性的市场动向指标，并对这些指标进行横向和纵向的比较、分析和预测，以揭示市场发展的现状和趋势。

九、撰写研究报告

市场调研的最后阶段是根据比较、分析和预测结果写出书面调研报告（一般分专题报告和全面报告），阐明针对既定目标所获结果，以及建立在这种结果基础上的经营思路、可供选择的行动方案和今后进一步探索的重点。

特别要注意的是，对调研结果进行统计、分析和预测后所获得的信息要达到如下要求：

（1）准确性。对于市场的调查必须坚持科学的态度、求实的精神，客观地反映事实。要认真鉴别信息的真实性和可信度，要求做到信息的根据充分、推理严谨、准确可靠。

（2）及时性。任何市场信息、重要的情报都有极为严格的时间规定性，所以市场调研必须适时提出，迅速实施，按时完成，其所得信息情报要及时利用。

（3）针对性。市场信息多如牛毛，不应该也不可能处处张网，所以市场调研首先要明确目的。根据目的的要求，有的放矢，以免劳民伤财，事倍功半。

（4）系统性。市场信息在时间上应有连贯性，在空间上应有关联性，随着时空的推移和改变，市场将发生日新月异的变化，信息也将不断扩充。企业要对市场调研的资料加以统计、分类和整理，并提炼为符合事物内在本质联系的情报，而不是一个“杂烩”。

（5）规划性。市场信息面广量大，包罗万象，因此要做好信息管理工作，就得加强计划性。既要广辟信息来源，又要分清主次，突出重点；既要持之以恒，又要注意经济效益；既要充分利用各方面的力量，又要有专业化的组织和统一管理。

（6）预见性。市场信息的搜集和整理，既要满足当前经营决策的需要，又要分析变化的未来趋势，预见今后的发展。

案例 6-3：洗衣店开店前市场调研的内容①

洗衣店开店前市场调研的内容主要包括产品、服务、人口、销售与竞争五大方面，调查者必须制订详细周密的调研计划，组织精干的调研人员，采用行之有效的调研方法，以确保市场调研的经济性、合理性、可用性、准确性与科学性。

一、居民数量

在大城市中，店面周边步行 5～10 分钟以内都属于统计范围。在调查中，若店面封闭小区内应按 100%统计；若店面背对小区且前面是街道或马路，则应以实际数量的 1.5 倍为本店能辐射的居民数量。

二、居民收入

周边居民的收入情况不一，因此在调研中应把居民的收入分几个档次，如每户收入 20000 元/月、10000 元/月、5000 元/月、2000 元/月不等，并把他们所分布的情况用平面图标出来，以备开业时宣传使用。

三、居民消费习惯

本店周边居民的消费习惯、消费层次决定了本店在开业时应采取的促销方式。高档社区的居民在乎身份、面子及服务是否周到，对价格或打折并不热衷，但在中、低档的居民小区，价格优惠、打折服务是最有效的促销方式。

四、商品房的价格

商品房的价格体现了居民的购买力，同时也说明了居民的收入水平，但是要对居民

① 资料来源：百度文库。

实际居住数量进行认真调研，以防房子卖得好、住的少，如周末房、度假房等。

五、竞争对手的水平和数量

在同一商圈内，必须对同行业的技术、品牌和数量等情况了如指掌。若已有大店则应考虑本店的位置是否优于它们，它们的优点在哪里、缺点在哪里，并能找到打败对手的手段。若对手是非常好的大店，则应考虑放弃本区域，另选店址。

六、交通状况

店门口的交通不要太拥挤，4车道以上的路面车流量很大，但行人很少，而单行线或路旁有隔离栏的位置也不好，最好的地方是两边行人来往方便且毗邻公交车的站点或处于出入小区的必经之路。

七、人流走向

选址最好在周边居民上下班、休闲娱乐活动、到自由市场或超市，以及接送孩子的必经之路上，周边有学校、工厂等其他企事业单位的人流走向。

八、居民使用与购买家用化料的情况

居民平常到洗衣店都洗什么样的衣服？哪些衣服在家里洗？在家里用什么样的洗涤化料？平常都在哪里购买？每月的用量是多少？常用的化料有哪些？只有了解了顾客的需求才能有计划地购进、促销对路的化料。

九、宣传方法

不同的区域对市场宣传的方式有着不同的要求和规定，对于传单的发放、横幅与海报的张贴是否需要到有关部门办理手续等问题必须落实清楚。

十、周边超市及企事业单位情况

周边超市、自由市场对提高店面的宣传作用非常大，宣传对路能起到非常好的效果，但对于周边的企事业单位应采取不同的宣传方式。

通过对所选区域居民数量、收入、消费等进行调查分析，可以确定此地区的开店规模和投资回报周期。同时掌握此地区各种收入档次居民的分布情况，有利于提高开业宣传上的针对性和时效性。

本章小结

创业市场调研是创业者是否进入某一目标市场、进行产品决策的前提。

创业市场调研的内容有宏观经济、科学技术发展动态、行业环境、用户需求、产品销售和竞争对手。

创业市场调研的方法主要有座谈法、二手资料法、访问法、电话调查法和网络调查法等，其中网络调查法与访问法是最为常用的。

市场调研的步骤包括确定市场调研目标、确定所需信息资料、确定资料搜集方式、搜集现成资料、设计调查方案、组织实地调查、进行观察试验、统计分析结果和撰写研究报告。

思考与讨论

1. 创业市场调研的目的是什么？
2. 创业市场需要调研的内容有哪些？
3. 创业市场调研主要有哪些方法？

实训题

要求学生能够把握创业市场调研的内容有哪些，运用创业市场调研的方法开展市场调研，并撰写一份《市场调研报告》。

第七章　创业计划书

本章目标

1. 掌握创业计划的概念和内容、创业计划撰写应遵守的原则和注意的问题。
2. 熟悉创业计划的作用。
3. 了解撰写创业计划前的准备工作。

引导案例[①]

据统计，多达一半以上的创业公司在短短的四年之后就不再存在了。大多数创业者在初创时期都雄心勃勃、激情飞扬，被创业热情驱使着积极做事，这样就产生了一个疑问：这些创业者怎么会这么快就以失败告终呢?

这些创业公司的失败归根结底都是因为一个工具的缺失：能帮助企业成长的商业计划。大多数创业者的商业计划都是有缺陷的，因为他们都忽略了一个非常关键的成分。如果一份商业计划没有这个成分就会索然无味，正如新鲜出炉的巧克力饼干没有糖一样难以入口。

这个决定创业成功或失败的成分到底是什么呢？那就是一个可以帮助你完成所有创业目标的人脉。在创业过程中，你需要跟客户、供应商、商家、营销团队、业务指导者及其他的创业者、企业家合作，如果你或者你的创业伙伴善于跟这些人打交道，显然所有的问题都可以迎刃而解。如果你有一个强大的关系网，你完全可以不花自己一分钱就达到创业目标；如果你有一个强大的关系网，就算你没有接受过正规的教育，也可以实现自己的创业梦。有太多的创业者认为，能帮助自己实现创业梦想的唯一条件是大量的金钱和MBA学位，但是这里要纠正的是，你唯一需要的且真正需要的一定是你的人脉!

以下五个步骤不仅可以帮助你检查自己的商业计划，搜索到人脉中支持你创业的人，而且可以帮助你创业成功，实现自己的创业理想。

---

① 资料来源：创业邦。

（1）把你的创业目标写出来。这也是为什么我们认为商业计划重要的原因。把商业计划写出来，有助于我们描绘出创业的愿景、使命及最后的目标。你心目中复杂的创业计划到底是不是你的菜，只有把它简明地写在纸上才能明白。而且只有这样，我们才能进行下面的关键步骤。

（2）调动你的关系网。根据所写的创业目标来搜索、动员你身边的人脉关系。你需要为每一个详细的创业目标都标注上可能实现的愿景，以及所必需的人脉关系。举例来说，如果你想从一个蛋糕店开始自己的创业之旅，那么你就需要寻找顾客源、面包供应商、营销团队，以及其他相关业务所必需的人才。你可以考虑利用一切工具来扩大自己的关系网，Facebook之类的社交媒体正是可以免费利用的资源。

（3）建立良好的人脉关系。当然，创业所必需的大部分人脉，你可能现在都找不到。没关系，你还可以进一步挖掘自己的人脉，扩大视野；寻找那些可能给你提供相关人才的人脉，让他们给你搭建一个沟通的桥梁。这时，你就要运筹帷幄，知道谁的人脉最广、谁的人脉跟你的创业相关，然后再去联系和建设。你还需要知道的是，这些人脉桥梁需要的人才都在哪儿打发自己的时间，他们都参与了哪些志愿者组织，在什么样的网络媒体上可以找到他们。

（4）提供帮助。根据自己制定的明细表和确定可以找到的人脉关系表，找个合适的时间，把自己融入到这些人脉资源之中。当然，一定不能在交往之初就直接要求对方做什么，你可以先适当地给予对方些什么。把你的人脉列表细化到每个具体的人身上，跟他们深交，一次一个，并给他们提供一些帮助。例如，可以找出他们在生活和工作中的需求，并且告诉他们，你愿意、准备且能够给他们提供帮助。当然也有一些人暂时并不需要帮忙，只要你表达了自己的想法，他们或许会反过来帮助你的创业。如此，你就可以取得一个惊人的效果。你会发现，自己的人脉网络又扩大了不止十倍。

（5）分享你的创业愿景。需要确认的是，重要但不唯一的关键是你要跟找到的这些人脉分享自己的创业愿景。这其中包括新的商业计划，并确认你们需要定期且长期维持关系的人。当你帮助每个人实现他们自己的目标时，你也要跟他们分享你的创业愿景。当然，如果你接触到的这些人脉关系中有些人暂时不支持你创业，也没关系。因为你会发现，许多人会用自己的方式来帮助你，帮助你的业务发展。

想要创业成功，需要很多的人一起努力。如果你不能动员别人，那么创业对于你来说就是一条无比艰辛的前进道路。

【思考】

1. 创业时是否有必要写创业计划书？
2. 创业计划书有什么作用？

第一节　创业计划概述

撰写创业计划不是一件容易的事，需要创业者付出大量的时间和精力，但实际上这是帮创业计划走了捷径，节省了时间，所谓磨刀不误砍柴工，创业者不应该在没有撰写创业计划书的情况下创建自己的企业。

一、创业计划的概念

创业计划，又称商业计划（Business Plan），是创业者在初创企业成立之前就已经准备好的一份书面计划，用来描述创办一个新的企业时所有的内部和外部要素。创业计划通常是各项职能如市场营销计划、生产和销售计划、财务计划、人力资源计划等的集成，同时也是提出创业的头三年内所有中期和短期决策制定的方针。

创业计划是对企业进行宣传和包装的文件，它向风险投资企业、银行、供应商等外部相关组织宣传企业及其经营方式，同时又为企业未来的经营管理提供必要的分析基础和衡量标准。在过去，创业计划单纯地面向投资者。现在却不同，对外，创业计划成为企业推销自己、获得资金和生意机会的工具；对内，创业计划为企业指明了方向，为经营管理提供了依据。

二、创业计划的作用

在创业初期，创业者不可能对市场有很详细的调查数据，也无法准确地了解竞争对手的情况。虽然创业计划不一定能为未来规划出必然的蓝图，但是至少有着以下几个方面的作用。

（一）把计划中要创立的企业推销给自己

制订创业计划时，创业者必须建立自信，先过自己这一关。创业者应该以认真的态度对自己所拥有的资源、已知的市场情况和初步的竞争策略进行简单的分析，并提出初步计划。写作创业计划，是逼迫自己做到知己知彼，这样才能够真正做到心中有数，否则创业者很容易偏离方向。通过将心中的设想编写成书面的、规范的创业计划，创业者可能会发现事情原来并非想象中的那么简单。这个时候需要创业者保持清醒的头脑，客观地、严肃地、不带个人主观情感地从整体角度审视自己的创业思路，并且适当地进行调节，使得计划更趋完美，以确保计划的可操作性。当然，在撰写书面的创业计划时，如果发现原来的设想根本不可能实现，创业者应该明智地放弃该创业念头，把一切停留在纸上，这样才能把损失降至最低，否则损失惨重。

（二）把要创办的风险企业推荐给风险投资家

创业计划是创业融资的必备工具。对于初创的风险企业来说，创业计划的作用尤为重要。企业的成长基本上离不开外来资金。如果没有创业计划，创业者就无从知道创办这家企业所需资金的确切数目，也就不知道到底还缺多少资金。如果没有创业计划，风险投资家没有办法深入了解一家还没有正式营业的企业。风险投资家都要求创业者提供创业计划，然后依据创业计划进行风险评估，选择他们认为最有发展潜力的企业进行投资。但是，必须明确的是，即使创业者既不需要借钱、也不需要寻找合作伙伴，也必须撰写详细的创业计划。

（三）有利于获得银行贷款等其他资金

因为初创的企业经营风险太大，所以银行往往不愿意为这类企业提供贷款。即使为这类企业提供贷款，银行一般也会要求创业者先提供创业计划。对于银行来说，一份制作规范且专业的创业计划就等于一张考究的名片，一份书面的创业计划会提供很多的信息，是一份浓缩了的企业经营设想。在银行阅读创业计划之前，计划本身已经告诉银行：该企业的创始人是一位非常重视计划、做事认真细致、有信誉、脚踏实地的未来企业家。

一份详尽的、与众不同的、切实可行的创业计划大大降低了银行发放贷款的风险，获得贷款的机会自然也会增加不少。当然，创业计划也有利于初创企业获得其他形式的资金支持。

（四）有利于企业的经营管理

完美的创业计划可以增强创业者的自信，创业者会明显感到对企业更容易控制、对经营更有把握。因为创业计划提供了企业全部的现状和未来发展的方向，也为企业提供了良好的效益评价体系和管理监控指标。创业计划使得创业者在创业实践中有章可循。

创业计划还可以激励管理层和公司普通员工。创业初期，创业者一般都有同样的感受，就是“人才可遇不可求”。创业初期的企业往往缺乏吸引力，要留住人才谈何容易，关键得看创业计划能否打动他们的心。创业初期一个很重要的问题就是如何让每一位成员了解本企业的发展战略和创业计划，并朝同一目标努力。如果企业内部的每一位员工对企业的发展战略有不同的看法，则企业就很难取得什么成就。通过创业计划，把所有成员凝聚在一起，真正做到：心往一块想，劲往一处使。

（五）其他方面

创业计划还对合作伙伴、供应商和分销商的确定很有价值，他们可以通过创业计划了解这家企业，并决定是否参与进来。而这些人对企业的发展起至关重要的作用：合作伙伴可能是企业资金或技术的主要来源，而供应商和分销商能分别给企业带来稳定的原料来源和产品销售渠道。

一份完美的创业计划不但会增强创业者自己的信心，也会增强风险投资家、合作伙伴、员工、供应商、分销商对创业者的信心，而这些信心正是企业走向成功的坚实基础。

三、撰写创业计划前的准备工作

（一）明确撰写人

创业计划由创业者自己来撰写最合适，但不可能由其一个人单独完成，而应以他或她为主体，同时由其他人予以支持和协助。创业计划是创业者能力和构思的具体体现，亲自撰写创业计划可以帮助创业者理清思路，把创业的激情融入计划之中，有利于增添计划的感染力。但是，创业计划写作的过程非常复杂，是各方面知识的结晶，如市场营销知识、企业管理知识、财务管理知识、人力资源知识和调查与预测知识等。任何一位创业者都不可能是各方面的专家，所以为了尽可能使得创业计划更加符合现实，更加具有可操作性，在撰写的过程中，创业者应该向其他人员咨询。财务专家、市场营销专家、律师、工程师等在计划的撰写过程中将起到非常重要的作用。

（二）明确创业计划的范围

“读者是谁”常常会影响到创业计划的实际内容和计划的焦点问题。因为不同的读者阅读计划时都抱有不同的目的，创业者首先必须明确创业计划主要是给谁阅读的，然后充分考虑这个或这几个阅读者对哪些问题感兴趣。在某种情况下，创业计划必须试图满足阅读计划的每一个人的需要，但这很难做到，也不现实。因为每一位阅读者感兴趣的内容相差太远，创业计划很难面面俱到。通常的情况是，创业计划只需满足特定群体的需要，有针对性，突出重点，这样才能吸引阅读者的兴趣，做到事半功倍。

在撰写创业计划时，创业者必须从不同的角度进行广泛而深入的思考，以确定创业计划的范围。

（1）创业者的角度。创业者比任何人都了解包含在这家风险企业中的创造力和技术。创业者首先必须很清晰地表达出这家企业是经营什么的，有什么特色，有什么卖点。

（2）市场的角度。如果创业者是一位技术专家，他往往只会考虑技术和产品本身，而不考虑产品能否卖得出去，这是失败的前奏。创业者必须以用户的眼光来审视企业的经营运作，采取一种以顾客为导向的市场营销策略。这就需要进行大量的市场调查工作，甚至还要亲自请教市场营销专家。

（3）投资者的角度。创业者应该试图用投资者的眼光来考察企业的生产经营，投资者往往特别关注计划中的财务规划。如果创业者不具有财务分析和预测的能力，就应该聘请外部的财务专家提供帮助。

创业计划所达到的深度和细致程度有赖于所设想的企业的规模和范围。如果创业者计划开发销售一种新产品，那么这份创业计划就需要涵盖开发、生产、销售等各个方面，内容非常具体而烦琐，是一份典型的综合性创业计划。如果创业者计划单一地从事零售业或服务业，那么提交的创业计划要求就简单得多。当然，市场规模、竞争状况、发展潜力等也会影响到创业计划的范围。

（三）明确需要搜集的信息

正式撰写创业计划之前，应根据未来企业的目标搜集相关的信息。撰写创业计划时需要的信息很多，主要包括市场信息、运营信息和财务信息、生产信息等。信息的来源渠道多种多样，互联网络就可以为创业者提供大量的有价值的信息资源。

1．市场信息

产品或服务的潜在市场信息对创业者尤为重要。为了判断市场规模，创业者需要明确地定义市场。目标顾客是男性还是女性？是企业还是消费者个人？是高收入人群还是低收入人群？是城市居民还是农村居民？是国内市场为主还是国外市场为主？目标市场的确定将会使新创企业的市场规模和市场目标比较容易确定。这些资料主要来源于相关组织已经公布的信息（即第二手资料），也可以通过自己的市场调查来获得（即第一手资料）。而且，为了确保市场信息的真实性、及时性，创业者往往要花费较多的资源进行市场调查。

2．运营信息

创业计划撰写过程中可能需要的运营信息主要包括以下几类：

（1）地点。计划中应该明确公司坐落的地点，这就需要提前去物色合适的地点。确定地点主要考虑是否方便顾客、是否接近供应商及分销商、价格或租金的高低、周围顾客群的消费能力和消费习惯、当地的法律规定等。选址是关乎创业成败的一个非常重要的工作，必须遵循一定的原则，充分考虑各方面的因素。

（2）生产制造。为了保证生产的正常进行，企业应该明确需要拥有或掌握哪些技术，同时也应该明确具体的工序是由企业自己完成还是分包给其他企业，如果是分包，则由谁来完成及如何确保质量等。

（3）原材料。生产产品需要哪些原材料，这些原材料由谁提供，以及原材料的价格、原材料的供给有没有保障等。

（4）设备。需要哪些设备，设备的维护和保养怎么解决，设备是选择购买（新的还是旧的）还是租赁，从哪里购买或租赁等。

（5）劳动技能。需要工人掌握哪些技能，员工的工资如何确定（是计时还是计件），如何对员工提供技能培训，员工的招聘何时开始（一般而言，应该在企业成立之前着手招聘事宜）等。

（6）生产或办公场所的大小。确保企业运作需要的空间大小（生产、生活用的场所都应该考虑进去）、这些场所是自己购买还是租赁等。

（7）其他相关的开支，如办理证照的费用、购置办公用品的费用等。

3．财务信息

创业者必须对企业的资金需求、资金周转、赢利能力有一个全面的评价。这些信息主要是想说服投资者因为所创企业将来会赢利而对该企业进行投资。财务信息主要包括以下几类：

（1）资金的需求和来源，即创办这家企业需要多少资金，为什么需要这么多的资金，创业者自己准备出资多少，不足的资金准备如何解决。

（2）未来的销售情况，即未来三年能实现多少销售额及相应的费用开支，能否实现赢利，何时开始有利润，每年的利润是多少。

（3）资金的周转，即未来三年的现金流量如何，能否应付日常的开支和偿还债务的需要。

（4）企业的投资收益率如何，投资回收期多长。

（5）风险资本的退出。如果引进风险资本，风险资本将何时、以何种方式退出，就需要创业者及其参与者根据过去的市场情况和企业的具体状况加以分析确定。

（四）准备一份优秀的创业计划做参考

创业计划的写作有较大的难度，单纯看几本参考书并不能马上解决问题，最好找一份类似的、已经成功的创业计划作为参考，然后按照提纲来写。当然，我们只能是借鉴，绝对不能照抄，因为每一家企业都应该有自己的特色。

四、创业计划撰写过程中应遵守的原则

一份好的创业计划必须呈现竞争优势与投资者的利益，同时也要具体可行，并提出尽可能多的客观数据来加以佐证。在写作过程中应该遵守以下原则。

（一）市场导向

利润来自市场的需求，没有对市场进行深入的调查和分析，所撰写的创业计划将会是空泛的。创业计划应该以市场导向的观点来写，并充分显示对于市场现状掌握与未来发展趋势的预测能力和具体成就。

（二）开门见山

创业计划应该避免那些与主题无关的内容，要开门见山直切主题。风险投资家没有时间、也不愿意花过多的时间阅读一些对他来说毫无意义的东西。这种开门见山的写法较容易引起风险投资者的注意和兴趣，从而可以提高融资成功的把握。

（三）清晰明了

创业计划应该把自己的观点清晰明了地亮出来。如果读完整篇计划都没有发现创业者明确的观点，那么别人不可能产生兴趣。

（四）观点客观

计划中的所有内容必须实事求是，即使是财务规划，也不应该是凭空想象出来的，必须事先进行大量的调查和科学的分析。

（五）通俗易懂

计划中应该尽量避免技术性很强的专业术语。这些术语不是谁都可以看得明白的，而且风险投资者更关心计划能为企业创造多少价值。即使不得已要使用专业术语，也应该在附录中加以解释和说明。

（六）前后一致

创业计划的内容复杂繁多，容易出现前后不一、自相矛盾的现象。如果出现这种情况，就会让人很难明白，甚至对计划产生怀疑。因此，列出的数据和事实一定要前后一致，互相之间没有冲突。

（七）突出优势

突出优势也就是突出这份创业计划的卖点。这就需要在计划中呈现竞争优势、创业者有强烈的企图心、创业者有非凡的经营管理能力和目标一致的管理团队、独一无二的技术优势、对市场的清晰认识等信息。但同时也应该说明可能遇到的风险或威胁，不能只强调优势和机遇而忽略不足与风险。

（八）循序渐进

创业计划不是一个简单的计划，而是指导企业运行的管理工具。在创业初期，计划的主要功能是吸引投资者和雇员。但这并不是说计划只要吸引到投资者和雇员就行了，还应该在计划中确定企业的目标和具体措施，以指导企业未来的工作。创业计划的内容非常繁多，写作时应该注意逻辑性，遵循循序渐进的原则，不能企求一气呵成，更不能杂乱无章。

案例 7-1：小米的成功利剑——MIUI[①]

从小米手机到 Patchrom 开发者工具，再到面向所有用户的小米系统 App，小米分别从官方预装、深度适配和入门适配三个维度把 MIUI 打入小米手机。严格地讲，小米的故事并非始于小米手机面世那一天，而应该从 MIUI 第一个内测版发布讲起。时间整整早了一年，退回到 2010 年 8 月 16 日，MIUI 第一个内测版本正式放出，在 Android 羽翼未丰的年代，凭借出色的本地定制和优秀的功能完善，MIUI 这个旨在构建自己的软件和体验生态圈并区别于其他 Android 定制机的 ROM 积累了它最早的一批粉丝，而后来大红大紫的小米公司尚不为外界所知。尽管起步遭受诸多非议，但它确实成功了。目前，MIUI 用

① 资料来源：创业邦。

户已经突破5000万，主要随着小米手机出货量的增加而自然增长。但MIUI的成功很大程度上是源于它的开放——它并非为小米手机专用，用户可以通过刷机的方式在非小米手机上使用MIUI，而依靠第三方适配工具Patchrom，MIUI得以在众多Android机器上扎根。Patchrom是一种快速移植Android的方法，它基于设备厂商的原厂ROM，通过反汇编方式插入第三方ROM修改的代码，从而实现快速适配第三方ROM。

MIUI运营负责人张少亮告诉我们，Patchrom具备十分明显的开发优势：从时效性上看，Patchrom往往能够赶在各品牌新机上市之前完成适配，并且将适配速度从30天缩短到3天；Patchrom还能够对硬件的原厂特性进行保留，如三星Note在刷机后能够保留SPen手写功能，同时得到最为完整的MIUI基因。鉴于不错的用户口碑，能否支持MIUI甚至成为某些用户选择一款Android手机的考虑因素。目前，通过MIUI Patchrom工具适配的非小米手机机型已经达到226款。相对于庞大的Android基数，226款仍只算得上九牛一毛。那么，影响一款机器是否适配MIUI的因素究竟有哪些？为何有些用户苦苦呼喊却仍然无缘MIUI呢？MIUI的适配工作是否由内部决策主导呢？

MIUI工程师顾勋向我们解释，一款机器能否适配MIUI的必要条件是是否拥有对应的Patchrom版本，其次考虑的是机器的销量和活跃用户量。小米还会定期在MIUI论坛上进行用户投票，来决定那些相对流行机型适配的优先级。“如果一定要说一个比例的话，投票占9成，内部决策占1成。”

自从发布以来，MIUI开发版就保持着每周五更新的传统，至今已经迭代了200多个版本。在小米公司内部，一支超过400人的庞大团队负责着它的开发和日常维护。当然这还不够。在疯狂扩张的庞大进程中，MIUI做对的第二件事是借助了众包的力量——合作开发组。在MIUI社区，小米笼络了一批第三方开发者。利用MIUI支持的Android版本，这些开发者可以自行下载Patchrom，按小米的教程，为一些官方适配之外的机型提供支持。得益于合作开发组，在短短两周时间内，基于Android 4.4的MIUI支持的机型便达到了17款。为了产生持续的价值，小米为第三方开发者提供了多种福利，包括每月适当的物质补贴、Github开源代码支持及Micode开发社区的互动。如果说刷机只是MIUI“借鸡生蛋”的曲线救国方针，那么推出作为MIUI子集的“小米系统”则无异于简单粗暴的空中投弹。这款针对普通用户推出的高级Launcher，只需像普通应用一样安装即可获得MIUI ROM中70%的功能，包括拨号、通讯录、MIUI短信、云服务等。这极大地降低了MIUI的使用门槛。正如小米定义和宣传的一样——小米系统，给发烧友的朋友。从今年4月开始公测，到6月20日发布正式版，目前小米系统已经完美支持超过100款机型。“装一个应用的人和刷机的人相比，至少是10倍吧。现在已经有700万人刷过MIUI了，那么就意味着小米系统的用户至少有潜力超过1亿。”洪锋的野心可见一斑。

从小米手机到Patchrom开发者工具，再到面向所有用户的小米系统App，小米分别从官方预装、深度适配和入门适配三个维度把MIUI打入小米手机之外，一方面持续收获用户和口碑，反作用于小米产品的销售；另一方面将用户圈在一个完整的MIUI生态里——经过长达4年的发展，MIUI早就超越了一款ROM的含义，成为应用分销平台、主题商店、游戏中心、视频中心、云服务、数字阅读及O2O平台，而嫁接在这些个个堪称“入口级”的服务之上，小米还推出了自己的虚拟货币米币——可以用于游戏充值、购买主题和阅读图书。看似不起眼的小米主题商店如今每月能够为小米带来几百万元的流水。据小米公司透露，个别顶级设计师依靠主题销售每月可以赚到七八万元，甚至有设计师专门成立公司进行专业化运作。如今，MIUI每月能够为小米贡献超过3000万元的收入，并且依旧保持着快速增长的势头。雷军曾用“铁人三项”形容小米的产品模式，而MIUI正是承载小米软件和互联网服务的软件载体。洪锋在上周的一次演讲中将小米生态系统定位为“移动互联网、智能硬件和电商平台”三个圈。作为贯穿小米硬件、服务和用户的入口，随着三个维度圈地运动的进一步扩张，MIUI正在成为小米攻防竞争对手最坚固的一道防线。

【思考】

1. 小米的盈利模式是什么？
2. 小米为什么需要MIUI？

第二节　创业计划的组成要素

各项准备工作就绪之后，创业者应该立即行动，将心中所想书面化。创业计划应尽可能充实，以便为自己和潜在投资者描绘一个完整的蓝图。一份完整的创业计划主要包括以下要素。

一、执行摘要

执行摘要，也可以称为计划摘要或计划概况。执行摘要应该放在创业计划的最前面，也是读者最先阅读的部分，但是这部分的写作却是最后才完成的。执行摘要浓缩了整个创业计划的精华，涵盖了计划的所有要点，只求一目了然，以便读者能在最短的时间内评审计划并做出判断。

读者尤其是投资者，都希望创业计划开门见山。如果没有执行摘要，就要等看完整个创业计划才了解企业的情况，这对于认为时间就是金钱的投资者来说是不能容忍的。因为他们没有这么多的时间，更没有这种耐心。投资者看完执行摘要后，如果产生兴趣，那么他就愿意花时间仔细看完全部计划的内容，然后再做决定；否则他是不会继续看下去的，更不会投资。因此，执行摘要的写作很重要，一定要能激起投资者的兴趣，使其有进一步探究项目内容的渴望。

执行摘要应该是以简洁的和可信的方式强调创业经营的要点，特别要说明自身企业的不同之处及导致企业成功的因素。具体的内容可能包括公司介绍、主要产品和业务范围、市场情况、营销策略、组织与管理、生产销售、财务计划、资金需求等。

在介绍企业时，首先，要说明创办新企业的思路、新企业的目标和发展战略。其次，要说明企业未来的经营情况，包括自身的和竞争对手的经营情况。最后，还要介绍创业者自己和团队其他主要成员的背景、经历、特长等。管理团队的素质对企业成功与否往往起关键的作用。

为了使风险投资家看得懂创业计划，执行摘要应该尽可能通俗易懂；为了让风险投资家在短时间内能够充分理解手中的创业计划，应该尽可能简洁；为了引起风险投资家的兴趣，执行摘要应该尽可能地浓缩整份创业计划的精华，把深入的探讨的部分放在后文。

二、产品或服务

创业计划的读者最关心的问题之一就是，产品或服务是否具有创新性，能否卖得出去，市场有多大，能否赢利。这就要求新企业提供的产品或服务能解决现实生活中的问题，或者能够帮助顾客节约开支、增加收入。

通常的产品介绍应包括产品的概念、性能和质量，主要的产品类型，产品的竞争优势，产品的市场前景预测，产品的品牌和专利，产品的成本分析等。

创业者要对新产品或服务作出详细的说明，而且说明应该准确、通俗易懂，尽量避免用专业性很强的术语，应使普通的投资者一看就能明白。一般而言，如果可能，产品介绍应该附上产品的原型、技术图纸或相关照片等介绍资料。产品或服务的介绍比较具体，因而写起来较其他部分容易。虽然吹嘘自己的产品在推销时是应该而且必需的，但是写作产品或服务时应力求实事求是，计划中的每一笔承诺都需要未来的企业尽力去兑现。创业者与投资者的合作不是“一锤子买卖”，而应该是一种长期合作的伙伴关系。一旦某一项承诺无法兑现，投资者就会重新检讨与创业者的合作，甚至不再对创业者予以支持。同时，因为承诺无法兑现，企业的信誉就会受损，客户就会流失。这些代价是企业承受不起的，最终可能导致创业者的失败。

三、组织与管理

（一）组织就是描述企业的组织结构和所有制形式

企业的组织结构包括直线制、直线职能制、事业部制等。在现实中，为选择合适的组织形式，新创企业应该综合下列因素：行业特点、企业规模、技术复杂程度、市场需求的变化、职工素质的高低、企业内部的分工与布局、管理者的管理水平等。一般来讲，初创企业很多都采用直线制或直线职能制。不管采用何种形式，这部分内容都应该包括新企业的组织结构图（也可以放在附录中）、部门的划分及各部门的责权利、每一个岗位的要求和职责。

所有制形式就是新创的企业是独资形式、合伙形式还是公司制形式。依据法律的规定，不同的所有制形式下，创业者承担的责任有很大的差别。

（1）如果采用“个人独资企业”形式，创业者要对企业的债务承担无限责任。若企业的资产不足以偿还企业到期债务，就需要用创业者的其他个人可执行资产来清偿这笔债务。也就是说，企业的责任就是创业者个人的责任，企业和创业者的责任连为一体。虽然这种所有制形式加大了创业者的责任和风险，但却向潜在的投资者表明了自己的信心和决心，有一种“不成功，则成仁”的气势，也极大地增强了外来投资者的投资欲望。

（2）如果采用“合伙企业”形式，创始人就有两个以上，合伙人通常要对企业债务承担连带无限责任。若企业的资产不足以偿还企业的到期债务，所有创始人要以自己的个人财产来清偿公司的到期未偿还的债务。正是因为这样，所有创始人都非常关注企业的生产经营，甚至直接参与企业的日常经营运作。采用“合伙企业”形式，应该签订合伙协议，需要明确合伙人之间的分工，明确各合伙人的责权利，以免出现职责冲突和利益纠纷。有资料显示，2/3 的合伙企业解散的主要原因是合伙人的利益发生了变化或者合伙人之间发生了人际冲突。同时，这类企业创始人的自有资金规模一般较个人独资企业大，有利于从外部获得资金支持。

（3）如果采取“公司制”形式，创业者自己只需承担有限责任。如果公司不能偿还到期债务，创业者（股东）仅以其对公司的投资额为限来对公司债务承担责任，债权人没有权利要求创业者（股东）拿出个人的其他财产来替公司还债。这有利于降低创业者的风险，但法律要求创业者投入的资金规模较大。而且，这种所有制形式是现代企业制度的要求，也是实践中采用最多的形式。在创业计划中应该说明企业采用的所有制形式、每一位投资者投入资金的数量和形式、每一位投资者承担责任的形式、投资者的责权利、企业的管理机构设置及其职权等。

（二）管理就是强调管理团队的问题

有人说，创业的成败在很大程度上取决于团队人员的素质。企业失败的一个很大的原因就是管理不善。外来投资者特别注重对管理团队的评价。这一部分的主要内容包括：哪些人将参与企业的经营管理；每个人将承担什么工作；每个人的学历、经历、特长；每个人可能给企业带来的贡献；管理层的薪酬等。

创业者首先应该心中有数，及早明确企业需要哪种类型的人才。企业的管理人员应该是互补型的，而且要有团队精神。一个企业需要负责产品设计与开发、生产制作、市场营销、企业理财等方面的人才。如果能够聘请到有相关工作经验的人，或者所聘人员的技能可以弥补创业者自己的不足与弱点，那么经营的企业很容易成功。如果计划安排亲戚朋友来帮助经营企业（仅仅因为是亲戚朋友才找自己），那就要三思而后行，最好不要把企业办成家族企业。

企业能够成功，是因为经营者能够做出比竞争对手更高明的决策。要做出正确的决策，需要企业拥有一支有竞争优势的团队。一支能干、互补且有经验的团队，能促使企业尽快地步入正轨，能帮助创业者实现企业的既定目标，同样也能够增强外部利益相关者对企业的信心。

四、行业和市场

如果企业准备推出新的产品或服务，或者开拓新市场，首先就要仔细地对准备进入的行业及市场进行分析和预测。如果分析的结果并不乐观，或者预测的结果出乎意料的差，那么创业者承担的风险就有可能超出他（或她）的可承受范围，明智的创业者会立即放弃这个计划，以将损失减至最低。首先，创业者要对需求进行预测：市场是否存在对这种产品或服务的需求？需求的大小能否足以给企业带来利润？需求未来的发展趋势如何？影响需求的因素有哪些？其次，创业者需要对市场竞争情况进行分析：竞争对手有哪几家？他们的势力如何？他们的竞争优势何在？本企业未来能达到的市场占有率是多少？本企业的进入对竞争会带来何种变化？企业有没有相关的措施来应对？是否存在有利于企业的市场空当？

这部分内容应该包括市场现状综述、竞争对手介绍、目标顾客和目标市场、本企业产品或服务的市场定位、市场特征等。为了做好市场分析，创业者必须深入市场进行调查研究，尽量扩大信息的搜集范围，重视对宏观环境与微观环境的预测，利用科学的预测手段和方法。未来的市场不是凭空想象出来的，对市场的错误认识是创业失败的重要原因。

五、营销策略

营销策略是创业计划的重要组成部分，它主要描述企业的产品或服务将如何进行分销、定价和促销。营销策略的制定是计划制订中最富有挑战性的环节。制定营销策略应该考虑的因素主要有消费者的类型及特点、相关产品或服务的种类及特性、企业自己的实际情况、外部环境因素等。比如，一般来讲，如果企业的顾客主要是个人消费者，那么促销策略应该注重广告和营业推广；如果顾客主要是企业，那么促销策略应该注重使用人员推销的方式。

这部分内容主要包括市场机构与营销渠道的选择、营销队伍及其管理、促销计划与策略、价格策略。对于新企业来说，这些工作非常重要，尤其是价格策略，不仅关系到能否打开市场，而且关系到企业能否赢利及赢利的多少。

创业初期，企业往往采取低价格、高投入的营销战略，比如花大量的金钱做广告、搞促销、向批发商和零售商提供更多的返利，以求尽快打入市场。在这一阶段，企业不应该指望有太多的回报，而应该做好亏钱的准备。只要企业能够坚持下去，并且不断地扩大销售，总会等到赚钱的那一天。

六、生产计划

如果新创办的企业属于制造业，那么计划中必须要制订生产计划。这个计划主要是描述完整的产品生产制造过程。一件产品的制造过程一般包括很多工序或工艺，当中部分工序或工艺由企业自己完成，另一部分则分包给其他企业来完成（要么因为成本低，要么自己没有这项技术）。如果出现分包，则应该说明分包的相关情况，如分包商的名称、地点、合同、分包的原因等。对于自己完成的工序或工艺，则应该说明厂房的布局、需要的机器设备、需要的技术条件、生产程序的设计和生产的步骤、生产周期标准和生产作业计划的制订、所需的原材料及供应商、生产成本、质量监控和改进计划等。

如果新创企业不属于制造业，而属于零售业或服务业，则不需要制订生产计划，应该制订相应的“经商计划”。其内容相对简单，主要包括货物从哪里采购、存储控制系统的建立、库存需求等。

七、财务计划

财务计划需要花费较多的时间来做具体的分析，而且通常需要财务专家的帮助才能够完成。财务计划的内容包括经营规划与资金预算、资金的来源与运用、预计的现金流量表、损益表和资产负债表、盈亏平衡点分析、财务比率的分析等。

（一）经营规划与资金预算

在编制预计财务报表之前，创业者应筹划经营，进行资本预算。如果创业者是独自经营，那么预算决策就由他自己全盘负责；如果采用合伙经营或公司制形式，那么资金预算就需要在分工的基础上共同完成。首先应该制定销售预算，销售预算应该反映季节变化及营销策略对需求的影响。其次应该制定经营成本预算，经营成本包括固定成本和变动成本。固定成本是指与销售量无关的成本，不管销售量如何变化，这部分支出始终保持不变，如固定资产的折旧、房屋和设备的租金、固定的工薪等。变动成本是指与销售量保持同方向变化的成本，一般而言，随着销售量的增加，这部分支出也随之增加，如销售成本、广告费用、原材料费用等。资金预算的目的在于为评估影响企业一年以上的支出奠定基础。资金预算可以是估计购置新设备或者聘用新职员所需的费用，可以是评估自产还是购买的抉择，也可以是购买和租赁的比较等。这些决策需要利用净现值方法计算资金成本和投资的期望回报，因而有较大的难度，一般需要寻求财务顾问的帮助。

（二）预计损益表

损益表是反映企业一定期间内经营成果的财务报表，主要提供有关经营成果方面的信息，包括收入、成本和费用、利润等。利用这些信息，可以了解这一期间内收入实现情况和费用耗费情况，了解生产经营活动的成果，了解企业的赢利能力和变化趋势。

首先，应该按月估计销售收入。销售收入的估计应立足于市场研究、行业销售状况及一些试销经验，然后利用一些比较科学的预测方法，如专家意见法、德尔菲法、时间序列分析法。任何一家新的企业，起步都是非常艰难的，开业的前几个月的销售收入少得无法想象，经过一段时间的潜心经营之后，销售收入才能达到一定的规模。

其次，要按月估计经营开支。每一笔支出都不可遗漏，应该仔细地评估，以保证每一笔开支尽可能地符合实际。创业初期，收入不多，但开支不少，往往入不敷出，创业者必须对比做好充分的准备。

（三）盈亏平衡分析

创业者自己应该清楚未来的企业何时才开始获利，并且需要反映在计划之中。企业刚开始由于产销量很小，一般都处于亏损状态，但随着产销量的增加，企业将出现既不赢利又不亏损情况，这就是盈亏平衡点。这时的销售量称为盈亏平衡点销售量，这时的销售额称为盈亏平衡点销售额。盈亏平衡时的销售额向创业者指明了支付全部的固定成本和变动成本所需的销售额。如果销售单价低于或等于产品的单位可变成本，企业永远无法实现赢利，这一点是应该清楚的。只有销售单价高于产品的单位可变成本，随着产销量的增长，才会出现盈亏平衡点，随着产销量进一步扩大，企业才会开始赢利。通过盈亏平衡分析，可以预测到为实现既定的利润目标，企业的产销量及销售额应该达到什么样的规模。

（四）预计现金流量表

现金流量表是反映企业一定期间内现金及现金等价物流入和流出信息的财务报表。通过现金流量表，可以评价企业的支付能力、偿债能力、周转能力，可以了解企业未来的现金流量，有助于分析企业收益质量及影响现金净流量的因素。这一些信息对外部投资者来说非常重要，因为现金流量影响到银行的贷款能否顺利地收回，风险投资者的资金能否及时地退出。有一些企业损益表上有大量的赢利，却无力偿还到期债务，就是现金流出现了问题。

一个赢利的企业也会因为现金的短缺而破产，这样的例子很多。因此，如果企业的现金流出现明显的亏空，仅用利润这个指标来评估新创企业是否成功，就可能会得出错误的结论。

现金流量表的编制需要使用预计的销售收入及销售成本费用等数据，但和编制损益表不一样的是，需要根据现金可能变化的时间对这些数据进行适当的调整。如果某一时期的现金流支出大于流入，创业者就应该有渠道筹集资金，以确保有足够的现金流来应付对外支出，这种现象往往出现在入不敷出的创业初期。

无论是预计损益表，还是预计现金流量表，有时候设置多种情境的假设是必要的。这些情境与预计不仅是为了编制预计损益表和预计现金流量表，而且更重要的是，它能令创业者熟悉影响经营的各种因素，了解这些因素的变化对企业经营将会产生怎样的影响。

（五）预计资产负债表

资产负债表是反映企业在某一特定日期财务状况的报表。通过资产负债表，可以了解企业资产和负债的总额及构成情况，可以了解所有者所拥有的权益。企业未来的每一笔经济业务都会影响到资产负债表。资产=负债+所有者权益，资产负债表就是根据这一关系，按照一定的分类标准和顺序，把企业一定日期的资产、负债和所有者权益各项目予以适当排列。资产是企业拥有的或者能够控制的能以货币计量的经济资源，包括流动资产、长期投资、固定资产、无形资产和其他资产。负债是企业对债权人的负债或欠款，包括流动负债和长期负债。所有者权益是所有者在企业资产中享有的经济利益，其金额为资产减去负债后的余额，包括实收资本、资本公积、盈余公积和未分配利润。

创业者至少应该给出新创企业开始的3～5年的预计财务报表，以便对企业的长期经营有一个全面的估计和认识。

八、风险与机遇

任何一家新创的企业都将面临一些潜在的危险。创业者有必要进行风险估计以便及早制定有效的战略来应对。新创企业面临的风险可能有技术不成熟、资源短缺、管理不到位、市场和产品有不确定性、对关键人员有依赖性、竞争残酷、技术的进步导致产品过时等。对风险的应急计划和备选战略是向潜在投资者表明，创业者对经营中存在的风险是十分重视的，而且对可能发生的风险已经做了充分的准备。

机遇将给整个计划带来闪光点，也是各方所关注的焦点之一。面对机遇，创业者应该不失时机地把握和利用，并且也应该具体地制定相应的策略，让机遇带动企业的发展，给企业带来丰厚的利润。机遇包括政府政策的倾斜、市场需求的急剧扩大、强有力竞争对手的退出、技术的垄断等。

九、退出战略

很多创业者太沉浸于应付开办企业带来的挑战，从不考虑如何退出的问题。但是，人的一生终究是有限的，退出是迟早的事。所以在计划中，应该解决将来的企业“给谁、何时、多少钱”等问题。

更为重要的是，如果新创企业准备吸引风险投资的话，那么在创业计划中必须说明风险资本退出的方式，因为风险投资家并不愿意长期持有企业的股份。具体退出的方式包括三种：一是股份回购，即由创业者在一定的时候按照约定的价格和比例回购风险投资者持有的股份；二是公开上市，即如果企业能够实现公开上市，则风险投资家能够通过证券市场把手中持有的股份卖出去，这样就能够成功地退出企业；三是股权协议转让，就是在创业计划中注明允许风险投资家在一定的条件下将手中持有的股份通过协议的方式转让给其他投资者。

十、附录

创业计划一般应该有附录，附录中包含了不必在正文中列明的补充资料。附录可能包括主要人员简历、专利技术的证明文件、相关资料的来源和说明、协议与合同、专业术语的阐释、供应商的资料等。

1．推广创业计划的重要性

很多人能把创业计划书写得非常精彩，而往往忽视创业计划的推广。风险投资家在选择投资项目时，不仅会考虑项目本身的优劣，也非常重视创业者的能力和个人魅力。创业计划的推广是创业者展示自己能力的难得机会。很难想象，风险投资家会把巨额资金投向一个说话结结巴巴、连自己的创意都讲不清楚的企业家。

2．推广创业计划应注意的问题

为了提高推广的成功率，在推广中应该注意以下几个方面。

（1）准备充分。首先，应该准备一份口头的创业计划。口头计划和书面计划的侧重点有所不同，口头语言应该生动、具有号召力和感染力。其次，创业者应该事先推测对方可能会提问哪些问题，应该突出的重点在哪里，学会随机应变，千万不要敷衍了事。最后，前一次推广结束后，创业者应该认真总结，吸取经验，并积极准备下一次可能的推广会。

（2）注意互动。推广时不要只顾自己说话，应该创造机会，让在场的投资者或合作伙伴等参与发言或讨论。推广应该突出市场前景，刺激投资者的兴奋点。推广开始前，应申明允许双向参与，任何时候都可以被提问或被打断。

（3）少用技术词汇。一方面，很多投资者其实并不懂这些技术，也没有太多的兴趣；另一方面，创业者不可能花费太多的时间介绍技术，也不一定能介绍清楚。针对可能出现的技术背景的投资者，可以事先准备一些书面资料，发给有需要的与会者。

（4）突出的沟通表达能力。实际执行推广演示的人不一定是创业者，也可以是创业团队里沟通表达能力最强的人。经理可以普通听众身份参与推广，观察其他人的反应，当注意到听者出现困惑或茫然的表情，或发现与会者的参与热情有所减退时，应及时打断推广，再次强调一些能激起兴趣和参与热情的方面，增加内容的可信性。

（5）其他应该注意的问题。保持团队合作精神，这不是任何一个个人能力的展示；

切忌和与会者发生争执，即使出现也应该妥善处理；使用幻灯片甚至制作动漫，加深理解，捕捉与会者的兴趣等。

案例 7-2：淘当铺的创业路[1]

一年前，当我知道淘当铺这家公司时，它还在筹划阶段，当时已经拿到了蓝驰的投资。创始人王一 1983 年出生，已经创业 10 年，自称“老炮”。那时候联系他，王一正忙于跟典当行建立联系，不愿多谈。直到这次春节前，他才坐下来跟我聊起淘当铺。这是一家帮助传统当铺兜售绝当品并招徕贷款者的网站。说白了，王一想插足当下很火的互联网金融。这已经是王一第四次创业了。大一时他就闯入 SP 行业，后来还做过移动下载工具和化妆品电商。虽然有顶级 VC 的青睐，但这几个项目均命途多舛，甚至结局潦倒。王一说，前三次创业，他几乎犯遍错误，掉进无数个坑。入行 10 年有余，他不属于任何派系，经历过融资上千万美金的喜悦，也尝过失败后身无分文的滋味。那个下午，北京没有雾霾，窗外铺满蓝天，我们的谈话却一度变得沉重。

一、用人之痛：强兵就是强兵，不能当将使

2002 年，王一还是南京一所大学的新生，赶上了 SP 大放光彩的前夜。一个偶然的机会，会写程序的他接了个 SP 技术外包的活——建立一套系统向用户推送气象预报信息。这让他赚了 2 万元。但是临结账前，对方跟他说，“你得注册家公司，一来打钱给个人税太高，二来这套系统需要日常维护。”后来因为各种缘由，对方就把这个项目转给了王一。他申请了一个 SP 牌照，第一个月就分到了 30 万元。移动梦网构建合作伙伴关系时，他又拿到了资质。于是，王一欢天喜地地跳进 SP，那些经过在校学生粗略编辑过的动画、笑话和新闻叮叮咣咣地迅速转化成了人民币。2003 年，他又主攻手机上的单机游戏，其实就是把红白机上的游戏改头换面一下，但依然吸引了大量用户。王一进入了敞开口袋就能收钱的时代，一个月营收有一两百万元，他的嘴就乐歪了。当时智能手机还没有普及，所谓的应用分发渠道只有一家，那就是移动梦网。“我们当时总结了推广三要素，即自消费、刷排名、搞群发。”王一也从一个技术人员逐步蜕变成产品经理兼商业运营商。他顶着一副娃娃脸出去跟人谈事，有的觉得他这么小出来闯荡，挺照顾他；有的觉得他不靠谱，话都懒得跟他多说一句。王一并不抵触商业运营商，那时候他就知道，作为老大，自己必须出头。或者说，当时年轻气盛，他喜欢挑战自己，这种心理差不多延续至今。

那是个缺产品的时代，他的产品没有石沉大海，相反还有一定的市场。做了两年，王一有了融资的打算。2005 年，上海一个家境不错的大学毕业生给了他一点钱，这是王

[1] 资料来源：创业邦。

一创业路上的第一个投资性质的合伙人。此人名叫林奇，后来创办了网游公司游族，去年在A股借壳上市。林奇投资王一时，天软每月有五六十万元的毛利，团队也达到六七十人。但是，公司并没有因为资本的介入而驶上快车道，却遇到了问题。王一遇到了创业路上的第一个陷阱，即管理。他手下已经有六七十个人，可是他连管理到底是什么还不清楚，项目没有管理流程，公司也没有管理体制。最直接的表现是，把一个执行能力过硬的人放在了管理岗位上。之所以这么做，是因为跟他一起打江山的兄弟，业务做得挺好，时间长了自然要晋升的。但是结果却始料未及，他损失了一个强兵，凭空冒出来个怂将。项目开始大规模延迟，外面招进来的人不满意，手下执行的人牢骚满腹，公司一片乌烟瘴气。最关键的是，王一对此了然于胸，却完全无解。聊到此处，他吸了口烟，加了句，"那时候我才20岁出头。"

王一是搞技术出身的，而且他从大一就出来创业，后来持续休学，也就没再回过学校。他的全部商业经验和业务几乎全靠自己摸索，只一样除外——融资。王一写过一厚沓商业计划书去找钱，但是没人搭理他。一个偶然的机会，王一认识了亿唐网的创始人唐海松，对于当时的王一来说，唐海松简直就是大名鼎鼎的人物，能靠几页PPT拿到几千万美金的融资，给人难以望其项背的感觉。从唐海松那里，王一学会了怎么写PPT，怎么处理跟投资人的关系。如果非要问他的创业导师，唐海松算是一个。但是对于公司内部的管理问题及整个SP行业的没落，唐海松也是爱莫能助。2006年，随着移动梦网对所有新游戏停止申报的政策发布，SP的好日子也差不多到头了。王一找不到出路，有了把天软卖掉的想法。6月份，他与日本一家公司签订了并购协议，王一离开了天软。

二、融资之痛：战略投资是把双刃剑

2007年春节刚过，王一从上海来到北京。他想见识一下传说中的北京互联网圈子是什么样。恰好3GV8（顽石互动的前身）的合伙人冯文杰干得不开心，有心思出来创业。于是，俩人开始讨论该做个什么项目。他们认为，做手机客户端是顺应大势的，而且要主攻塞班系统，因为王一之前就从塞班起家的。至于冯文杰，他跟诺基亚有着比较紧密的关系，这对于他们日后的业务起到关键作用。冯文杰担任CEO，王一担任COO，主管运营推广。他们唯一没有敲定的就是具体的业务方向。在杀毒方面，网秦已经占了个坑，360虽然还没有发力移动端，但俩人判断这会是巨头的天下。在浏览器方面，UC刚融了上千万美金，雷军任董事长，他们再做浏览器就是自寻死路。至于电子书之类的，他们也瞧不上，觉得是小市场。最后俩人决定做一款手机下载工具，通俗来讲就是手机上的迅雷。这款软件被命名为"千尺下载"，技术原理跟迅雷一样，就是在不稳定的2G网络下帮助用户吃满网络，迅速下载数据包。同时，他们也做软件分发，虽然那时候还不是智能手机的天下，也没有那么多应用，但在当时是条出路，移动梦网也让他们帮着分发流量。他们做了两件事情，让千尺下载迅速突破了千万级用户。其中之一是，将千尺下载内置到诺基亚手机中。这是冯文杰的功劳，但他为何能撬动诺基亚，我们不得而知。总之，诺基亚所有的出厂智能手机里，千尺下载都占有一席之地。对于如何搞定那些诺基亚的老用户和水货市场，王一想出来一个更好的办法。当时国内有不少下载站，就像PC门户一样，首页、首屏都是广告主争抢的热门位置，但是一次点击的收费也高。

于是，王一找到一个最不值钱的位置，就是每个应用的下载详情页。他在点击下载的位置上方加了个小链接，叫千尺高速下载。跟你在PC下载东西时，迅雷总跳出来提示你是一个道理。那个位置的单次点击不到一分钱，但流量巨大，并且契合他们的产品定位。千尺下载靠这两个手段迅速铺开了市场。经过三个月的技术开发，又经过三个月的简单推广，千尺下载就拥有了百万用户。经过上述里应外合的深度推广，用户已轻松过千万。

2008年，他们拿着漂亮的数据去融资，一下子就拿了7个teem sheet，比较知名的几家顶级VC都在其中。俩人沉浸在喜悦中，艰难地选定了其中一家。然而，就在签协议的当口，金融危机大驾光临。最后，跟VC的协议没有被执行下去。

挺过一年后，千尺下载被刚刚成立投资部的新浪瞄上，新浪就给了千尺下载两百多万美金。2010年，鼎晖进来了。具体融资金额他们也没有对外公布过，大概是千万美金。王一是这么说的，好的项目就是这样，半年就能进一轮融资。就在他们忙着拿钱的时候，整个移动市场正在悄无声息地进行大变脸。塞班虽然身躯庞大，但是前景早已暗淡。千尺下载也开始调整步伐，向iOS和Android转变。王一的设想是，iOS的门槛高，千尺下载可以继续深入更底层的技术，做成像91助手那样的工具。但是因为他们长久以来可以从诺基亚内置系统中获益，冯文杰不忍心放弃这条路线。再者，他们的战略投资人新浪也希望他们延续这种商业模式。2010年正是新浪微博如日中天的时候，千尺下载的手机厂商内置方式在一定程度上有益于微博的推广。这个决定本身没错，但对被投公司来说是不是最好的选择，需要打个问号。

三、没有企业文化是最致命的

千尺下载是迄今为止王一做出的最接近明星企业的项目，据说高峰时期的装机量达到8000万，日活跃量达七八十万，曾经是塞班系统上最大的下载软件，一度占据中国移动1.3%的数据量。但是因为两个创始人在业务方向上的分歧，王一相继退出公司运营和董事会，不过现在他还是千尺下载的大股东之一。这家公司目前主要做游戏分发业务，按目前的移动市场格局来看，几乎已经淡出人们的视野。如果说千尺下载只是给了王一一点颜色瞧瞧，第三次创业今日美丽则是将他彻底推入谷底。千尺下载除了引入战略投资人这个教训外，还有一点让王一深有感触：那些让你跌入谷底的往往也是将你推向高点的助力，这个助力有可能是人、物或势。而他在做今日美丽时，恰恰重蹈覆辙，而且这次几乎让他败得身无分文。

今日美丽起步也很顺利，2011 年过完春节，北极光的几百万美金就到账了。当时所有人都在做团购、谈团购、用团购，所以这个故事也是从团购开始的。化妆品市场足够大，当时也没有一家线上公司独大，王一认为自己有办法抢到一块肉。王一的执行力确实够强。2011 年 3 月，网站上线，当年 9 月，今日美丽的月销售额就过千万元，第二年 5 月，达到 5000 万元的月销售额。今日美丽像池子里一条行动敏捷的鱼，不停地摆动尾巴，迅速吞下周围的小鱼，不管是用户转化率、留存率还是二次购买率，都统一步调往上走。但是等他们埋头吃尽小鱼，猛一抬头才发现，周围没小鱼了，自己变成小鱼了。月销售额 5000 万元的数据没保持多久，便开始哗哗往下掉。别人在拼命蚕食他的市场份额，他却无还手之力。为了把月销售额从 3000 万元增长到 5000 万元，他从团购转向线上商城。他觉得，增加 SKU 是吸引用户留下的一个有效方法。这个决定导致今日美丽在仓的 SKU 从最多时的一百个扩张到两三千个，库存压力瞬间变大，随之而来的是各项成本陡增。月销售 3000 万元的时候，公司每月只亏二三十万元，但是为了每月的销售额涨 2000 万元，王一要承受每月亏损两三百万元的代价。盲目扩展 SKU 是王一做出的错误决定之一，而且他说这个决定恰恰是在公司发展最好的时候做出的。财务数据只是表象，真正的原因还是要落在人的身上。王一对今日美丽的评价是，那是一家没有企业文化的公司。“什么意思呢?今日美丽的团队执行力都很强，所有的工作都是为了完成业绩指标，大家一天到晚念叨的只有 KPI。不管你这个人怎么样，只要你的能力强，我就用你。”最后，公司部门之间不停地扯皮，一个人会为了自己的 KPI，把所有资源集中在自己手里，反而使其他的人受到影响，使整个公司受损。王一说，“这时候我没有去平衡，因为我的眼里也只看到 KPI。”一个人能力很强是好事，但是假如他跟整个团队不是一条心，他对整个团队的伤害可能更大。这是王一切身的体会，也是他所说的，“那些将你推向高点的助力，恰恰也可能是把你拉进谷底的因素”。在王一决定把公司收缩的时候，那些团队的强人还跟供应商、流量批发商签订了大量的合同，而他对此毫不知情。最后他被人堵在公司，无路可走。他承认自己当时有点急功近利了。因为他总觉得今日美丽是老三，总是在不断地追赶别人。“当我们在做流量的时候，聚美已经开始做品牌了；当我们开始做品牌的时候，聚美已经开始做营销了。我们比聚美晚做一年，但是差距很大。”可以说，这是王一创业以来最惨的时候。遥想当年，天软成功卖掉，千尺下载在他走之前还有几千万的装机量，是业绩最好的时候。他以为自己能 Hold 住今日美丽，事实上没有。

2012 年 11 月，今日美丽正式结束，他把以前创业挣的钱都用来偿清那些不知情的合同款项，然后把自己关在家里，想自己到底犯了哪些错误。连续很多天晚上睡不着，想很多事情，整个人濒临崩溃。那段时间是怎么挺过来的?他说，“硬挺。”一开始他想的是，不该用这个人，不该用那个人。这些决定是错误的，但是迫不得已。可后来发现，“这些人都是我自己招进来的，是我把他树立成标杆。那些所谓迫不得已的决定都是在我最得意、业绩最好、最牛逼的时候做出来的。”当王一意识到大部分错误都是自己造成时，他很懊恼。“创业者都是很偏执的，认为自己是对的。让创业者说自己做错了，而且打心里觉得自己错了，这是很痛苦的过程。”

四、平衡速度和效率

其实从天软到千尺下载，再到今日美丽，王一没有想过自己到底为什么创业。就像身上存在惯性一样，他只是觉得自己应该创业。所以第四次启动创业模式之前，他希望能想清楚，自己是为了什么而战斗。王一说，他是个对自我认知能力很强的人，会从以往犯过的错误中汲取经验和教训，然后就是等待一个机会。2013 年初，他跟天使投资人一起想了 70 多个方向，最后选择了淘当铺。这次，王一很重视团队构建，吸取了今日美丽的教训，先制定了用人的标准，“能力为基础，道德优先”。他很清楚，企业文化不是一纸空文或口号，早期的核心团队基本决定了企业文化的基调，而且他们会传承下去，所以他对核心团队的筛选近乎苛刻。今日美丽原来的团队经他严格挑选，只有部分留在淘当铺。就算经过重重关卡留下来的这些人也不意味着绝对安全，创业至今王一已经忍痛割爱很多次，其中不乏那些可以独当一面的强兵悍将。“早期创业公司有个能力很强的人不容易，但是他不符合团队文化。”这些走掉的人里有的把客户资源握在手里吃独食，有的抱着打工的心态混日子，有的不愿意承担责任，习惯性地赖在别人头上。但是大公司里这样的人不是比比皆是吗?王一是否因为之前的创业教训而感染上道德洁癖?“公司大了，这些人能包容。但是骨干、核心的早期员工必须要这样。企业文化也是靠最早期的这些人灌输下去的。以后什么样的领导就会招什么样的兵。”王一说。他做决定不再迷茫，因为他手里攥着这样一把尺子。“当你用尺子不断衡量时，事情会反过来印证你的尺子，这把尺子会越来越准。”王一希望淘当铺是三国文化。就像三国时期的大小割据，命运未卜，像袁绍这样有实力的人一不小心也会被曹操灭了，而刘、关、张也可以在偏僻的小村里逆袭成功，因此，决定成败的是信念和团队。

就连投资人也觉得王一跟之前不一样了，虽然他还是一张娃娃脸，但是整个人的状态已经完全不同。淘当铺最早的投资人是蓝驰创投和依然支持他的北极光创投，在王一眼里他们是真正意义上帮忙不添乱的投资人。他每天跟蓝驰的投资人通电话（王一给我看了他手机里的通话记录，是真的），沟通业务与心态。跟前面几个项目不同，王一对速度和效率的平衡更有感觉，甚至有意放慢脚步。典当行是个历史悠久的传统行业，没有受到互联网的洗礼，依然我行我素地运转。他从当铺最不在意的商品流入手，利用电商帮助他们去卖绝当品，每卖出一件商品收取 5%～15%的佣金。这样一家一家谈下来，北京260家典当行中有100多家与淘当铺签订了合作关系。事实上，帮助典当行卖绝当品只是他的一个附加服务，是前期建立信任的方式。王一的目标是互联网金融。要知道，典当行每年的放贷纪录是万亿级别，而且波动很小，每年保持了30%的复合增长率。如果能通过互联网的方式切入，这块蛋糕足够诱人。这很容易让人联想到当下流行的P2P信贷，但他们的业务与此不太一样。典当行需要质押物，如3C类产品、黄金、汽车等实物都可以抵押，甚至几吨玉米、几套钢架也可以抵押。一天起贷，最长不超过6个月。短期贷款利率低、快速是典当行的优势。但是相比P2P无抵押贷款，典当行的业务是不是显得太过于老套、笨拙?王一倒不这么认为，一是国内很多人没有信用记录，而且据说P2P网站的审核非常严格，贷款成功率不是一般的低；二是典当行主要面向大量的小企业主、个体户，而不是白领，所以像水泥搅拌机等生产资料及工业原料都是他们的宝贝，是可以用来作质押物换来短期资金周转的。

王一的美好愿景就是将线上用户成功引流给传统的典当行，然后从中收取佣金。如果你留意过91金融和融360的页面，其中的典当金融板块就是淘当铺的业务，他们彼此进行了数据对接。如果在P2P网站无法通过审核，用户可以考虑淘当铺的其他贷款方案。不过，这块业务直到去年12月份才推出的，原因就是典当行一开始不太接受互联网。但是，用户需要互联网。比如，不是每个典当行都能承接所有的质押物，只有有相应的鉴定师和出货渠道，他们才能接相应的业务。另外，典当行也有青黄不接的时候，当你抱着东西去时，它的钱可能已经放光了，只能白跑一趟。淘当铺在这个时候就有用武之地了。但是目前看来，淘当铺还需要时间预热市场，现在每月帮助典当行销售绝当品的金额在百万元左右。同时，如何把典当行牢牢拴在自己的平台上，也是王一需要解决的问题。我问他，“今日美丽败得一塌糊涂，你不担心别人怀疑你吗?还有，你自己有没有怀疑过自己？”他是这么回答我的，“我不介意任何人怀疑我，我没有做出成绩，怀疑我是正常的。但我不怀疑自己，团队不怀疑我，我的投资人不怀疑我，我信任的人不怀疑我，这就够了。凤凰涅槃你是有感觉的。”

【思考】

1. 淘当铺的创业路对你撰写创业计划书有什么启发?
2. 如何构建创业团队?

本章小结

创业是否成功，直接取决于计划是否详细、全面，是否能反映各种实际情况。准备一份创业计划需要付出大量的时间和精力。创业计划不仅能够帮助创业者理清创业的思路，全面地分析创业的各个方面，而且能够帮助创业者成功获得外部资金的支持。创业计划的内容复杂繁多，但应该全面而突出重点，实事求是而不浮夸。创业计划的写作应该符合一定的格式，遵守一定的原则，以确保计划的可操作性，减少不必要的失败。创业计划的推广是一件重要的工作，创业计划书的质量和推广的效果是获得风险投资者青睐的两大因素。

思考与讨论

1. 什么是创业计划？创业计划有何作用？
2. 撰写创业计划之前应该搜集哪些信息？
3. 一份完整的创业计划应该包括哪些内容？
4. 撰写创业计划应该遵守的原则有哪几条？

实训题

1. 模拟进行一次创业，请按要求撰写《创业计划书》。
2. 下面的观点是否正确，请分析。

创业计划书是因为筹集资金而写，所以创业计划书也只是给风险投资家看的。

第八章　创 业 融 资

本章目标

1. 掌握融资方式中的银行贷款、租赁。
2. 熟悉融资的类型及其他具体的融资方式。
3. 了解创业融资应该注意的问题。

引导案例[①]

“百度搜索”创始人李彦宏和好友徐勇经过一夜畅谈，两人美丽的新公司计划已然“万事俱备，只欠投资”。

他们的融资目标是 100 万美元。美国硅谷有的是投资家，据说一片树叶落下，总会砸住三个风险投资商。然而此时风向已变，风险投资商们的口味不再是门户，而是电子商务，其中商业模式 B2B 最受青睐。

没想到在这种情况下，竟然有三家风险投资商愿意给他们这家技术公司投资。这些公司看重他们新公司的三个概念：中国，技术，团队。徐勇找理由把一家不太中意的风险投资商婉拒了，而另外两家，用他的话说，“热情得实在无法拒绝”。

这些风险投资商当然不是钱多得没处花，那天签字前，有个风险投资商借故偷偷到房间外打电话问李彦宏在 Infoseek 公司的老板，“这个罗宾·李真的很厉害吗？”得到的答复是：“罗宾在引擎技术方面，在全世界可以排前三。”两家风险投资商更放心了，有人甚至想独投，李彦宏和徐勇觉得还是两家一起投资更好，各家 60 万美

---

① 资料来源：李志能，郁义鸿，[美]罗博特·D.希斯瑞克．创业学[M]．上海：复旦大学出版社，2000.

元。凭借“中国市场＋李彦宏雄厚的技术背景＋李彦宏愿意放弃优厚待遇创业的决心”，让本来只要求 100 万美元的李彦宏多得了 20 万美元。

【思考】

1. 李彦宏团队获得风险投资资金的关键原因是什么？
2. 最后选择两家风险投资商而不是一家的理由是什么？

第一节　创业融资类型

“巧妇难为无米之炊”，如果没有资金，一切就无从谈起。拥有的资金越多，可选择的余地就越大，成功的机会就越多。对于广大的创业者来说，创业初期最大的困难就是如何获得资金。融资的方式和渠道多种多样，创业者需要进行比较，并确定适合自己的融资类型。

一、债权融资与股权融资

债权融资是指通过商业信用、个人或银行借款、发行债券等手段获得资金。债权融资要求债务人必须按照协议约定的期限归还所借的全部资金，并且要按照事先确定的利率分期支付利息或到期一次支付全部的利息。部分债权融资方式表面上是不需要支付利息的，但实际上并非如此。比如赊购，如果买方用立即付款方式购买原材料的价款是 10000 元，现在买方要求 3 个月以后才付款，供应商在答应的同时要求买方支付的款项肯定不止 10000 元，可能是 11000 元，则 1000 元的差价就是买方赊购原材料而占用供应商资金的利息。债权融资方式不会影响创业者对企业的控制权，但融资成本相对较高（不管企业是否赢利，这些利息是一定要支付的）。

股权融资是指通过赋予资金提供者股东地位的方式获得资金。投资者作为股东，有权依据投资协议和相关法律法规行使股东权利，包括参与股东会会议并表决相关决议、间接参与经营管理、分享利润、按照预先约定的方式分配企业的剩余财产等。股权融资方式虽然会分散创业者对企业的控制权，但融资成本相对较低，因为企业没有赢利或赢利很少的时候，不必向股东支付股利。在创业者走向巨大成功的关键时刻，几乎无一例外地采用股权融资方式，使得企业实现跨越式的发展。比如，2005 年 8 月 5 日百度搜索在美国纳斯达克成功上市，筹集到了 1.091 亿美元的资金，为全球最大中文搜索引擎的后续发展提供了强大的资金支持。

二、直接融资与间接融资

直接融资是指无须通过金融中介机构，直接由资金的供求双方签订协议，或者在金融市场上由资金供给者直接购买资金需求者发行的有价证券（如股票、债券），使资金需求者获得所需要的资金。具体的方式包括：引入风险投资，寻找合作伙伴，争取家人或朋友的支持，转让债权，开出商业汇票，赊购商品、延期付款，推迟应付债务的支付，发行股票和债券等。在中国目前金融市场条件的限制下，想通过证券市场发行股票或债券以获得资金，对正处在创业初期的创业者来说是不现实的。因此，在创业实践中，前面几种方式经常被创业者自觉或不自觉地运用。

间接融资是指通过商业银行等中介机构获得资金。具体的方式包括银行贷款、政府机构贷款、票据贴现等。目前，很多银行都推出个人短期小额创业贷款业务，对处于创业初期的经营者来说，往往可以起到雪中送炭的作用。由于申请贷款的门槛太高，所以造成了创业贷款市场需求大、申请人多，但拿到钱的人却很少的局面。但是，不管怎么样，创业贷款（包括银行小额贷款和政府机构贷款）已经成功推出市场，而且在未来很长的一段时间内应该是创业融资的主要方式之一。

三、内部融资与外部融资

内部融资是指通过挖掘企业内部资源解决资金不足的方式。企业使用的资金最初都来自内部。内部资金来源的主要方式包括创业者投入的资金、经营利润的再投入、出售闲置资产取得的收入、经营团队用红利或股票代替现金薪水等。

外部融资是指通过企业外部获得资金的方式。外部资金来源主要包括银行贷款、政府机构贷款、公开发行股票或债券、租赁、供应商的融资等。选择何种外部融资渠道，主要从三个方面结合自身实际情况进行评估：资金可用时间的长短、资金成本、公司控制权的丧失程度。

第二节　具体的融资方式

实践中可以运用的融资方式很多，下面针对几种常用的融资方式分别进行分析探讨。

一、自有资金

虽然现实中也有一分钱不掏就开办企业的个案，但毕竟是少数。相反，创业者在创业初期更多的是依赖于自有资金。而且，只有拥有一定的自有资金，才有可能从外部引入资金，尤其是银行贷款。

外部资金的供给者普遍认为，如果创业者自己不投入资金，完全靠贷款等方式从外部获得资金，那么创业者就可能对企业的经营不会那么尽心尽力。一位资深的银行贷款项目负责人毫不掩饰地说："我们要企业拥有足够的资金，只有这样，在企业陷入困境的时候，经营者才会想方设法去解决问题，而不是将烂摊子扔给银行一走了之。"至于自有资金的数量，外部资金供给者主要是看创业者投入的资金占其全部可用资金的比例，而不是资金的绝对数量。很显然，一位创业者如果把自己绝大部分的可用资金投入到即将创办的企业，就标志着创业者对自己的企业充满信心，并且意味着创业者愿意为企业的成功付出毕生的努力。这样的企业才有成功和发展的可能，外部资金供给者的资金风险也会降至最低。

另外，创业者自己投入资金的水平还取决于自己和外部资金供给者谈判时的谈判地位。如果创业者的某项技术或某种产品具有大家认同的巨大市场价值，创业者就有权自行决定自有资金投入的水平。百度搜索的创始人李彦宏因为其掌握的搜索引擎技术在全世界位于三甲之列，所以外部的风险投资商在决定对百度投资之前，没有过多地考虑李彦宏自己投入资金的数量。

二、亲戚和朋友

美国"自有企业经营协会"主席乔治·道森指出："你的亲戚和朋友应该是创业者寻求资金来源的首要人选，不仅仅是因为他们最有可能相信你及你的经营想法，而且因为他们最不可能像银行那样需要个人担保来拖累你。"有人把从亲戚和朋友那里筹集到的资金戏称为"爱心资金"，他们借钱或投资该企业通常是出于他们与创业者的关系，是一种爱心，而不是单纯地为了利润。美国《读者文摘》创始人杜威尔·华莱士于 1919 年 4 月向父亲借 600 美元，开始了他的创业生涯。很多实践证明，亲戚和朋友在创业初期的资金融通方面起着关键的作用。

但是，从亲戚和朋友那里筹集资金也存在不少的缺点，至少包括以下几个方面：首先，他们可能不愿意或没有能力借钱给创业者，往往碍于情面而不得不借，甚至从别人那里借来再借给创业者；其次，当他们需要用钱时，他们可能因创业者的企业出现资金紧张而不好意思开口要求归还，或者创业者实在拿不出钱来归还，双方都很尴尬；再次，创业者有可能危害到家庭内的亲情及朋友之间的友情，一旦出现问题，可能连亲戚朋友都没得做，甚至鸡飞蛋打；最后，如果亲戚或朋友要求取得股东地位，就会分散创业者的控制权，亲戚朋友会提出相应的权益甚至特权，从而对雇员、设施或利润产生负面的影响。比如，有才能的雇员可能觉得企业里到处都是裙带关系，同事关系、工作关系的处理异常复杂，即使自己的能力再强，也很难有用武之地，逐渐萌生去意；亲戚或朋友往往利用这种特殊的关系随意免费使用企业的车辆，导致公车变成了私车。

为了尽可能减少亲戚朋友融资过程中出现的问题，或者即使出现问题也能减少对亲戚朋友关系的负面影响，有必要签订一份融资协议。所有融资的细节，包括融资的数量、期限和利率，资金运用的限制，投资人的权利和义务，财产的清算等，最终都必须达成协议。这样有利于避免将来出现矛盾，也有利于解决可能出现的纠纷。完善各项规章制度，严格管理，必须以公事公办的态度将亲戚朋友与不熟悉的投资者的资金同等对待。

亲戚或朋友可能对创业者提供直接的资金支持，也可能出面提供融资担保以便帮助创业者获得所需要的资金，这对创业者来说同等重要。

三、银行贷款

银行很少向初创企业提供融资支持，因为风险太高。但是，在创业者能提供担保的情况下，商业银行是初创企业获得短期资金的最常见的融资渠道。当然，如果企业的生产经营步入正轨，进入成长阶段之后，银行也很愿意甚至主动找上门来为企业提供资金。因为银行只有把钱借给成长阶段的企业，才能在维持低风险率的前提下获得稳定的利息收入。

（一）银行贷款的类型

商业银行提供的贷款种类，可以根据不同的标准划分，我国目前的主要划分方式有以下几种。

1. 短期贷款、中期贷款和长期贷款

这种分类的主要依据是贷款的期限和用途。在用途上，短期贷款主要用于补充企业流动资金的不足，中长期贷款主要用于固定资产和技术改造、科技开发的投入。在期限上，短期贷款在一年以内，中期贷款在一年以上五年以下，长期贷款在五年以上。短期贷款利率相对较低，但是不能长期使用，短期内就需要归还；中长期贷款利率相对较高，但可以放心使用，因为短期内不需要考虑归还的问题。企业应该根据自己的需要，合理确定贷款的期限。但必须遵守的是，不能将短期贷款用于中长期投资项目，否则企业将可能面临无法归还到期贷款的尴尬局面，有损企业的信用；也不能将中长期贷款用于短期项目（如补充流动资金的不足），否则使用的成本太高，得不偿失。

2．信用贷款和担保贷款

这种分类主要是依据是否提供担保。其中，担保贷款又根据提供的担保的种类不同细分为保证贷款、抵押贷款和质押贷款三种。

信用贷款是指根据借款人的信誉发放的贷款。

保证贷款是指以第三人承诺在借款人不能归还贷款时，按约定承担一般责任或连带责任为前提而发放的贷款。

抵押贷款是指以借款人或第三人的财产作为抵押物而发放的贷款。

质押贷款是指以借款人或第三人的动产或权利作为质物而发放的贷款。

在创业初期，企业要从银行获得贷款绝大部分都要提供银行认可的担保。重庆市实施优惠政策鼓励大学生申请小额创业贷款，小额创业贷款主要采取担保人担保、不动产抵押、有价证券质押等方式；同时规定，担保人担保除法人外，有稳定收入的公务员和企事业单位员工也可进行担保。

3．票据贴现

票据贴现指贷款人以购买借款人未到期商业票据的方式发放的贷款。借款人将持有的未到期商业汇票向银行申请贴现，银行根据信贷政策进行审查，对符合条件的可按照票面金额扣除贴现日至票据到期前一日的利息后将余款支付给借款人。贴现的利率一般都低于短期贷款利率。依据我国法律的规定，票据贴现的贴现期限最长不得超过 6 个月，贴现期限为从贴现之日起到票据到期日止。这项业务银行开展得比较早，但量并不大，尤其是对于信誉尚未建立的初创企业很难通过贴现获得银行资金。票据贴现是一种特殊的贷款方式，与普通银行贷款的区别如表 8-1 所示。

表 8-1　票据贴现与普通银行贷款的区别

贷款类别 / 区别	票据贴现	普通银行贷款
利息支付不同	利息预先扣除	利息到期支付
期限长短不同	期限较短	期限可长可短
清偿人不同	票据承兑人清偿	借款人清偿
利率水平不同	低于同期银行利率水平	较高
担保的要求不同	无须另外提供担保	一般需要提供担保
性质不同	票据转让关系	借贷关系

4．贴息贷款

贴息贷款指借款人从商业银行获得贷款的利息由政府有关机构或民间组织全额或部

分负担，借款人只需要按照协议归还本金或少部分的利息。这种方式实质上就是政府或民间组织对借款人的鼓励或支持。为了扶持大学生创业，部分地方政府已经实施这种优惠政策。广东省东莞市将普通高校大专以上学历的本市户籍毕业生纳入享受该市小额担保贷款优惠政策人员的范围，东莞户籍的大学毕业生合伙经营或组织起来创办中小企业的，根据借款人提供担保的情况，东莞市政府委托东莞市商业银行发放贷款，担保贷款额度分别为20万元、15万元和10万元，担保贷款期限一般不超过两年。东莞市财政局对符合条件的小额担保贷款据实全额贴息。

（二）银行贷款的审查标准

企业面临的一个现实问题就是如何说服商业银行为其提供贷款。为了避免坏账、呆账等资金风险，商业银行总是谨慎地贷放资金，尤其是对新创企业更加慎重。有人说："银行只在你不需要钱的时候借给你钱。"这句话不一定正确，只是说明商业银行愿意向那些有支付借款本息能力的人提供借贷。

《中国人民银行贷款通则》对这一问题作了原则性的规定，但各家商业银行在具体操作时可能会有一些差异。参照国内外的具体做法，商业银行主要应用以下六个标准来进行审查。

1．企业的品质

商业银行审查一份贷款申请，首先就要评价借款人的信用，甚至调查借款人的履历。如果借款人的财务、职业或个人背景有任何重大污点，就会丧失从商业银行获得贷款的机会。贷款申请表中有一项是允许银行启动关于借款人信用的全面审查，如果审查中出现借款人任何缺乏诚信的证据，商业银行可能会立即拒绝其贷款申请。商业银行还会要求审查企业的管理团队，因为这些人也会影响到银行资金的安全。

2．企业的经营管理能力

新企业失败是商业银行发放贷款最头痛的问题，也意味着商业银行将面临巨大的损失，而经营管理不善又是造成新企业失败的首要原因。在贷款申请书中，必须突出借款人及其管理团队的管理才能。如果是首次开办企业，应该提供证据说明借款人拥有丰富的经验并且已经在这一领域取得过非同寻常的成功，这肯定能提高创业者获得资金的机会。如果借款人自己没有经验，那就应该证明企业的团队里有能够提供忠告的顾问及具有经验的人。

3．企业清偿欠款的能力

其实，银行的运作规则非常简单："只有当我们向那些能够赚到钱的企业放贷时，我们才能赚到钱。"所以贷款申请书应该显示企业良好的盈利能力和清偿能力，这样才能打消银行的疑虑。

贷款申请书一般都是一个“缩微”的创业计划书，其中的财务部分将提供银行审查企业清偿能力所需要的数据。银行对以下数据尤其感兴趣：企业的流动比例、速动比例、现金比例、资产负债率、存货周转率、应收账款周转率、赢利能力、投入资本、市场占有率及未来的预测数据等。银行希望通过这些数据来断定企业有能力支付每月的利息及本金（需要分期偿还本金时），并且较容易地清偿到期债务。企业应该准备提供至少头两年的现金流量表（或预计现金流量表）及 3～5 年的资产负债表（或预计资产负债表）。企业能够创造现金净流入的时间越早、数量越多，那么获得贷款的可能性就越大。企业的财务预测工作一般由会计师帮助完成，但借款人应该理解预测的实质和逻辑，只有这样，在贷款谈判时才能做到胸有成竹。

4．贷款的条件

借款人申请贷款时应该提供以下几个基本问题的答案。

（1）贷款多少。贷款多少首先应该根据自己的实际需要来确定，太少会影响到企业的经营运作，太多又会造成不必要的浪费，还要承担高额的利息负担；其次，应该根据自有资金的多少来决定，若借款人自己一分钱都没有，是不可能从银行借到钱的。如果某一笔贷款超过企业资产的 50%，这个企业将更多地属于银行而不属于借款人自己。银行一般希望借款人投入更多的自有资金。第一，投入更多的自有资金使所有者对企业更加负责，更有责任感，因为企业失败的话，损失最大的是所有者。第二，如果企业没有足够的资金，也没有其他投资者愿意投入资金，这只能说明所有者和其他潜在投资者都缺乏信心，要么因为企业没有价值，要么因为经营者缺乏经营技巧，而这些对一家企业的成功是非常重要的。第三，银行想在企业一旦破产的情况下保护自己的利益。当企业破产倒闭时，债权人可以通过法院的清算来索取属于自己的权益，也就是分配企业的清算财产。所有者投入的资金越多，债权人的权益就越能得到保障。

（2）贷款的用途。贷款的用途主要是指准备由贷款获得的资金来做什么。银行信贷员当然想知道企业借入的资金是否被用来购买机器和设备、房屋和其他建筑物、原材料或零部件等。明确贷款用途，有利于银行尽快地审批。如果用于购买固定资产等资本性支出，即使企业破产还能回收或出售该资产，银行较愿意提供贷款；如果用于支付水电费、人员工资、租金等收益性支出，银行可能不太愿意提供。同时在实际中，银行会要求企业按照借款合同规定的用途使用资金。借款人企业一旦违背，银行会要求提前终止合同，并要求借款人承担违约责任。

（3）贷款时间的长短。贷款时间的长短与贷款的用途有密切联系。如果这笔资金准备用于购买固定资产等长期资产，贷款的期限往往较长，属于中长期贷款，但是贷款期限很少会超过这类资产的预期使用寿命。如果这笔资金用于购买原材料、支付应付账款等，贷款期限往往只有几个月，也就是补充流动资金的不足。银行很少会发放超过 5 年的贷款，除非用于购置房屋建筑物，所以借款人不得不向银行证明企业有能力在 5 年内偿还贷款。

（4）贷款偿还的方式。贷款偿还的方式有分期还本付息、先分期付息后一次性还本和到期一次性还本付息三种。

从银行获得贷款后必须记住以下几点：一是应该为企业的资产购买保险，以便出现火灾等意外损失时能从保险公司得到补偿；二是必须严格按照借款合同的规定来使用这笔资金，因为银行会要求企业定期提供反映企业的财务健康情况的财务报表，也可能要求企业在处置重要资产前先经过银行的同意；三是应该保持足够的流动资金（如现金、存货、应收账款），确保良好的清偿能力，不至于出现无力清偿而损害企业的声誉的情况。

5. 开办企业的背景

银行信贷员在做出决定之前，会综合考虑各方面的因素，仔细评价企业的价值，面临的机遇和风险。为了提高获得资金的可能性，借款人应该了解信贷员的心态和喜好。一些信贷员对制造或者技术类企业感兴趣，而另一些信贷员似乎看好零售或服务型企业。其实银行也可能如此，较小型的银行的业务更偏向“零售”的方向，积极寻求向有保证的本地企业提供借贷，而许多大银行常常避免向初创企业或企业的早期阶段提供借贷，甚至以考虑成本为借口规定贷款的最低额度。

已经成功地向某类企业发放贷款的银行在审查同类企业的贷款申请时，会有更为开放的态度。相反，如果银行信贷员对某类企业的贷款过程有不良体验，银行就会对这类企业提出的贷款申请非常谨慎，企业会遭遇更多的怀疑，这时企业就需要拿出更多有利的证据来消除银行的疑虑。

借款人应该预期到银行信贷员会查阅他准备开办企业的背景。信贷员可能重点关注经济前景、法律、规章制度、供应商、市场、环境等问题。借款人一般事先都准备好了证明企业偿付能力的财务规划，但信贷员可能会根据企业所处的行业、地理位置、宏观经济环境等要求更高的回报率。信贷员对金融市场、劳动力市场、产品市场的看法都会影响到获得贷款的可能性。很简单，信贷员的看法如果和借款人一致，应该比较容易获得贷款，否则机会渺茫。

信贷员对企业的竞争力和成长趋势也特别关注。他们会分析企业所处的市场是否已经处于饱和状态，竞争对手是否太多，市场需求量是否开始下降等。因为这些情况会严重影响企业的生存发展，尤其是企业的赢利水平。

如果企业具备以下条件，银行信贷员会很容易地接受贷款的申请，而不受其他因素的干扰：一是企业拥有人们正想购买的相当新颖的产品或服务；二是市场几乎不存在竞争；三是即使有竞争，对手也很难对企业构成威胁；四是以前同类型企业极少有出现失败的情况；五是有技术含量高的产品或服务，其他企业难以模仿，短期内也难以参与竞争。

信贷员同样关注开办这类企业的难易程度。如果这类企业的开办要求经验丰富的管理人员和技术人员、相当多的资本和严格的经营许可证，并且企业是完全满足这些要求的为数不多的企业之一，那么银行很乐意提供贷款。相反，对于几乎不需要经验技术、也不需要多少资金、政府也没有规定特别许可的企业的贷款申请，信贷员较难以决策。

各种全国性和地方性的法律法规也是信贷员关注的内容。例如，一些城市责令污染比较严重的企业限期内迁走，这类企业的发展肯定会受到制约，银行一般不愿意为其发放贷款；相反，现在城市鼓励和扶持发展的环保产业有广阔的发展前景，银行也许会主动找上门来。

供应商的能力和信誉也会影响到企业的成功与失败。有时，企业失败并不是企业自身内部的原因，而是因为它的供应商破产了，或者是供应商不能继续提供企业所需要的产品。因此，信贷员也会关注企业对供应商的依赖性。

当然，企业的市场份额、外部环境、购买保险的情况等都会引起银行信贷员关注。因此，在贷款磋商的过程中，借款人可能会被迫提供更多的资料（如创业计划书、个人资力证明文件、已经获得专利证书、经营许可证等），以增加借款人的信心并且证明企业的生存发展能力。及早与信贷员取得联系，了解其所需要的材料，就能准备得更加充分。材料准备得越充分，成功的机会就越大。

6．担保的方式

初创企业向银行申请贷款，几乎无一例外都要求提供适当担保。如果企业是一家个人独资企业或合伙企业，银行会要求各出资人提供自己的财产情况。如果到期企业不能偿还所借款项及利息，银行除了要求对企业采取法律行动以外，还可以要求出资人（也就是我们所讲的老板）偿还该笔贷款及利息。如果企业设立为有限责任公司或股份有限公司，银行也可能要求主要股东提供个人的财产情况，甚至要求主要股东以个人名义签署贷款，而不是直接借给公司。这样的做法和独资企业及合伙企业类似，将会形成个人的负债，最终由个人承担无限责任。这就需要股东个人以其所拥有的全部财产为企业的融资提供担保。

按照《中华人民共和国担保法》的有关规定，向银行申请贷款提供的担保方式主要有以下几种。

（1）保证。**保证**是由第三人（保证人）为借款人的贷款履行作担保，由保证人和债权人银行约定，当借款人不能归还到期贷款本金和利息时，保证人按照约定归还本息或承担责任。具体的保证方式有两种，一种是一般保证，另一种是连带责任保证。保证人和债权人银行在保证合同中约定，借款人不能归还到期贷款本金和利息时，由保证人承担保证责任的，为一般保证。一般保证的保证人在借款合同纠纷未经审判或者仲裁，并就借款人财产依法强制执行仍不能偿还本息前，对债权人银行可以拒绝承担保证责任。保证人和债权人银行在保证合同中约定保证人与借款人对贷款本息承担连带责任的，为连带责任保证。连带责任保证的借款人在借款合同规定的归还本息的期限届满没有归还的，债权人银行可以要求借款人履行，也可以要求保证人在其保证范围内承担保证责任。在保证合同中对保证方式没有约定或约定不明确的，按照连带责任保证承担保证责任。保证人可以是符合法律规定的个人、法人或其他组织。不过，银行对个人提供担保的，往往要求公务员或事业单位工作人员等有固定收入的人来担保。并且，不管是谁提供担保，银行都会先进行担保人的资质审查，符合银行要求的才能成为保证人。银行都会要求采取连带责任保证方式进行担保，以避免烦琐的程序。

案例 8-1：银行提供的免担保创业信贷[①]

周光超前年大学毕业后回到老家上海，一直没找到称心的工作，看到自己居住的小区内有一家小型超市生意非常红火，就想开个超市自己干，但是一打听，办个小超市起码要投资六七万元，只好作罢。去年 8 月份，上海浦东发展银行与联华便利签约，推出了面向创业者的“投资七万元，做个小老板”的特许免担保贷款业务。由于联华便利以合作方的身份为创业者提供了集体担保，创业者自己不必再提供担保，浦发银行即可向每位通过资格审查的申请者提供七万元的创业贷款。周光超获悉后立即递交了申请，两个月后，他顺利地从浦发银行领到了贷款，在控江路上如愿开起了自己的小超市。

【分析提示】

一般人们总认为，要向银行贷款必须自己提供担保或者抵押，其实情况并非都是如此，现在银行为了拓展信贷业务，充分考虑了创业者寻找担保的实际困难，纷纷主动寻找担保方，为有意创业的人提供免担保贷款。

（2）抵押。**抵押**是指借款人或者第三人不转移对其确定的财产的占有，将其财产作为贷款的担保。当借款人不能按期归还借款本息时，债权人银行有权依照法律的规定，以该财产折价或者以拍卖、变卖该财产的价款优先受偿。借款人只能以法律规定的可以抵押的财产提供担保；法律规定不可以抵押的财产，借款人不得用于提供担保。银行一般要求借款人或者第三人提供房屋等不动产作为贷款的担保，这一类抵押合同需要去房

[①] 资料来源：道客巴巴网，http://www.doc88.com/p-340816442486.html。

地产管理部门办理登记手续，否则抵押合同无效。

（3）质押。质押包括权利质押和动产质押。权利质押是指借款人或者第三人以汇票、本票、债券、存款单、仓单、提单，依法可以转让的股份、股票，依法可以转让的商标专用权、专利权、著作权中的财产权，依法可以质押的其他权利作为质权标的的担保。动产质押是指借款人或者第三人将其动产移交债权人银行占有，将该动产作为贷款的担保。同样，依据法律规定，借款人不能归还到期借款本息时，银行有权以该权利或动产拍卖、变卖的价款优先受偿。在实际操作中，银行一般要求以借款人或他人持有的股份、债券、定期存款单等为借款人提供担保，而且若用于质押的股票价格大跌，银行可以随时要求借款人提供额外担保。

案例 8-2：以低代价转来亏损企业向银行抵押贷款[①]

杜德文做了几年的外贸服装，积累了一定的业务渠道，便打算自己办一家鞋厂。他仔细算了算，办个年产 50 万双皮鞋的中等规模的鞋厂需要 100 万元设备和周转资金，外加一处不小于 200 平方米的厂房。杜德文通过朋友在近郊某镇物色了一家负债累累、濒临倒闭的板箱厂，以“零转让”的形式接手了这家工厂，也就是该镇以资债相抵的办法，将工厂所有的动产、不动产及工厂的债务全部转让给了杜德文。厂房的问题是解决了，但是 100 万元的投资从哪里来呢？杜德文到银行去贷款，负责信贷的同志要他提供担保，这可难住了杜德文。正在杜德文着急万分的时候，他的一位朋友一语点醒了梦中人：板箱厂的厂房就是现成的抵押物。就这样，杜德文不花一分钱，就解决了资金和厂房的问题。当然，他也因此背上了较重的债务，这就要靠他通过今后的创业慢慢地偿还了。

【分析提示】

其实有不少人就是通过这种以小搏大的方式发家的。当然，这种求资的方法风险比较大，获得创业资金的代价是一大笔债务，但是创业本来就是风险和机遇并存的，如果你有足够的胆识，那么这种融资的办法将能帮助你在更短的时间里更快地走向成功。

四、租赁

在创业初期，利用租赁方式融资或节约资金的情况非常普遍。创业初期，很多企业所使用的办公场所或厂房都是租来的，很少有投资者自己购买。很多成功的经验告诉我们，从创业开始就应该把固定资产投资限制在最小的范围内，尽可能用租赁的方式代替

---

① 资料来源：中铝网，http://news.cnal.com/management/10/2012/02-21/1329816600267160.shtml。

直接购买。因为这样能够为企业节约大量的资金，以便预留足够的资金来应付没有收入而有庞大开销的头几个月。应该说，对于一个资金并不充裕的创业者来说，租赁方式不失为一种理想而又可行的办法。

（一）租赁的好处

（1）减少开支，增强支付能力。这是创业者选择租赁最主要的原因。比如，假设建一个厂房需要 300 万元，如果以租代购，每个月可能只需要支付租金 30000 元，大大减轻了支付压力，创业第一年便能节省资金近 264 万元。

（2）手续简单且没有限额限制。向银行申请贷款手续复杂、又有限额的限制，而租赁的手续非常简单，对办公场所、厂房也有很大的选择余地，只要付得起租金即可。

（3）避免技术老化、产品过时。例如，对于是否购买设备来说，如果自己购买设备，万一自己的决策出现失误，很快就有技术更加先进的设备出现，创业者将面临抉择：一是不改用新设备，但这势必影响产品的技术含量而失去竞争力，导致生产出来的产品因过时而无人问津；二是重新购买新的设备，但是新设备价格高，而旧设备再次出售的价格低，从而导致损失惨重。相反，如果设备是租来的，当设备过时时，就可以选择退租，再租更新的设备，使企业一直拥有技术领先的设备，不断生产富有竞争力的产品。事实上，很多企业都是这样做的。

（4）成本可以预先估计。每个月应付的租金是固定的，在合同签订的时候就已经确定，这有利于企业加强资金预算和成本控制，减少不确定因素。

（5）租金的支付与该企业产品的生产销售同步进行。这样，企业就可以用产品的销售收入来支付每个月的租金，有利于缓解资金紧张的局面。

（二）租赁的缺点

租赁业务固然可以解决资金不足的问题，是一种常用的融资方式。但是，租赁也不可避免地存在一些缺点。

（1）总成本增加。前面已经提到，只有在钱不够的情况下，才应该考虑租赁。如果企业资金充裕，就应该改变这种策略，转为直接购买。假如购买一台新设备要花费 100 万元，出租人在设备使用年限内收取的租金合计将远远超过 100 万元。因为出租人要赚钱，出租人要求的收益率肯定高过银行利率。创业者应该知道，租赁的成本要比贷款高得多，所以只有在资金紧张、不够用的前提下，才考虑以租代购，不是非租不可。

（2）租赁合同的制定非常复杂。在租赁合同中，需要对租赁物的名称、数量、用途、租赁期限、租金及其支付期限和方式、租赁物维修等约定条款。而且，买卖是一次性的，而租赁却是长期的。在租赁合同履行过程中，经常会出现一些双方沟通协调出现脱节的现象。比如，法律规定，出租人在租赁期间应该保持租赁物符合约定的用途，一旦租赁物真的出现问题，就需要通知出租人来维修，而出租人什么时候能过来、什么时候能修好是承租人无法控制的。

（3）长期受到租赁合同的制约。对承租人而言，租赁物毕竟不是自己的，需要按照合同的规定使用和保管，稍微有点差错，就要承担责任。

（三）租赁的范围和方式

租赁的范围很广泛，方式多种多样，主要包括以下几个方面。

（1）办公场所和厂房租赁。这是新创企业最常见的租赁方式，既能最大限度地为企业节约资金，也能提供很多的选择机会。

（2）设备租赁。节约资金的同时，也能保持技术的领先。

（3）车辆租赁。创业初期没有必要购买车辆，因为企业刚开始业务量不多，而养车的费用很高，这无疑会加重企业的负担。当业务发生时，可以考虑租车，甚至交由物流公司，省事又省钱。

（4）人才租赁。对于小企业，要真正留住一位高层次的人才是非常不容易的。但是，在企业的生产经营过程中，偶尔会遇到一些技术难题，需要技术人员参与解决，这时可以考虑去租赁相关人才。

（5）二手货租赁。企业租赁全新的设备，租金较高。如果租赁二手设备，租金相对来说要便宜得多。对于资金紧张的初创企业，完全可以考虑这种方式。

（6）返租赁。**返租赁**是指在企业急需资金而又没有其他办法的情况下，可以先将自己拥有的设备卖给租赁公司，再作为承租人向租赁公司租回原设备继续使用，并按期向租赁公司交付租金。返租赁是一种紧急的融资方式，获得的资金一般用于补充流动资金的不足。作为租赁物体的设备就是企业在用的设备，未发生任何转移，其销售只是一种形式。承租人既保持了原设备的使用权，又能使这些设备所占用的资金转化为企业急需的周转资金或投资资金，使得企业的生产能够顺利地进行。如果企业原本拥有生产所需要的设备，但没有资金购买原材料、雇佣工人，而且确实没有其他办法解决这笔资金，那么返租赁也是一种选择。

（四）使用租赁的有利情形

一般来说，租赁适用于以下情况：一是利润很高的情况。租赁能使企业很快地进入生产和销售，以最快的速度扩大生产规模，高额的利润完全可以支付昂贵的租金。二是企业扩建时。当然，这种租赁只是暂时的、周转性的，扩建工作结束后，就没有必要继续租赁。三是自有资金很少的情况。为了节约资金，不得不选择租赁。

五、其他可以利用的融资方式

（一）转让债权

企业在生产经营过程中，不可避免地会出现一些应收账款。从出售该笔货物到收回这笔应收账款的时间段内，就相当于买方无偿占用了对方企业的一笔资金，无形当中使得企业的可用资金减少，而企业的开支却源源不断地发生，往往使企业陷入支付危机。一般情况下，企业首先会考虑向银行申请贷款。但因为贷款条件的种种限制，很难如愿。这时，企业完全可以考虑采用转让债权的方式获得资金，也能消除支付危机。

转让债权是一种银行保理业务，主要是指企业把应收账款等债权出售给银行等相关金融机构，该机构在扣除利息后把等同于贷款的金额交付给企业。

前文提到，票据贴现也能从银行获得资金但转让债权和票据贴现不同。首先，票据贴现必须要有已经承兑的商业汇票，而转让债权不一定需要票据，它可以是应收票据、应收账款、其他应收款甚至持有的其他公司发行的债券等。其次，票据贴现到期，银行会找票据付款人行使付款请求权，如果付款人拒绝付款，银行有权要求原来申请贴现的企业偿还该笔款项，而转让债权是一种买断业务，银行同时还必须承担追不回债款的风险和追讨债款的费用。当然，银行在买入该笔债权前，会对债权相应的付款人的信誉进行调查，在确保万无一失的情况下，才会购入债权。

转让债权对企业至少有以下好处：一是变现远期债权，获得资金，能够增强支付能力，加速资金的周转；二是银行迅速把款项汇到公司账上，能够改善流动比率；三是避免了无法追回货款等债权的风险；四是降低了资金管理成本，即无须支付追讨债权的费用。

（二）开出商业汇票

商业汇票是出票人签发的，委托付款人在未来指定日期无条件支付确定金额给收款人或持票人的票据。企业从供应商那里购买货物，开出商业汇票并承兑，允诺在汇票到期时支付所购货物的货款。事实上，很多企业在购买货物的时候并不用现金支付，往往是欠账或者采用开出汇票的形式。在这种情况下，货物的购买者（或汇票的承兑人）在汇票到期时对卖方负有义务，即在某一确定的时间、某一确定的地点兑现到期的票据，将确定的款项支付给卖方（或持票人）。

在经济交往中，汇票具有以下多种功能。

（1）一种贷款形式。因为汇票推迟了付款时间，就相当于卖方给买方发放了一笔贷款。

（2）一种支付形式。汇票允许背书转让，持有汇票的人可以把汇票出售给银行，也可以用来在购买商品时对外进行支付（而不支付现金）。

（3）一种担保形式。中国有句古话：口说无凭，立字为据。对卖方而言，汇票是书面的形式，总比口头声明欠账稳重。而且，根据我国法律规定，商业汇票必须承兑（承兑是指承兑人在票据正面记载相关事项，承诺在票据到期时无条件支付既定款项），这相当于承兑人的保证书，起到了担保作用。

（三）引入合作伙伴

在所有新兴企业中，大约 10%的企业采用合伙形式。引入一位合伙人，或是因为他拥有对企业成功起关键作用的技术，或是为了弥补资金缺口，或是因为他能够帮助经营管理企业。引入合作伙伴时要有一定的选择，各方合伙人应该志同道合、知识互补。另外，引入合作伙伴时，要签订好合作协议，对双方的责权利予以明确规定，并且要自觉、严格地执行。因为在经营的过程中，各方合伙人可能会出现意见相左的情况，如果不冷静、不按协议来解决，就会使矛盾进一步恶化，甚至导致企业的解体。

（四）引入风险投资

风险投资公司可能是最富有争议和最难以理解的融资形式。极少有企业能够满足风险投资公司所设定的极高预期。风险投资公司仅仅考虑预期内有高速的成长和自己能够以丰厚的回报方式退出的企业。对新创企业的投资蕴含巨大的风险，所以风险投资公司希望对新创企业的贷款索取 20%～40%的利息。

对于创业者来说，首次融资不应该考虑风险投资公司，因为他们对新创企业根本不感兴趣，除非新创企业能够证明其潜力。风险投资公司寻找的是那些具有支配市场的潜力并且能够在数年内买出或上市的企业。风险投资公司还趋向于专攻某一特定的产业或市场。如果新创企业正处在风险投资公司认真考虑的范围之内，那么创业者就应该积极地做好准备。

（五）经营团队用红利或股票兑换薪水

新创企业经常依赖职工的优先认股权，或者以分红的方式来吸引并奖励经营团队中的成员。在新创的高科技企业中，很多都采用这种方式。股权或期权代替薪水的方式，一方面，可以节约资金，企业以股权或期权来换取较低的薪酬，而分红也代表了一种直至企业赢利以后才对关键成员支付资金的办法；另一方面，这也是一种有效的激励方式，员工往往更加专注地投入工作。百度搜索正是因为采用这种方式，使得百度的 200 多位持股员工在公司上市时瞬间成为百万富翁，既留住了人才并为员工创造最大的价值，也为企业节省了大量的现金，这是一种双赢的策略。

（六）供应商的融资

创业者在和供应商接洽的时候，应该考虑其能否提供商业信用，包括延期付款、分期付款等。如果供应商愿意为货物提供这一类信用，愿意提供灵活的付款期限，那么这些举措对于一个陷入支付危机的企业来说会比供货价格更为重要。如果能够在支付供应商货款之前出售且能够收回资金，那么该企业就只需要很少的资金来维持其经营。全球最大的网络书店之一的亚马逊公司的创始人杰夫•贝索斯发现这种方法非常有效。通过让顾客用信用卡购买书籍，他能够在向出版商付款之前获得资金，这就减少了他所需要的运营资金。曾经作为中国国内最大的家电连锁企业之一的国美电器也充分利用了这种融资方式，获得了巨大的成功，其创始人黄光裕成为“2006 福布斯中国富豪榜”的首富及“2007 福布斯富豪榜”的第十位。

（七）客户的事先预订

如果企业的产品市场的需求量非常大，而企业的生产能力有限，客户往往愿意提前付款，以确保能够得到货物，这对于一个初创企业来说，无异于雪中送炭，大大缓解了企业的资金压力。当然，企业平时也可以通过适当的激励，如对提前付款的企业给予一定比例的价格折扣，来促使客户提前支付。

（八）出售闲置的资产

闲置的资产占用企业的资金而不能给企业带来任何利润，应该尽快出售。出售闲置资产，一是可以盘活存量资产，将“死”的资产转变为“活”的现金，增加企业的流动资金；二是减少闲置资产的保管费用；三是避免该资产进一步贬值，因为闲置资产的价值呈现一种不断下降的趋势。

（九）众筹融资

众筹的概念被人所熟知最早是由于美国的 Kickstarter 这一众筹平台的兴起，近几年在国内逐渐流行。众筹融资的操作方式是，由创业者或者创意人把自己的产品原型或创意提交到平台，发起募集资金的活动，感兴趣的人可以捐献指定数目的资金，然后在项目完成后得到一定的回馈，如这个项目制造出来的产品。有了这种平台的帮助，任何有想法的人都可以启动一个新产品的设计生产。

案例 8-3：会籍式众筹 3W 咖啡[①]

互联网分析师许单单这两年风光无限，从分析师转型成为知名创投平台 3W 咖啡的

① 资料来源：福布斯中文网，http://www.forbeschina.com/review/201308/0027995.shtml。

创始人。3W 咖啡采用众筹模式，向社会公众进行资金募集，每个人 10 股，每股 6000 元，相当于一个人 6 万元。那时正是微博最火热的时候，很快 3W 咖啡汇集了一大帮知名投资人、创业者、企业高级管理人员，其中包括沈南鹏、徐小平、曾李青等数百位知名人士，股东阵容堪称华丽。3W 咖啡引爆了中国众筹式创业咖啡在 2012 年的流行，几乎每个城市都出现了众筹式的 3W 咖啡。3W 很快以创业咖啡为契机，将品牌衍生到了创业孵化器等领域。

3W 的游戏规则很简单，不是所有人都可以成为 3W 的股东，也就是说不是你有 6 万元就可以参与投资，股东必须符合一定的条件。3W 强调的是互联网创业和投资圈的顶级圈子，没有人是冲着 6 万元可能带来的分红才投资的，更多的是 3W 所带来的圈子和人脉价值。试想如果投资人在 3W 中找到了一个好项目，那么多少个 6 万元就赚回来了。同样，创业者花 6 万元就可以认识大批同样优秀的创业者和投资人，既有人脉价值，也有学习价值。很多顶级企业家和投资人的智慧不是区区 6 万元可以买到的。

【分析提示】

会籍式的众筹方式在中国去年创业咖啡的热潮中表现得淋漓尽致。会籍式的众筹适合在同一个圈子的人共同出资做一件大家想做的事情。比如，像 3W 这样开办一个有固定场地的咖啡馆方便进行交流。

（十）用足政府的扶持政策

面对日趋严峻的大学生就业形势，国务院、各级地方政府相继出台了鼓励大学生创业的政策和措施。主要包括直接的资金支持、贴息贷款、担保贷款、税费减免、创业培训等，这些措施都能直接或间接地减轻创业企业的资金压力。

阅读材料：广东大学生创业的优惠政策[①]

2014 年 7 月 17 日，根据《国务院办公厅关于做好 2014 年全国普通高等学校毕业生就业创业工作的通知》的要求，广东省人力资源和社会保障厅在全省范围内启动实施新一轮高校毕业生就业创业扶持政策。

（1）税费减免。高校毕业生自毕业学年起 3 年内自主创业，自工商注册登记之日起 3 年内，免收登记类、证照类和管理类等行政事业性收费；从事个体经营的，3 年内按每户每年 9600 元为限额依次扣减其当年实际应缴纳的营业税、城市维护建设税、教育费附加和个人所得税；高校毕业生创办的小微企业，可享受减半征收企业所得税、月销售额

[①] 资料来源：根据广东省人力资源与社会保障厅网站内容整理。

不超2万元的暂免征收增值税和营业税等税收优惠。

（2）贷款支持。广东高校毕业生在网上开“淘宝店”创业，可申请最高10万元人民币的小额担保贷款及贴息。

（3）资金资助。租用场地自主创业，正常运营6个月以上并吸纳3人以上就业的，给予最长2年、每年最高3000元的租金补贴；高校毕业生自主创业招用应届高校毕业生，签订1年以上期限劳动合同并按规定缴纳社会保险费的，可按实际招用人数给予最长3年期限的社会保险补贴和岗位补贴；毕业学年起3年内自主创业，领取营业执照正常经营6个月以上的，可给予5000元左右的一次性创业资助；经相关部门评选出的优秀创业项目，可给予5万~20万元的一次性资助。

【分析提示】

不同省份甚至不同县市都出台了相应的鼓励大学生创业的扶持政策，需要创业者事先了解，根据实际情况，争取获得政府的最大支持，减轻企业自身资金上的压力。

第三节　创业融资中应该注意的问题

企业应该根据自己的需要和实际情况，合理地选择恰当的融资方式。为了确保成功融资，企业应该注意以下几点。

（1）首先要制订融资计划。第七章强调，创业者有必要制订一份创业计划。这份创业计划必须包括融资计划，以便确定启动企业需要多少资金，以及当企业发展到某一阶段时需要多少资金。融资计划也必须确定所需的资金是用来做什么的，资金从何而来，在何种条件下能够获得资金。资金数量、融资时机、融资类型在融资计划中起关键作用。

（2）保持乐观积极的心态。创业者的每一次融资活动都有可能遇到挫折，甚至失败，创业者必须有能力承受拒绝。星巴克公司的创始人霍华德•舒尔茨指出，他的成功来源于当他一次又一次遭到拒绝时，还始终保持乐观向上的态度。舒尔茨回忆道，在他为星巴克公司筹集资金时，他曾向242个人做宣传，并且被其中的217位拒绝。积极乐观的心态一直在激励他，并最终走上了成功之路。

（3）充分了解自己及准备创办的企业。“知己知彼，百战不殆。”创业者必须表现得对企业的现在或筹建情况非常熟悉。对于一个不了解自己、“一问三不知”的创业者，别人也无法放心地把钱给他。

（4）必须充满自信。相信自己的人，才有可能成就事业。一个连自己都瞧不起自己的人，别人当然也无法相信。

（5）会借钱，更应该会用钱。融资的目的就是创业，使公司顺利地起步经营，并且使其规模不断扩大，增加利润，而绝不是挥霍享受或者其他。借来的钱在使用的时候一定要慎之又慎，花在刀刃上，否则还不如不去融资，免得白白浪费心血。

（6）融资要适度。常言道："老虎吃天，无法下口。"有些创业者总想能够筹集到更多的资金，盲目相信融资越多越好。融资都是有代价的，要么需要支付高额的利息，要么分散部分控制权。融资的时候必须遵循"需要多少，融资多少"的原则，只要能够满足生产经营就可以了。

本章小结

创业融资是每一位创业者在创业初期或企业的经营过程中不可回避的一项工作。融资的方式多种多样，主要有债权融资和股权融资、直接融资和间接融资等。创业者应该根据自己的实际情况，确定融资的数量，灵活地选择融资的渠道。同时，在融资的过程中要做好充分准备，遵循一定的原则。

思考与讨论

1. 银行对借款人的贷款申请主要从哪些方面进行审查？
2. 在申请贷款时，可以提供的担保方式有哪几种？
3. 创业初期为什么要选择租赁？
4. 转让债权和票据贴现的区别有哪几点？

实训题

1. 在实践中，你认为新创企业最有可能的资金来源有哪些渠道？
2. 创业初期，租赁是不是必然的选择？为什么？

第九章　创 业 模 式

本章目标

1. 了解各种创业模式。
2. 熟悉各种创业模式的优缺点。
3. 懂得选择合适的创业模式。

引导案例：大学生选择实体创业模式[①]

17 岁的徐图大一刚入学时，就利用课余时间做兼职，发过传单、卖过牛奶、当过信用卡业务员、代理过茶艺师资格培训，积累了不少经验。怀揣着梦想，徐图四处搜集开店信息，最初打算开一家餐饮加盟店，但最后因加盟费太高而放弃。当时她只有 6000 元积蓄，于是她决定选一个门槛较低的行业。经过考察分析，她决定在家乡开家女装店。

说干就干，她先以 350 元的月租盘下一间铺面，交了 2100 元的房租。为了省钱，她自己装修，花 200 元买来麻绳，再花 100 元买来乳胶漆刷墙，又花 50 元买了个旧柜台，花 150 元买来灯具，花 200 元买来衣架、模特等，室内装修共花了 700 元。利用剩余的 3000 多元，徐图进了第一批货，并雇用了一名店员。一年过去，这家小店赚了两万元。

【思考】

1. 徐图选择实体创业的原因是什么？
2. 徐图的实体创业，给你从事网络创业有什么启发？

第一节　岗位创业与自主创业

一、岗位创业

岗位创业是指在工作岗位上尽职尽责，做出贡献，同时也获得相应的回报。社会为

---

① 资料来源：“大学生创业”网站。

我们提供了丰富的创业资源，我们亲眼见证了一位位“平民”企业家崛地而起：从马云的阿里巴巴神话到李彦宏的百度席卷互联网，再到牛根生蒙牛乳业的横空出世，这些创业者的成功对每一个不甘平庸的人来说都是一种很好的激励，但是复制这些人的成功是很困难的。当你打算走上自主创业这条路的时候，你应该自问：“我有马云那样的洞察力和激情吗？我有李彦宏那样卓绝的技术能力吗？我有牛根生那样的人脉资源吗？”如果答案是否定的，那么你应该转过身来。因为在你的背后有另一种成功向你招手：在自己的岗位上成就自己的事业，用创业的心态去工作。

实际上，人生取得成功的途径有很多种，有的人选择了自主创业，有的人选择了在岗位上坚守，这两者之间没有高低之分。就像我们不能说柳传志取得的成就不如任正非，更不能说杰克·韦尔奇的个人成就不如乔布斯。可见，在岗位上获取成功同样可以实现个人价值，在岗位上创业同样会得到社会的认可，而且在岗位上实现自己的人生抱负的风险和成本要远远小于独自打拼。在岗位上，你不用承受企业家所承受的精神压力和风险；在岗位上，你可以得到企业这个强大后盾的鼎力支持。在自己的岗位上创业能以最便捷的方式实现人生理想。

对真正的“绝大多数”不适合去自主创业的人，岗位创业是一种更理性、更实际的实现人生价值，取得事业成就的方式与途径。

案例 9-1：岗位创业也能创造财富神话[①]

作为联想集团董事长，杨元庆领导联想成功进行了“Lenovo”品牌的塑造、IBM - PC 部门的收购，联想的国际化步伐也走得更快。2013 年，联想电脑销售量升居世界第一，成为全球最大的 PC 生产厂商。霍建宁（Kin Ning Canning FOK）1952 年出生，长江实业（集团）有限公司的高层管理人之一，香港和记黄埔有限公司集团董事总经理。霍建宁年薪超过 1 亿港元，多年来都是香港上市公司当中薪酬最高、缴税最高的行政人员，有“打工皇帝”之称。

【分析提示】

杨元庆、霍建宁都实现了自己的人生价值，并聚集了可观的财富，但是他们并不需要自主创业，他们是依靠现成的平台，立足于自己的岗位而获得成功的。这种成功叫作

① 资料来源：百度文库。

"岗位上创业"。这种提法可以说是一种比喻，也可以说是对"创业"含义的一种延伸。因为在岗位上的成功和自主创业的成功实际上没有多少区别。从个人财富到个人声望、自我价值的实现，再到为整个社会做出的贡献，这两者之间是等值等价的。

二、自主创业

自主创业是指劳动者主要依靠自己的资本、资源、信息、技术、经验及其他因素自己创办实业，不仅解决自己的就业，还雇佣他人，解决社会就业的问题。自主创业者用自己的劳动和社会资源获得财富。中国第一次自主创业高潮是在改革开放初期（1978—1985年），以无业人员为主，通过前期积累，进行小商品贸易，成为自主创业的领头人，尤其在南方省市较为集中。第二次自主创业高潮是1990—1996年，以国家公务人员离职创业、科技等高素质人才创业为主，俗称"下海"。这一期间，公务人员工资相对较低，所以各行各业的精英纷纷要求以自己的能力获取财富，成就了一大批轻工业和改制企业。中国第三次自主创业高潮是1999—2005年，创业主体人群有两类，一类是网络精英，另一类是下岗人群，当时，网络精英们顺应时代潮流，随着互联技术的兴起与普及进行创业，中国的阿里巴巴、百度、搜狐等著名网站都是在这一时间成功创业的。这一阶段的明显特征是行业细化，创业手段多样。现阶段，中国将迎来第四次自主创业潮，由于高校毕业生过多而导致就业岗位紧缺，这一阶段的自主创业者主体以高校毕业生为主。

（一）自主创业项目的选择

初次涉足商海的人到处都找不到项目，好像自己下海晚了，什么发财机会都给别人占了；对已经做了几年生意的人来说则处处看到赚钱机会，只恨自己精力不济、财力有限做不开。两者的差异根本上在于对市场了解的深度，只要仔仔细细地熟悉市场、调查市场、研究市场，不愁没有做生意的机会，所谓"留心处处皆商机"。对创业人士选择项目，我们提出如下建议。

（1）要拓宽选择项目的渠道，对一般的创业者来说，可以从互联网络、图书馆、电话号码黄页、财经图书、贸易出版物、朋友和熟人、投资贸易洽谈会、展览会、博览会、工商协会、研究机构、专利部门、经销商和批发商、政府有关部门、房地产经纪人等处获得项目信息。另外，还可以从竞争对手、与一些企业家接触受到启发、旅游考察、小企业管理课程和创业讲座中得到独一无二的项目信息，从现有产品和服务改进、客户抱怨中获得原创性的思路。

（2）要有正确和先进的项目理念。人们都知道"不熟不做"的道理，选择的项目与自己过去的从业经验、技能、特长和兴趣爱好越吻合，则越有内在和持久的动力，成功的可能性越大。选择项目的眼界着眼宏观是大机会、中观是中机会、微观是小机会。在行业的选择上不要盲目跟风，进入热门生意的不见得人人赚钱，走点冷门可能反而好做，要记住“只有不景气的行业，没有不景气的企业”。

（3）创业项目多多少少都要有一点创新或者独特的新意。对于投资在几万元或者十几万元的项目，我们不主张投资革命性或者全新的项目，这样做的话市场推广的难度非常大，风险非常高。事实上华人企业家大都在项目上进行国际水平跟踪性、局部性的改良。如果做的是小生意，最好把现有各个领域先进性的东西组合到自己的项目中来，走“组合创新”的道路。

（4）当项目信息扑面而来时，不要任何一个项目都舍不得丢弃，要建立一套项目筛选机制，包括项目评估的程序和评价指标体系。一般主要根据项目是否符合个人兴趣、投资额、投资回报水平、行业前景与市场潜力大小、经营场所要求、市场准入、需要的员工技能、需要的人际关系资源、上下游业务渠道控制能力等确定。

总之，选择项目时应该用更理性的态度，投入一定的时间选择可以经营几年甚至毕生经营的项目。

案例 9-2：大学生自主创业形式多样化，都能创造属于自己的财富[①]

大学生靠“整人”成为百万富姐；“猪蹄哥”地摊创业，年销 30 万只；长春女大学生开失恋博物馆，保留“爱情遗物”，大赚一笔；苏州大学“面膜姐”自主创业月入 4 万元；大学生创业做家政，专为同学扫寝室，解决学费问题；大学生创业，当起“肥料老板”，年营业额达到 600 多万元；大学生创业做“布偶娃娃”赚翻天；校园快递超市，年赚 80 万元等。

【思考】

1. 以上都是大学生成功创业的案例，有哪些共同点？

2. 作为一名在校大学生，如何选择在校期间的创业项目？

---

① 资料来源：“大学生创业”网站。

（二）关注自主创业相关政策

长期以来，我国将建设责任型政府作为政治体制改革的目标。责任型政府作为一种理想的政府模式，对社会公共领域的利益关系进行引导、协调、保护和分配，目的是实现社会全局利益的最大化。

那些由大学生自主开发的规模小、创意新、生存于市场缝隙中的经营项目往往能够填补市场空白。为支持大学生创业，国家各级政府出台了许多优惠政策，涉及融资、开业、税收、创业、培训、创业指导等诸多方面。大学生创业面临的主要问题是资金短缺，各级政府也有很多提供资金的相关政策。对于打算创业的大学生来说，了解了这些政策，才能走好创业的第一步。

（三）自主创业过程中应该注意的问题

（1）要有长期打持久战的心理准备，最好结合自身的专业和特长，整合自身资源，找准项目，大胆尝试，刚开始时要有生活质量和水准暂时下降的心理准备。

（2）不要被别人的意见所左右，切忌人云亦云，左右摇摆，认认真真走自己的路，对外界的风言风语不去理会。商场如战场，经营中战略战术要保密，也许有些人会以故意刺激你的方式“逼”你说出相关秘密，这点要十分谨慎。

（3）刚开始时，不要四处张扬指望合作，一切等站稳脚跟后再说。

（4）前辈或他人的成功的经验可适当借鉴，但不能盲目照搬照抄。别人成功是有其自身天时、地利、人和等特定条件的，不一定适合你，要想办法审时度势，找出最适合自己的一条路来。

（5）要有激情和想象力。有激情就能鼓励自己时刻保持一股干劲和活力，有想象力能帮助自己克服在资金、管理、营销等方面的不足和困难保持希望和梦想。

（6）创业者一定要有吃苦耐劳的准备，并要有失败后绝不退缩、不达目的誓不罢休的斗志。当年，巨人集团轰然倒塌，史玉柱不得不隐姓埋名，何等落魄和凄凉，可是几年之后，“脑白金”风靡大江南北，让隐藏在背后的史玉柱再次成为关注的焦点，人们不得不惊叹其坚韧和执着。

（7）要学会看待同伴的优点和不足。面对团队成员的彷徨和犹豫，除了以宽广的胸怀对待外，还要积极储备人才，这在开始时尤其重要。在这个社会，没有人会随随便便成功，创业如同冲锋陷阵，有人临阵逃脱，有人一去不返，此时此刻，不要叹气，更不要泄气，应该立即招兵买马，不到最后关头不轻言退却和放弃。只有经过这样的磨炼，经风雨见世面，你才能洗去幼稚和单纯，不断走向成熟和老练，处理问题越发得心应手，应付自如，直至取得最后的胜利。

（8）要注意团队同伴，要有统一的核心价值理念，注重发挥每个人的特长和作用。一个人是不能创业的，就像联想的柳传志、百度的李彦宏，表面上看像个人努力取得的成功，其实是一个团队在发挥作用。

（9）要不断地学习。这个社会发展变化太快，新事物、新概念不断涌现，创业者要与时俱进，不断学习新事物，接受新观念。

（10）良好的生活习惯和健康的身体是开拓事业的前提与有力保证，即使工作再忙，再没规律，也不能忽视。

第二节　实体创业与网络创业

这里所讲的实体创业，是相对于网络创业而言，然而在现实中，网络创业与实体创业往往是同时进行的，一般公司既在各种场合向公众展示和销售产品，也在网络上展示和销售，两者是互相渗透、相互支持的。这里将创业分为实体创业与网络创业，是以创业公司把哪个方面作为主营重点来区别的。

一、实体创业

实体创业要注意的问题有以下几个方面。

（1）与人交际的艺术非常重要。实体创业需要创业者面对面地与客户交谈，如果没有社交能力或者社交能力很低，根本无法让别人认同你的人格魅力，则做生意成功的几率不大。

（2）管理经验非常重要。在学习管理知识的时候，所有的商业经营问题都能够做到理智、量化分析和客观，但是，在真正执行的时候才会发现，其实管理最适合经验丰富的老板学习，管理课程能够帮助经验丰富的老板将多年的经验提升到理论化境界，形成哲学般的投资智慧。在管理企业的时候，遇到的最大问题不是定价、不是装修、更不是进货等，而是人的管理。如何能够让员工按照自己所策划的行为标准去行动、让员工非常乐意按照自己的方向前进、让员工有崇高的团队精神，以及如何调节各部门之间的冲突等，这些经验远远比所谓的管理知识要有用得多。

（3）投入的成本相对较大。实体店要花费房租、装修费、卫生费、电费等；这些费用比开网店高很多，所以实体店的商品往往比网上销售的贵。

（4）直接面对客户服务，可信度高。实体销售产品或服务直接面对客户，客户看得到、摸得着，要中直观地接触产品后再做出购买决策，大大提高了对产品的信赖程度。

（5）售后服务方便。网络售后需要顾客在网络上登记，描述产品出现的问题，并且将产品快递到售后服务公司。在整个过程中，顾客处于跟踪盲区，对于有问题的产品维修到哪一步、什么原因引起的等信息，顾客只能被动地接受，但实体公司一般直接面对客户交流，顾客完全了解整个服务的过程，容易理解公司的处理方法，从而减少矛盾争议。

二、网络创业

网络创业是以网络作为载体的创业形式，包括网站的经营、网店销售等。中国互联网在过去十年间创造了丁磊、马云、马化腾等传奇人物的财富神话，目前，电子商务和4G的火爆使得未来十年成为创业者的又一次大好时机。越来越多的拥有激情和梦想的年轻人涌进该领域，想象着一夜暴富的神话。

（一）网络创业必然面临的基本门槛

由于网络创业具有其特殊性，所以要求从业人员具有一定的网络知识，并具有一定的网络安全意识，如淘宝的支付宝、百度的百付宝、腾讯拍拍的财付通都是需要掌握的在线支付手段，网上银行也是需要掌握的一种必要的手段。另外，需要对计算机有一定的认识，能熟练地操作计算机，或者有熟手为自己指路，否则很容易陷进数以万计的技术死胡同里，在技术这一小小的门槛上就有可能耗费很长的时间。

（二）网络创业的优势

1．网络购物快捷便利

网络的日益发展让网上购物成为一种时尚，网上购物之所以会有如此大的吸引力，主要是由于网购可以让购物变得快捷便利，消费者足不出户就可以购买到自己所需要的商品，而且网上的商品更加丰富，价格优势也很明显。

2．成本低廉

网络创业最具诱惑力的优点之一是可以降低成本。这可以从以下几个方面进行考虑。

（1）运用网络营销可以降低企业的采购成本。企业采购原材料往往是一项程序烦琐的过程。通过计算机网络的商务活动，企业可以加强与主要供应商之间的协作关系，将原材料的采购与产品的制造过程有机地配合起来，形成一体化的信息传递和信息处理体系。

（2）运用网络手段可以降低促销成本。与传统的广告相比，无论是在宣传范围的广度还是在内容的深度方面，网络广告均具有无与伦比的优点，最主要的还是网络广告的功效费用比。有研究表明，假如使用互联网作为广告媒介进行网上促销活动，其结果是增加十倍销售量的同时只花费传统广告预算的 1/10。该项研究还表明，一般而言，采用网上促销的成本只相当于直接邮寄广告花费的 1/10；又一项研究认为，利用互联网发布广告的平均费用仅为传统媒体的 3%。

（3）运用网络手段降低调研、售后服务等费用。在销售过程中，往往需要进行广泛的市场调查。互联网络的运用，既为市场调查提供了国际性的空间，又空前地降低了调查的各种费用。另外，在提高售后服务效率的同时，大大降低了运作成本。传统的售后服务主要运用电话、书信等手段，不但需要的人手多，还常常会造成延误，使有可能快速解决的问题变成顾客的抱怨甚至退货。在应用网络营销之后，企业可在网页上提供精心设计的“商品注意事项”“问题解答”“使用程序”等资料，供顾客随时查询，几乎不需要多少费用就能把小问题“扼杀在摇篮里”，并且在低成本条件下及时解决大问题。

3．信息传递快

企业在获得同等收益的情况下，信息到达速度是传统营销工具的 5～8 倍，而使用网络获取信息的用户中，商业用户的比例高于接触传统营销工具的用户。可见，网络营销是网络经济时代对接国际市场最有效、最经济的营销手段。

4．无国界、无地域性

互联网不受区域限制，是无国界、无地域性的，所以可以通过互联网来宣传、谈判、成交、管理团队、管理市场等，并且无限地拓展业务范围。

（三）网络创业的劣势

1．可信度不高

（1）消费者担心对货品描述的真实性。因为网络购物的选货过程是在互联网这个虚拟的平台上进行的，货物是看不见、摸不着的，消费者只能通过卖家提供的图片和文字描述来了解货物，这就必然使得消费者在这一过程中处于不利的被动地位，甚至存在被描述误导的危险，而卖家是否能够如实恰当地描述货物便成为消费者担心的问题所在。在这一方面，网络购物网站提供了相应的保障服务，确保卖家的描述具有真实性，如淘宝网的“如实描述”保障，但是这种保障并不是以强制协议的方式实行的，卖家可以选择参加或不参加。另外，消费者在购物时会综合考虑价格、品牌等因素，不一定会到开通此类服务的卖家那里购买商品（开通此类服务的卖家有时卖的商品价格相对较高），这就使得不是每一位消费者在每次购物中都能享受到这种保障服务。

（2）货品真伪惹人忧。虽然不少买家表示，在购买某些货品如衣服、鞋帽时，他们并不注重这种问题，并且出于性价比的考虑，购物网站、卖家和消费者都默许了一些非正品的现象，但应该注意的是，珠宝、首饰、数码产品等物品的真伪也是令人担忧的问题。与上文提到的一样，虽然购物网站提供了相应的保障措施，但由于卖家可以选择不参加此类服务，所以购物网站没能将这种关键问题提高到法律层面予以规范与预防，货品的真伪方面也存在许多隐患，而许多卖家的个人口头承诺无法令人放心。

（3）质量问题是关键。由于无法亲自使用，货物的品质在到货前都是一个未知数。由于网络购物的退换规则等还不尽合理，所以货物的质量问题令人担忧。上述的货品描述真实程度与货品真伪问题都可能集中体现在货品的质量问题上，而又因为网络购物的送货、退货需要经过第三方快递公司，退货有时也需要买家承担运费，所以网络购物的质量问题及其解决办法显得漏洞百出。

2．货币支付方式不够灵活

从网购用户总体来看，使用电子支付手段的网民比例达到71.3%，其次是货到付款，如表9-1所示。

表9-1　网民网络购物的支付方式

网络购物支付方式	用户占比	网络购物支付方式	用户占比
电子支付	71.3%	邮局汇款	14.7%
货到付款	35.7%	其他	0.2%

在电子支付方式中，目前使用范围比较广泛的是支付宝，第三方支付已经在电子支付方面占据主要地位；其次是网上银行支付。值得注意的是，目前手机支付已崭露头角，如表9-2所示。

表9-2　网购电子支付方式

网购电子支付种类	所占比例	网购电子支付种类	所占比例
支付宝	76.2%	安付通	1.3%
网上银行支付	32.5%	贝宝	0.8%
信用卡支付	11.6%	云网支付	0.6%
财付通	5.8%	环迅支付	0.1%
手机支付	1.8%		

3．需要相应的物流支撑

随着电子商务的快速发展，一方面，大规模的订单量对快递企业的营运能力提出了更大的挑战；另一方面，电子商务对快递企业的需求又不完全等同于传统的快递业务，如代收货款、反向物流皆是电子商务活动产生的新需求。而由于缺乏相应的运营经验，并受到自身能力的制约，快递公司在这些服务上的欠缺逐渐成为阻碍电子商务发展的短板，如表9-3所示。

表 9-3　网购行业对快递企业的需求

网购行业需求	快递企业短板
物美价廉	成本高、服务水平低
代收货款需求	缺乏相关经验，对从业人员信誉要求高，但快递员素质普遍偏低
反向物流需求	缺乏相关管理经验、反向物流成本高

在选择创业方式之前，不仅要充分认识到即将遇到的困难，而且要充分认识自己，然后下定决心选择网络创业还是实体创业。如果能够吃苦，并且有网络老手指导，那么网络创业是最好的选择，因为网络创业成本低，压力相对较小。如果想实体创业，那么最好先从基层做起，了解行业的实际情况，同时着手学习管理知识，这对以后的实体创业极为有用。

第三节　个人独资与多人合伙创业

在创业的起步阶段，创业者要么是一个人单枪匹马开创自己的创业之路，要么联合几位朋友集体合作，形成团队，共同发展。但是，在个人创业高达 85%的失败案例中，单枪匹马上阵的创业很容易因为势单力薄而中枪落马，而集体合作的创业团队往往又因为内部矛盾摩擦及利益分配不均而导致解体。在创业者的人员合作问题上，如何来避免此类问题的发生就是本节在探讨的内容。

一、个人创业

个人创业指的是投资主体是单独的个人，没有合伙人。

（一）个人创业对注册资金的要求

我国《公司法》规定，允许一个股东注册有限责任公司。这种特殊的有限责任公司又称“一人有限公司”，但公司名称中不会有“一人”字样，执照上会注明“自然人独资”，最低注册资金为 10 万元（2 个或以上股东开设的普通有限责任公司，最低注册资金为 3 万元）。

（二）个人创业能力的要求

（1）充分的资源（Resources），包括人力和财力。创业者要具备充分的经验、学历、流动资金、时间、精神和毅力。

（2）可行的概念（Ideas）。生意概念不怕旧，最重要的是可行，有长久性，可以继续开发、扩展。

（3）适当的基本技能（Skills）。这里所说的技能不是行业中的一般技能，而是通常性的企业管理技能。

（4）有关行业的知识（Knowledge）。创业者不能只陶醉于自己的理想，而应该主动、深入地了解有关行业的知识，为创业做好准备。

（5）才智（Intelligence）。创业者不一定要有高智商，但要能够善于把握时机并作出明确的决定。

（6）网络和关系（Network）。创业者需要有人帮助和支持，不断扩大朋友网络和搞好人际关系会带来不少方便。

（7）确定的目标（Goal）。没有目标就等于没有方向。

非常巧的是，将七个条件的首个英语字母串在一起，恰好是"RISKING"（冒险）一词，这也反映出创业的风险。个人独资创业对个人的能力方面要求相对较高。

二、多人合伙创业

（一）对多人合伙创业注册资金的要求

2个（或以上）股东开设的普通有限责任公司的最低注册资金为3万元。

（二）多人合伙创业的优点

创业需要的是一个系统，而非某一两个单点，单独的一个人不可能具备创业所需要的所有技能和资源，并且在对市场的思维方式方面必定会存在一定的局限性，其个人必定有欠缺的地方。再者，有些涉及专业领域的方面更是问题，所以要让专业的人做专业的事，创业者自己不要过于逞强，以为自己是十项全能。因此，创业者需要从事业整体规划出发，明确哪些方面的技能和资源是自己所欠缺的，再以此来寻找具备此类技能和资源的合作者，实现资源和技能的整合，共同发展。

（三）多人合伙创业应该注意的问题

创业者在尚未确定合作者之前，要想清楚相关的利益问题。这个相关问题包括创业者自己所能想到的所有问题，越多越好，越细越好，统统罗列出来，宁滥勿缺，并且对每个所列出来的问题都做最坏的设想，因为在后期的人员合作和事业发展中难免会产生很多问题，而绝大多数问题都很难有效地解决，只能未雨绸缪，从预防工作上下工夫。

白手起家的创业者在具体的合作人选取问题上，要充分考虑好需要哪些方面的合作者，合作方的责任和权利怎么分配，人员合作中可能遇到的负面情况有哪些等，基本形成一个大概的纲要，等合作人基本确定下来之后，再一起对这个纲要进行修改和完善。但是，不能等到合作者到位之后再计划起草，因为在制定规划、纲要方面，一个人很快就能完成，而人多了，方向就多，也就容易乱了，所以所有合作人集体进行的修改和完善必须在一个已经基本成型的框架基础上完成。

一个团队无论有几个合作者，所持有的股份都可以做到大家平均，但在统一规划方面必须要确立一个主导者，否则就很容易出乱子，导致各人的资源和执行力不能集中调配，从而导致浪费，因此，当大家形成决议后，就要由主导者进行统一规划约束，以确保集中所有的资源和力量向一个确定的方向前进。

（四）多人合伙创业需要开阔的心胸

在创业的初始阶段，创业成员需要具有开阔的心胸，一定要有群做群分的意识。这里的群做群分，就是指创业主导者寻找一些志同道合的合作人一起合作发展，并且做到清晰且无争议的利益分配。

群做群分说起来容易，执行起来也不是很难，之所以有那么多创业者栽在这个问题上，是因为心态的因素在作怪。这种作怪的心态就是突出个人为主、个人为尊的思想意识，自己的事业自己做主，容不得他人染指，更容不得他人分自己的利益。

江山易改，本性难移，改变一个人的心态是很难的，但是如果连初始阶段的微薄利润也舍不得分享，又如何能获得更多的利润。虽然改变心态需要一个过程，但我们起码要下意识地培养自己的这种意识，接受他人的合作与利润分成的概念，逐渐扩大心胸，毕竟一个人的心胸决定了他所能达到的事业高度。

案例 9-3：中国式合伙人①

由陈可辛执导，邓超、黄晓明、佟大为主演的影片《中国合伙人》已经上映。《中国合伙人》讲述了“土鳖”黄晓明、“海龟”邓超和“愤青”佟大为在 20 世纪 80 年代到 21 世纪大变革背景下，为了改变自身命运，创办英语培训学校，最终实现“中国式梦想”的“屌丝逆袭”故事。其实，影片讲述的三个年轻人成功创业的故事，适合所有想要成功的年轻人观看。据称该片是一部“让 50 后深思，让 60 后动容，让 70 后震颤，让 80

① 资料来源：“大学生创业”网站。

后楷模，让90后启迪”的电影，让我们期待生活中有更多创业合伙人能实现梦想。

《中国合伙人》电影海报

【思考】

1. 观看《中国合伙人》影片，思考他们为什么能够成功创业？
2. 在校园里合伙开展一次商业活动，检验自己有没有合伙创业的潜质。

第四节　技术型创业

技术型人才是指掌握和应用技术手段为社会谋取直接利益的人才。因而，他们常处于工作现场或生产一线。技术型人才是一种智能型的操作人才，他们具有宽泛和专深的专业知识，能综合运用各种知识解决实际问题。

一、技术型创业者容易犯的几个错误

（一）乱插手脚

技术出身的老板基本都会在项目开发中时而指点一下，如系统的架构、美工、性能优化、功能实现思路等。而且技术型老板还不是扮演项目经理的角色，他的这些指点从他个人的目的来看就是一种指令，如果这些指令没有传达到位并贯彻实施的话，即不按技术型老板的指示做，那么技术型老板还比较容易着急。我们姑且不谈技术型老板的自身技术背景是不是项目开发所涉及的领域，单纯就他没有认清他的职位来说就存在很大的问题。如果整个项目的进度不是由技术型老板来掌控，那么他的所谓建议往往会打乱整体计划。因此，技术型老板要明白一点：无论意见多有建设性或者多有创意，都只是一种仅供参考的提议，至于是否要执行这些意见，需要由项目经理定夺。虽然从公司的总体上看技术型老板可以决定产品如何开发，但这个决定需要通过决策和比较正式的方式进行传达。如果技术型老板的眼光非常独到，提出的建议也具备战略意义，那么正确的行事方式就是调整整体的开发计划，重新制定开发的需求和任务等。

（二）用人有疑

刚学会开车的人会说，"当你学会开车之后，再坐在由别人开的车上的时候就会感觉害怕，总感觉别人开车可能会出事。"技术型老板普遍也有这种心态，总对团队成员的能力抱有怀疑的态度，总觉得他们的能力不如自己。所谓"疑人不用，用人不疑"，为什么有些技术型老板总做不到呢？这可能和技术型老板看待员工的眼光和角度有关系。技术型老板容易拿自己的技术背景和经验去考量别人，特别是在工作之中，容易以自己的工作效率去衡量别人，从而难以从其他角度看待团队成员，很难发现他们在某些专业技术领域以外的优点和特长。这些都是技术型老板在用人上存在的极大问题。无论是工作的效率还是学习的能力等，每个人都是不同的，但是有一点毋庸置疑，那就是每个人身上都有闪光点，如何发现这些闪光之处，并鼓励他们把事情做到最好，这才是技术型老板需要做的，而这些都建立在相互信任、欣赏的基础上，而且需要不断地沟通。

（三）以己为标

我们常说，外行领导内行比较痛苦，但是有时候内行领导内行也不见得轻松。特别是遇到做事独断专行的技术型老板，那可能就更不轻松了。这种类型的老板往往具备本行业的专业知识，还可能是某些领域的权威人物，如果他们不善于倾听的话，和他们合作就可能会更痛苦。由于技术型老板有良好的技术，所以他们的想法变化比较快，甚至很多时候他们的创意都非常好，而且可行性非常高，但由于他们有十足的自行性，会强行实现这些创意，往往也因此把团队的全部资源消耗光。这是因为技术型老板总是以一个内行的角度来分析技术的难度和相关的问题，以他个人的能力来评定工作的进度而往往容易忽略一件事情——团队是否具备在期望的时间内实现这些想法的能力，所以常常使团队进入一个满负荷的工作阶段，从而使得超时工作、加班成为理所当然。

（四）不会倾听

在项目内容的讨论中，由于技术型老板自己也了解部分技术，往往比较喜欢按照自己的思路给出意见，有些时候甚至在技术问题的处理上给予强制性决策。其实这对于技术型老板来说是比较严重的错误。在这种团队中，老板最好在技术层面上扮演听众，多听少说，即便自己是这方面的行家，也只需要在技术上做到画龙点睛就足够了。技术型老板在项目之外则要了解团队成员的生活与个性，为他们描绘项目的前景等。因为项目的开发过程都很艰苦，团队成员都在努力地工作，如果技术型老板这个时候能充当调节剂，就能调整团队的士气，鼓动军心。

（五）追求完美

追求完美本没有错，但是追求完美往往容易让人进入一个苛求的极端。我们提倡对美的追求，但是追求美的方式上要讲究一个度，过了这个度就会让团队的全体成员非常难受。很多技术型老板在做产品的时候，特别是创业初期，都希望自己的产品是完美无瑕、功能强大的，这一点谁都可以理解，但这只是一个美好的愿景，可望而不可即，产品是不可能做到完美的。因此，技术型老板要用审视的眼光看待这种追求，在工作中只要注重细节上的质量，把细节问题都做好了，就应该算是一个优异的产品了。

二、由技术型创业者向管理型经营者的转变

技术型创始人完成项目的核心技术研发，即“生孩子”的任务之后，就完成了他的历史使命；若要使“孩子”健康茁壮地成长，“带孩子”的任务就该交给“职业妈妈”去做，很多故事和案例反复说明这样的道理：“生孩子”之后执意要“带大孩子”的努力往往事与愿违。

这些知本家“创业未半而中道崩殂”，他们遇上了什么样的问题？他们必须离开吗？他们应该作出怎样的转变？对这些问题的思考也许有助于他们完成其职业生涯中的“灿烂”。在技术型创业者决定技术型之外的问题，或者用技术型的观点做出想当然的决定的时候，就需要做出这样的抉择：或者走出技术型的思维定势，或者离开公司，这是个迟早的问题。

技术型创业者并不等于是企业家。至少从目前看，人们所熟知的张树新、王志东、王峻涛等纷纷中箭落马，就说明企业自有其内在的规律。风险投资可以加速企业的成长，但是企业成长的几个必经阶段却一个也不能跳过。一般来说，企业成长会经过四个阶段：作坊型企业—小企业—规模化企业—公众企业。所谓的作坊型企业就是靠一两个明星、一两个 Idea 支撑的企业。这类企业如果发展顺利，会过渡到小型企业。小型企业有钱，但没有市场地位和影响力，其治理结构与作坊企业大体相同，决策机制非常简单。但是到了规模化企业，就不那么简单了。要想使企业在市场领域中获得一席之地，由于资金

的需要和人才的需要，就会使原先的治理结构发生较大的变化。同时，规模化企业的发展已不能再依赖知本家的知识创新，更依赖于成熟的管理机制和娴熟的市场运作。另外，如果这类企业要成长为公众企业，必须经过股份制改造，这一时期是创业者们力不从心的时期，如资本运作等方面的事已不在他们的兴趣范围之内。虽然有的企业在资本拥戴下迅速上市，但是上市后创业者的发言权却越来越小，这些知本家们突然发现，他们是在为所有的股民“打工”。这样，知本家与资本家的矛盾就开始了，这就是为什么今天越来越多的企业成功人士热衷于读 MBA 的原因。

第五节　从打工到自主创业

对大多数年轻人来讲，没有家庭的背景，没有经验的积累，毕业就直接创业是不切实际的，创业靠“高人指点”也是不现实的。俗语说“不熟不做”，大学生创业失败的主要原因是没有实践经验和抗风险能力不足，这两点不是靠“蛮撞”和“指点”可以弥补的。如果打算毕业后没有基础就直接创业，不如先给别人打工，通过积累资金、多次选择、确定目标、逐步到位，等到时机成熟后再自主创业当老板，也就是“先就业、再择业、后创业”，这样可以少走弯路，减少挫折。

一、行业经验、成就创业

（一）创业要有足够的资源

很多人在初次创业的时候，都是资源十分欠缺的。资源不足，使企业创业成功的概率降低，但要有充分的资源也是不可能的。在资源具备上，一般来说要符合两种条件：一是进入一个行业的一般性资源；二是具备差异性资源。这些资源一般需要在工作的过程中才能积累到，如果任何条件都不具备，创业成功的可能性会很小。

（二）先有业务，再创业

创业者在创业之前，一定要有明确的创业方向。可以先进入该行业为别人打工，通过打工的经历来积累经验与资源，收集相关的资讯和行业知识。如果有了客户资源渠道和赢利模式之后再进行创业，那么成功就指日可待了。创业不是一件轻松的事情，在创业初期，创业者个人的能力非常重要，事无巨细，都要自己亲自动手。在创业者的个人能力中，业务能力、开发客户的能力、综合应变能力十分重要。其实很多时候创业者就是一个业务经理，能够拿到订单什么都好办。很多创业成功者都是做业务出身。

（三）内部创业更容易

很多企业都会有发展新项目的需要，选用什么人关键在于信任感。国内企业管理控制乏力，企业用人时，对忠诚度的在意甚至超过对能力的重视。创业者可以有计划、有策略地进入一家公司，先取得老板的信任，再找准机会，建议老板从公司发展的角度投资新项目，这样创业的机会就有了，作为项目的提出者，自然会被老板赋予重任。从企业内部创业有很多有利条件，如雄厚资本实力的支持、管理的指导、综合资源的共享、业务资源的利用、品牌形象的借助等。如果创业公司的业务与母体公司的业务有延续性或关联性，则创业将更容易成功。

二、怀揣梦想、抓住机遇

（一）学会"在夹缝中生存"

当你有了创业的冲动或想法时，也许有很多事情需要你去实现，不管是做什么，你总是需要在周六、周日来回地跑，为你的客户做分析、做实施；周一到周五每天工作到晚上12点；每天在坐车的时候还想着工作上的计划等。这样一种工作方式也许很累，但只有这样，你才能够应付如此复杂的业务、往来、开发等事务。这一阶段也是为你将来当老板积累经验，请千万不要放弃！做一段时间之后，如果你觉得累了，可以放下一切，休息一段时间，休整好了重新再来。毕竟，你现在还有一份工作可以作为避风港。

（二）在工作中做到"有所为，有所不为"

不能因为有了创业的想法，就把公司的事情扔到一边，甚至利用工作上的便利抢公司的业务，或者是在工作时间做私活。这是做人的原则问题，特别是对于一个未来的创业者，你现在就必须为自己的信誉进行投资。也许在30岁之前，你为了维护良好的信誉只有投入而没有产出，但是当你到了30岁之后，你就能够从你的信誉投资中得到丰厚的回报了。

（三）寻找一种创业模式

这种模式应该是你未来公司的灵魂，只有先有了公司的灵魂，才能慢慢地构造公司的骨架——组建团队，然后就是填充血肉——进行业务运作。这种创业模式可以是一个构想，甚至是一个灵感，这个灵感可以来自你的工作、学习、生活等。但这一切要求你有一颗时刻准备着的心，准备着灵感突然在脑海里闪现。如果你在工作中把这个信念放在心底的话，那么你会发现机会其实就在身边。

（四）确定一个创业的期限

世界在不断地快速变化，所以要不断地跟踪市场，不断地进行技术与能力更新，给自己确定一个里程碑。一般来说，你要做一个项目或者一个产品的话，最好不要超过 6 个月，最多是一年，否则市场会离你的创意越来越远了。

（五）找合适的人做适当的事

团队非常重要，找能够跟你合作的人更重要，“不求最好，好用就行”。目前，我国创业教育模式还不健全，不少大学毕业生在学校学到的知识比较单一，而从就业到创业需要经验累积的过程，因而一出校门就创业的成功率普遍比较低。创业不能急功近利，一步登天，急于求成，要循序渐进。首先，要选准目标，明确发展方向，当看准某一行业的发展前景后，先到相关企业打工，熟悉工作流程，积累实践经验，借鉴别人的成功秘诀，才能有创业的“本钱”；其次，除了有风险意识外，还要懂财务管理，学会成本核算，熟悉公司法、税法、合同法、劳动法等相关法律知识；最后，要学会经营策划、市场营销及交际公关等。只有做到知己知彼，创业才会水到渠成，一举成功。

案例 9-4：从打工到自主创业的典范[①]

叶国富，哎呀呀饰品连锁股份有限公司董事长。1998 年，叶国富南下广东佛山打工，从事五金销售工作，因业绩出色，获得人生第一桶金。为了改变家庭贫困和自身的命运，叶国富于 2004 年在广州创建哎呀呀品牌，2009 年成立哎呀呀饰品连锁股份有限公司，正式将饰品作为公司主业。哎呀呀，一个响亮的女孩饰品品牌，专为广大女孩提供优质的潮流时尚饰品。多年来，哎呀呀一直秉承“成就伟大的品牌，让全球女孩更美丽”的使命和“平价、时尚、热情、欢乐”的经营理念，在叶国富的带领下，仅用数年时间就改变了饰品零售行业的游戏规则，将一度被边缘化的饰品变成了深受广大女性消费者追捧的时尚主流。

目前，哎呀呀在全国拥有数千家连锁店，遍及全国多个省、市、自治区，已发展成为年终端销售额累计 30 多亿元、纳税达数亿元的中国最大的饰品连锁集团公司，并连续三年被评为“纳税大户”。哎呀呀先后解决了近两万人的就业问题，同时还成就了数千位

① 资料来源：百度文库。

创业者的创富梦想，被树立为青年就业创业的先进单位。2012年5月，哎呀呀获得中国领先投资机构达晨亿元投资，这是中国饰品行业迄今为止最大的单笔商业融资，再次引发饰品行业蝶变。2013年6月，哎呀呀以24.36亿元的品牌价值与联想、苏宁、万科、森马等知名品牌一起荣登世界品牌实验室“中国500强最具价值品牌排行榜”，成为中国饰品连锁行业首家也是唯一一家跻身“中国品牌500强”的品牌，成为名副其实的中国饰品连锁第一品牌。2014年3月，哎呀呀荣获行业首个“中国驰名商标”。

哎呀呀门店

【思考】

1. 叶国富为什么要自主创业？成功创业的理念是什么？
2. 如果你是应届毕业生，你会选择就业还是自主创业？为什么？

本章小结

创业者创业模式多种多样，成功的道路有千万条，岗位创业与自主创业没有高下之分，在岗位上获取成功同样可以实现个人价值，在岗位上创业同样会得到社会的认可。

随着电子商务的繁荣，网络创业将成为未来十年创业者的又一次大好时机。

为了避免个人单打独斗的缺陷，很多人选择了合伙创业，合伙前制定的明确的管理方案和经营过程中宽广的胸怀是成功的关键。

先给别人打工，通过积累资金、多次选择、确定目标、逐步到位，时机成熟后再自主创业当老板，也就是“先就业、再择业、后创业”，可以少走弯路。

思考与讨论

1. 什么叫做岗位创业？
2. 实体创业与网络创业各有什么优缺点？
3. 多人合伙创业应该注意的问题有哪些？
4. 技术型创业者容易犯的错误有哪些？
5. 为什么提倡先打工后创业？

实训题

调查周围的创业模式，并进行统计分析。

第四篇

创业过程管理

第十章 企业注册登记

本章目标

1. 掌握企业注册登记的步骤。
2. 熟悉不同企业的法律形式。
3. 了解企业注册登记时提交的相关文件。

引导案例[①]

2010年8月至10月，A市现代建筑公司从B区巨峰镇柳古庄砖瓦厂购买红砖52万块，计款59692元，经多次催要，仅付4500元。后A市现代建筑公司歇业，尚欠55192元未付。2013年8月6日，B区巨峰镇柳古庄砖瓦厂状告A市体委，认为A市现代建筑公司归其所属，现该公司歇业，货款应由A市体委偿还。A市体委认为，现代建筑公司虽是他们开办的经济实体，但该公司具有法人资格，应独立承担民事责任。

B区法院经审理查明，A市现代建筑公司系A市体委开办的经济实体，办理工商登记时注册资金为150万元。而事实上，A市体委并未注入资金。法院认为，A市现代建筑公司欠砖瓦厂货款，事实清楚，应给付货款并赔偿损失。虽然A市现代建筑公司具备法人资格，但其开办单位A市体委未依照国家有关规定注入资金，应当在注册资金未到位的范围内承担民事责任。现在该公司歇业，应由A市体委给付货款并赔偿损失。据此，法院作出判决：A市体委给付砖瓦厂货款及利息共计64708.89元。

法人以其所有的或者经营管理的财产独立承担民事责任，这是民法的一般原则。但如果企业法人注册登记时，投资方出资不足，该企业又无力清偿债务，应当由投资方补足投资来清偿债务；注册资金不实的，由开办单位在注册资金不实的范围内承担责任。

【思考】

1. 投资人对其所投资成立的有限责任公司承担哪些义务和责任？
2. 如何理解企业具有“法人”资格的法律意义？

---

① 资料来源：中华会计网校网站，http://www.chinaacc.com/。

在开始创业前，创业者需要了解我国的基本法律环境。创立企业从事经营活动，必须到相关行政管理部门办理登记手续，包括工商登记、税务登记、用工手续、银行开户等。依照程序进行工商登记注册之后，经营才是合法的，才能受到保护。初次创业者应仔细阅读有关要求，熟悉基本的办事程序，认真地按照程序去做，一般都会顺利地办完各种手续。

第一节　企业法律形式的选择

一、企业的法律形式

企业是经济学中的概念，意为一种经营性组织。法律中的“企业”被视为“法人”的一种。**法人**是由投资者创立的，有自己的财产，以自己的名义来从事商业，就像一个“真正”的人，享有法律权利，同时承担法律责任。法人不同于设立它的个人，因此法人的财产独立于个人的财产。

（一）企业的法律形式

我国于 1994 年 7 月 1 日起实施《公司法》（1993 年 12 月 29 日第八届全国人民代表大会常务委员会第五次会议通过，1999 年、2004 年、2005 年多次修正，现行版本由全国人民代表大会常务委员会于 2013 年 12 月 28 日发布），随后 1997 年 8 月 1 日起实施《合伙企业法》（1997 年 2 月 23 日第八届全国人民代表大会常务委员会第二十四次会议通过，2006 年 8 月 27 日第十届全国人民代表大会常务委员会第二十三次会议修订，修订版自 2007 年 6 月 1 日起施行），2000 年 1 月 1 日起实施《个人独资企业法》（1999 年 8 月 30 日第九届全国人民代表大会常务委员会第十一次会议通过）。至此，我国关于企业制度的三种主要形式已经完备。企业的组成有三种基本的法律形式：个人独资企业、合伙企业、公司。

个人独资企业是指由一个自然人投资、财产为投资人个人所有，投资人以其个人财产对企业债务承担无限责任的经营实体。

合伙企业是指由各合伙人订立合伙协议，共同出资、合伙经营、共享收益、共担风险，并对合伙企业债务承担无限连带责任的营利性组织。

公司是指依照公司法在中国境内设立的有限责任公司和股份有限公司。

（1）有限责任公司，简称有限公司，股东以其出资额为限对公司承担责任，公司以其全部资产对公司的债务承担责任。根据《公司法》的规定，这类公司必须在公司名称中标明“有限责任公司”或者“有限公司”字样。

（2）股份有限公司，简称股份公司，其全部资本分为等额股份，股东以其所持股份为限对公司承担责任，公司以其全部资产对公司的债务承担责任。根据《公司法》的规定，这类公司必须在公司名称中标明“股份有限公司”或者“股份公司”字样。

根据我国法律相关的规定，创业者可以选择个人独资企业、合伙企业、有限责任公司和股份有限公司等企业形式。股份有限公司由于注册资本要求较高，而且需经省级政府的批准，不是一般创业者所采用的形式。

（二）不同法律形式的企业设立时应具备的条件

根据《中华人民共和国个人独资企业法》《中华人民共和国合伙企业法》《中华人民共和国公司法》的相关规定，对设立不同形式的企业有不同的条件。

1．个人独资企业设立的条件

根据《中华人民共和国个人独资企业法》第八条规定，设立个人独资企业应当具备下列条件：

（1）投资人为一个自然人。

（2）有合法的企业名称。

（3）有投资人申报的出资。

（4）有固定的生产经营场所和必要的生产经营条件。

（5）有必要的从业人员。

个人独资企业的名称中不得使用“有限”、“有限责任”或者“公司”字样，个人独资企业的名称可以叫厂、店、部、中心、工作室等。设立个人独资企业可以用货币出资，也可以用实物、土地使用权、知识产权或者其他财产权利出资。

2．合伙企业设立的条件

（1）有2个以上合伙人，合伙人为自然人的，应当具有完全民事行为能力。

（2）有书面合伙协议。

（3）有合伙人认缴或者实际缴付的出资。

（4）有合伙企业的名称和生产经营场所。

（5）法律、行政法规规定的其他条件。

合伙企业名称中应当标明“普通合伙”字样。法律、行政法规规定禁止从事营利性活动的人，不得成为合伙企业的合伙人，如国家公务员等。合伙人可以用货币、实物、知识产权、土地使用权或者其他财产权利出资，也可以用劳务出资。合伙人以实物、知识产权、土地使用权或者其他财产权利出资，需要评估作价的，可以由全体合伙人协商确定，也可以由全体合伙人委托法定评估机构评估。合伙人以劳务出资的，其评估办法由全体合伙人协商确定，并在合伙协议中载明。所谓劳务出资，是指合伙人以自己未来付出的能够给合伙企业带来利益的劳务，或者自己已经付出的确实给合伙企业带来利益的劳务。

3．有限责任公司设立的条件

（1）股东符合法定人数。

（2）有符合公司章程规定的全体股东认缴的出资额。

（3）股东共同制定公司章程。

（4）有公司名称，建立符合有限责任公司要求的组织机构。

（5）有公司住所。

根据《中华人民共和国公司法》的规定，有限责任公司由50个以下股东出资设立。有限责任公司的注册资本为在公司登记机关登记的全体股东认缴的出资额。股东可以用货币出资，也可以用实物、知识产权、土地使用权等可以用货币估价并可以依法转让的非货币财产作价出资。对作为出资的非货币财产应当评估作价，核实财产，不得高估或者低估作价。全体股东的货币出资金额不得低于有限责任公司注册资本的30%。股东应当按期足额缴纳公司章程中规定的各自所认缴的出资额。公司应当将股东的姓名或者名称及其出资额向公司登记机关登记；登记事项发生变更的，应当办理变更登记。股东按照实缴的出资比例分取红利；公司新增资本时，股东有权优先按照实缴的出资比例认缴出资。

有限责任公司的股东可以是一人，《中华人民共和国公司法》对一人有限责任公司做了特别规定。一人有限责任公司，是指只有一个自然人股东或者一个法人股东的有限责任公司。一个自然人只能投资设立一个一人有限责任公司。该一人有限责任公司不能投资设立新的一人有限责任公司。一人有限责任公司应当在公司登记中注明自然人独资或者法人独资，并在公司营业执照中载明。

同时，公司应设立符合有限责任公司要求的组织机构，即股东会、董事会或执行董事、监事会或监事和经营管理机构等。

4．股份有限公司设立的条件

设立股份有限公司，应当具备下列条件：

（1）发起人符合法定人数。

（2）有符合公司章程规定的全体发起人认购的股本总额或者募集的实收股本总额。

（3）股份发行、筹办事项符合法律规定。

（4）发起人制定公司章程，采用募集方式设立的经创立大会通过。

（5）有公司名称，建立符合股份有限公司要求的组织机构。

（6）有公司住所。

股份有限公司的设立，可以采取发起设立或者募集设立的方式。设立股份有限公司，应当有二人以上二百人以下为发起人，其中须有半数以上的发起人在中国境内有住所。

以发起设立方式设立股份有限公司的，发起人应当书面认定公司章程规定其认购的股份，并按照公司章程规定缴纳出资。以非货币财产出资的，应当依法办理其财产权的转移手续。发起人不依照前款规定缴纳出资的，应当按照发起人协议承担违约责任。以募集设立方式设立股份有限公司的，发起人认购的股份不得少于公司股份总数的 35%；但是，法律、行政法规另有规定的，从其规定。

股份有限公司成立后，发起人未按照公司章程的规定缴足出资的，应当补缴；其他发起人承担连带责任。股份有限公司成立后，发现作为设立公司出资的非货币财产的实际价额显著低于公司章程所定价额的，应当由交付该出资的发起人补足其差额；其他发起人承担连带责任。股东有权查阅公司章程、股东名册、公司债券存根、股东大会会议记录、董事会会议决议、监事会会议决议、财务会计报告，对公司的经营提出建议或质询。

案例 10-1：虚报注册资本罪[1]

被告人邢某于 2010 年 6 月 27 日将从中国农业银行某支行开具的 999 万元人民币虚假进账单提供给某审计师事务所，骗取了虚假的验资报告，并依此报告从工商行政管理部门办理了广州市三木物资有限公司的注册登记手续，领取了营业执照。事发后，邢某因涉嫌虚报注册资本罪被立案侦查，并于 2012 年 2 月 24 日被广州市越秀区人民检察院提起公诉，以虚报注册资本罪判处有期徒刑 1 年 6 个月，并处罚金 30 万元。

【分析提示】

《中华人民共和国刑法》（以下简称《刑法》）在有关公司注册资本方面规定了两条罪名：虚报注册资本罪和虚假出资、抽逃资本罪。其中前者体现在《刑法》第 158 条：“申请公司登记使用虚假证明文件或者采取其他欺诈手段虚报注册资本，欺骗公司登记主管部门，取得公司登记，虚报注册资本数额巨大、后果严重或者有其他严重情节的，处三年以下有期徒刑或者拘役，并处或者单处虚报注册资本金额百分之一以上百分之五以下罚金。”后者体现在《刑法》第 159 条：“公司发起人、股东违反公司法的规定未交付货币、实物或者未转移财产权，虚假出资，或者在公司成立后又抽逃其出资，数额巨大、后果严重或者有其他严重情节的，处五年以下有期徒刑或者拘役，并处或者单处虚假出资金额或者抽逃出资金额百分之二以上百分之十以下罚金。”邢某的行为触犯了《刑法》第 158 条，构成了虚报注册资本罪。

[1] 资料来源：华律网，http://www.66law.cn/。

二、如何选择合适的企业法律形式

创业者在选择企业法律形式时，要从所创立企业的具体情况出发，比较不同法律形式的利弊。

（一）寻找合适的企业形式应考虑的问题

1．采取该法律形式的手续复杂程度及由此所需要的费用如何？

2．从法律角度，如何以这种形式来经营？企业的资产是谁所拥有的？

3．企业的持久性如何？

4．企业所有人想出让企业的份额是不是会很容易？

5．谁有权为企业作决策，如管理企业的日常活动、制定长期战略、决定重大投资项目及企业卖给其他投资人，甚至终止企业？

6．谁对企业的债务负责？如果出现资不抵债，所有者是否要用其在企业外的个人财产和其他收益来偿付债务？

（二）不同企业法律形式的比较

创业者可以根据上文考虑的问题和表10-1的内容，结合实际情况，选择适合自己的企业形式。

表10-1 企业法律形式的比较

标 准	个人独资企业	合 伙 企 业	公 司	
			有限责任公司	股份有限公司
出资者	个人	两个或两个以上的合伙人	五十人以下的股东	两人以上二百以下发起人，股东不限
责任形式	个人以自己的财产承担责任	每个合伙人以自己的财产对企业承担无限连带责任	公司以公司资产为限对外承担责任，股东以其出资额为限承担责任	公司以公司资产对外承担责任，股东以其所持股份为限对公司承担责任
开业成本	只有注册费	合伙人的书面协议，较小的注册费	公司章程，注册费和税	公司章程，注册费和税
权益的可转让性	可完全自由地变卖或转让企业的任何部分	普通合伙企业的合伙人只有在其他合伙人都同意转让时才能转让权益	其他股东享有优先受让权，如不购买视为同意转让	不做限制

续表

标　　准	个人独资企业	合 伙 企 业	公　司	
			有限责任公司	股份有限公司
法律依据	个人独资企业法	合伙企业法	公司法	公司法
出资	投资者申报	约定：货币、实物、土地使用权、知识产权或者其他财产权利、劳务	法定：货币、实物、工业产权、非专利技术、土地使用权	法定：货币、实物、工业产权、非专利技术、土地使用权
法律基础	无章程或协议	合伙协议	公司章程	公司章程
注册资本	投资者申报	协议约定	无限制	无限制
经营主体	投资者及其委托人	合伙人共同经营	股东不一定参加经营	股东不一定参加经营
事务决定权	投资者个人	全体合伙人或从约定	公司机关、一般股东无权代表	公司机关、一般股东无权代表
利亏分担	投资者个人	约定，未约定则均分	投资比例	投资比例
解散程序	注销	注销	注销并公告	注销并公告
解散后义务	五年内承担责任	五年内承担责任	无	无

第二节　企业注册的步骤

很多创业者把企业注册看作一种形式，无论是注册公司，还是私营企业，各种文件的准备都显得草率，好像是为了应付工商局的审查而做的；有的创业者干脆让工商服务中心代为起草章程或者取一个样本依样画葫芦写一份，对自己的权利和义务不甚了然，根本就没有推敲其中的细节问题，而这些文件细节往往是以后出现经济纠纷时的法律依据。许多创业者在出现经济纠纷之后才发现公司章程条款或合伙人协议条款对自己极为不利。希望创业者在注册时对各项文件的准备一定要慎重。

一、企业注册登记时应准备提交的文件

（一）个人独资企业登记注册时应提交的文件

（1）投资人签署的《个人独资企业设立登记申请书》。

（2）投资人身份证明。

（3）企业住所证明。

（4）《企业名称预先核准通知书》。

（5）国家工商行政管理总局规定提交的其他文件。

（6）委托代理人申请设立登记的，应当提交投资人的委托人和代理的身份证明或资格证明。

（7）经营范围涉及法律、行政法规规定必须报经前置审批的，还应提交有关部门的批准文件或许可证明。

案例 10-2：前置审批[①]

小张药学院毕业后想自己创业经营药店，前往工商局咨询相关手续时被告知要申报一个药店，在工商设立登记之前必须经过药监局审批，领取药品经营许可证后方可办理工商设立登记。

【分析提示】

该案例所说的在工商登记设立之前必须经过药监局的审批称为前置审批。**前置审批**是指法律、行政法规对设立企业规定必须报经审批的，在企业登记前依法办理审批手续。目前涉及前置审批的行业主要有出版、电子公告服务、广播电影电视节目、教育、文化、新闻、药品和医疗器械、医疗保健等。比如，烟草经营要通过地市级烟草专卖局的审定和许可，文物经营要通过文物管理委员会的审定和许可，餐饮要通过卫生局和环保局的审定和许可。企业在申请注册登记时一定要注意查询。

（二）合伙企业登记注册时应提交的文件

（1）《企业名称预先核准通知书》。

（2）全体合伙人签署的设立登记书。

（3）全体合伙人共同委托的代理人的委托书。

（4）全体合伙人的身份证明（身份证或户籍证明复印件）。

（5）合伙协议。

（6）出资权属证明。

（7）经营场地证明（产权证复印件、租房协议原件并附出租方产权证、土地使用证复印件）。

---

① 资料来源：谢欣华．浅议中国企业登记中的前置审批制度[J]．法治与社会，2012（02）．

（8）全体合伙人共同委托执行合伙企业事务人的委托书。

（9）法律、法规规定提交的其他文件证件。

（三）有限责任公司登记注册时应提交的文件

（1）公司董事长或执行董事签署的《公司设立登记申请书》。

（2）《企业（公司）申请登记委托书》。

（3）公司章程。

（4）股东的法人资格证明或者自然人身份证明。

（5）验资报告。

（6）董事、监事、经理的任职文件；董事长或执行董事的任职证明。

（7）公司董事、监事、经理身份证复印件。

（8）住所使用证明。

（9）《企业名称预先核准通知书》。

（10）法律、行政法规规定设立有限责任公司必须报经审批的，提交有关部门的批准文件；公司的经营范围涉及法律、行政法规规定必须报经前置审批的，提交有关部门的批准文件或许可证件。

案例 10-3：公司章程的重要性[①]

A 和 B 两人就某一项目约定成立一个有限责任公司进行开发，双方签订了开发协议，对双方的投入和利润分配进行了详细的规定。双方在注册登记有限公司时，只是根据工商局提供的格式化章程进行了简单的修改，在修改的新章程里没有完全将双方协议中的投资和利润分配的详细条款纳入公司章程。后来双方对投资和利润分配方式产生不同意见，A 要求依据章程，B 则要求依据合作协议，最终导致项目停顿，公司也经营不下去了。

【分析提示】

这个案子中对 B 来讲是非常不利的。他过分重视合作协议，而忽视了公司章程的重要性。公司章程是指公司必须具备的由发起设立公司的投资者制定的，并对公司、股东、

① 资料来源：窦义. 公司章程与有限责任公司治理的法律分析[J]. 重庆科技学院学报（社会科学版），2014（09）.

公司经营管理人员具有约束力的调整公司内部组织关系和经营行为的自治规则。B认为章程只是为工商登记走的一个过场，实际却恰恰相反，公司章程相当于公司的“宪法”，是公司运作过程中所有行为的规范性指引，公司及其公司的股东、董事、管理机构、管理人员的一切行为都不得违反公司章程的规定，否则要么无效，要么需要承担相应的法律责任。绝大部分公司的公司章程都存在过于简单化的缺点，基本都是依据工商局提供的格式章程进行简单的“填空”，这样的结果就是遗漏需要进行特殊约定的事项。而格式条款通常和特殊事项是不一致的，一旦出现纠纷，尤其是股东之间的纠纷，只能依据章程，必然导致其中一方遭受意想不到的损失。一个好的章程是公司规范运作的好的开始，也是公司股东、董事、管理层的护身符。当年新浪抛出“毒丸”计划成功阻击盛大网络的收购，就是利用其章程的有关规定，最终让盛大斥巨资收购新浪股份却无法实施对新浪的控制。

二、注册步骤

（一）工商注册登记

下面以有限责任公司为例说明工商登记的步骤，个人独资和合伙企业的步骤与之相类似。

1．名称预先核准

在正式申请办理公司设立之前，应先将拟设立公司的名称依照规定向公司登记机关提出申请。企业（公司）名称应由以下部分依次构成：行政区划+字号+行业或经营特点+组织形式，如广州市东达贸易有限公司。

除国务院批准设立的企业外，企业名称不得冠以“中国”“中华”“全国”“国家”“国际”等省份名称字样。如需冠此字样，需向国家工商总局申请批准；如需冠“广东”“湖南”等需向各省工商局申请批准。企业名称中的字号应当由 2 个以上的字组成，行政区划不得用作字号。企业名称可以使用自然人投资人的姓名作字号。企业名称应当使用符合国家规范的汉字，不得使用外国文字、汉语拼音字母、阿拉伯数字、标点符号。企业名称中不得含有其他法人的名称。企业名称中的行业表述应当反映企业经济活动性质所属国民经济行业或者企业经营特点的用语。企业名称中行业标书的内容应当与企业经营范围相一致。

企业名称有下列情形之一的，不予核准：

（1）与同一工商行政管理机关核准或者登记注册的同行业企业名称字号相同，有投资关系的除外。

（2）与同一工商行政管理机关核准或者登记注册符合须知第八条的企业名称字号相同，有投资关系的除外。

（3）与其他企业变更名称未满1年的原名称相同。

（4）与注销登记或者被吊销营业执照未满3年的企业名称相同。

（5）其他违反法律、行政法规的。

2．申请名称预先核准应提交的文件

（1）有限责任公司的全体股东签署的公司名称预先核准申请书。

（2）全体股东的法人资格证明或自然人的身份证明。

（3）全体股东签署的授权委托意见书。

（4）代理人的法人资格证明或自然人的身份证明。

3．名称预先核准登记程序

办理名称预先核准登记，一般要经以下步骤：

（1）咨询后领取并填写《名称预先核准申请书》《申请人授权委托意见》，同时准备相关材料。

（2）递交名称登记材料，领取《名称登记受理通知书》等待名称核准结果。

（3）按《名称登记受理通知书》确定的日期领取《企业名称预先核准通知书》。此通知书的有效期限为6个月。

此过程需要一个工作日（不包含需冠名审批的时间）。不符合规定的核发《企业名称驳回通知书》。

4．备齐有关文件，申请工商登记

（1）领取《企业名称预先核准通知书》的同时，领取《公司设立登记申请书》。

（2）召开股东大会订立公司章程和协议。股东设立公司必须先订立章程和协议，将要设立的公司的基本情况及各方面的权利义务加以明确规定，并将相关组织机构的负责人或人员配置好。

（3）公司的经营范围涉及法律、行政法规规定必须报经前置审批的，凭《企业名称预先核准通知书》向有关行政审批部门申请。

（4）验资。股东可以用货币出资，也可以用实物、工业产权、非专利技术、土地使用权作价出资，但应向有验资资格的会计师事务所申请验资并出具证明（验资报告）。其中，以货币出资的，凭《企业名称预先核准通知书》和任意两个股东的私章到银行开立临时户，将货币出资足额存进银行后，向开立临时户的银行申请临时户对账单，并向银行相关业务部门申请出具一份资信证明，将资信证明交与会计师事务所；以其他方式出资的，向资产评估事务所申请评估出资的价值，取得评估报告后交与会计师事务所，并依法办理其财产权的转移手续。

（5）公司备齐文件后，由全体股东指定的代表或者共同委托的代理人向登记机关申请公司设立登记，材料齐全、符合法定形式的，登记机关当场作出登记决定，并在 10 个工作日内核发营业执照或其他登记证明。不能当场告知申请人材料是否齐全、符合法定形式的，5 日内作出审查决定。登记机关受理后发给《企业登记受理通知书》。

（6）缴纳登记费，领取营业执照。按《企业登记受理通知书》指定日期缴纳登记费并领取营业执照。公司设立登记收取登记费的标准：注册资金总额在 1000 万元以下（含 1000 万元）的，按注册资本的 0.8‰收取；注册资本超过 1000 万元的，超过部分按 0.4‰收取；注册资本超过 1 亿元的，超过部分不再收取。执照副本收取工本费 10 元。

（7）凭工商营业执照向公安局申请刻制公章、财务章、合同章等，并提取印模到原公司登记的机关备案。

（二）法人代码证登记

凭营业执照到质量技术监督局办理法人代码证（也叫组织机构代码证）。办理此证需要 15 日，质量技术监督局会首先发一个预先受理代码证明文件，凭这个文件就可以办理后面的税务登记证、银行基本户开户手续。办理法人代码证应提交下列文件：

（1）已经填好的申办表（加盖公章）。

（2）工商营业执照正本原件及复印件一份。

（3）法人单位提交法定代表人身份证原件及复印件；非法人单位提交负责人身份证原件及复印件（营业执照上列明的负责人）。

（三）开立银行基本户

凭公章、财务章、法人代表私章、工商营业执照、法人代码证（预先受理代码证明文件）前往开立临时户的银行将临时户转为基本户，并取得银行基本户证明，也可到另一银行开立基本户。

（四）办理税务登记

凡从事生产、经营，实行独立经济核算，并经工商行政管理机关批准，领取了营业执照的一切单位和个人，均须办理税务登记。

税务登记是税务机关对纳税人的开业、变动、歇业及生产经营范围变动实行法定登记的一项管理制度。从事生产、经营的纳税人自领取营业执照之日起 30 日内，持有关证件向税务机关申报办理税务登记。新办企业申办税务登记时，应凭营业执照，前往市技术监督部门申领组织机构代码，这是办税的必备材料。

办理税务登记的具体步骤如下：

（1）纳税人须在规定的时间内，持营业执照（正本）向税务局提出办理税务登记申请，领取《税务登记表》。

（2）纳税人按要求如实填写《税务登记表》，并写明本单位或个人所在地位置，加盖印章后连同有关证件、资料报送税务局。报送税务登记表申请办理税务登记时应根据不同情况携带证件资料，主要包括：营业执照（正本）原件、复印件，有关合同、章程、协议书复印件，银行基本存款账户开户卡复印件，法人代表或业主的居民身份证的原件、复印件，技术监督部门颁发的组织机构代码证书复印件，个体工商户、私营企业应提供自有房产证明或租赁房屋证明复印件，如果在领取营业执照后超过30日才去办理税务登记，应提供由工商机关开出的“办理工商执照工本费收据”原件和复印件。

（3）税务登记局通过审核资料，对符合要求的准予登记，并发给税务登记证件。

（五）用工手续

大部分的创业者在事业发展中都要雇用人手。雇人用人应该规范，应办理相应的劳动用工手续。招用劳务工时注意所招劳务工应具备以下条件：年满十六周岁，身体健康，具有初中文化程度，现实表现好。

办理招用劳务工的手续如下：

（1）向劳动部门出示营业执照正本或副本并附复印件，申请《劳务工指标登记本》并在指标有效期内招用劳务工。

（2）填写《劳务工就业证》，贴相片，单位盖章。

（3）填写《暂住人口登记表》（一式三份）。

（4）填写《办理劳务工手续统计表》。

（5）缴纳暂住人口管理费，凭《劳务工指标登记本》开具缴费通知书，到财政、银行设点处缴费。收费标准，按劳务工人数和上岗时间计算。目前全国大多地区已经取消暂住证制度，因此该项收费各地规定不一，许多地区已经不再要求缴纳暂住人口管理费。

本章小结

法人是由投资者创立的，有自己的财产，以自己的名义来从事商业，就像一个“真正”的人，享有法律权利，同时承担法律责任。企业的法律形式包括个人独资企业、合伙企业和公司。这些不同的企业形式在设立时都有不同的条件，创业者可以根据出资者、责任形式、开业成本、权益可转让性、法律依据、注册资本、经营主体、事务决定权、利益分担、解散程序和解散后义务这些方面进行比较，以选出适合自己的企业形式。

企业要获得合法的营业资格需要经过工商注册登记、法人代码证登记、开立银行基本户、办理税务登记和用工手续这五个程序。而工商注册登记又包括了名称预先核准、召开股东大会、验资、刻制印章等步骤。

思考与讨论

1. 你在创业时会选择何种法律形式？为什么？
2. 什么是注册资本？注册资本有什么用途？
3. 创办一个有限责任公司，你需要做哪些准备工作？
4. 办理企业注册登记时，有哪几个步骤？
5. 讨论公司章程的重要性。

实训题

1. 模拟成立一个有限责任公司，3～5 个同学为一组并分别担任拟成立公司的股东，共同讨论并制定公司章程。

2. 同学分组担任不同的角色，如工商局、税局、银行、会计师事务所、创业者等，模拟企业注册过程。

3. 登录工商行政管理局的网站，查找你想开办的企业是否需要办理前置审批，如果有，要办理哪些相关的前置审批。

第十一章　创业营销管理

本章目标

1. 掌握创业营销的概念和创业营销与传统营销的区别。
2. 熟悉创业营销的内容和阶段划分。
3. 了解创业营销的目标市场和营销组合策略。

引导案例[①]

一位名叫王虎的民营企业家用20万元购买了一项新技术——火锅茶，一种具有清热、解毒、健胃功能的保健型茶叶。这种茶叶是专为山城的火锅爱好者开发的，它与驰名中外的山城火锅相结合，是一种火锅专用茶。

王虎在获得该项技术后非常高兴，他认为自己在寻觅了多年之后，终于找到了可以据此开创一番事业的好产品。他说："饮料市场虽然竞争激烈，但也不是钢板一块，完全没有缝隙可钻，残酷的市场还是给我们留下了机遇。现在，没有一种饮料能与山城最富有特色的饮食文化——火锅相结合，以麻、辣、烫闻名于世的山城火锅正需要这样一种饮料，我将大力开发生产火锅茶，让它走进千家万户，并伴随着香喷喷的山城火锅走向全世界。"

但王虎没有自己的生产厂，于是他投资兼并了一家现成的食品生产企业，作为火锅茶的生产基地，该项目于1994年10月正式实施。在产品生产出来之后，企业便开始了大规模的市场营销活动。营销分成了几步：

首先，宣传造势。王虎花了将近100万元进行广告宣传。电视广告、报纸广告都以一种能"清热、解毒、健胃"的茶为主要诉求，进行广泛宣传。短期内几乎达到了家喻户晓的效果，火锅茶已深入人心，广告使火锅茶有了很高的知名度。

其次，在山城的招商会上定了专门展场，大力进行公关活动，广泛向参会人员赠送与派发火锅茶，在现场引起了很大的轰动。

---

① 资料来源：百度文库。

再次，企业多次举行促销活动，而且还租用了山城最热闹的解放碑作为促销场地，举行现场抽奖。现场放飞的气球广告飞满了山城的上空。

最后，在加强广告宣传的同时，企业也在积极进行产品生产，并将加工生产好的火锅茶按 100 克一盒进行分装，以每盒 8～10 元的价格铺到山城大街小巷的大小门市及商场和超市，还在商店的显眼位置张贴了大量的 POP（Point Of Purchase，意为“卖点广告”）宣传品。

经过一段时间的宣传促销之后，企业却发现，原先认为前景广阔的火锅茶根本就卖不动，铺到渠道上的产品几乎全部遭遇退货。企业经过分析之后认为，火锅茶的市场应该定位在火锅店，于是企业迅速调整市场战略，派出了大量销售人员深入山城的火锅店进行现场推销，并向火锅店赠送试用品，还派专人对火锅食客进行现场促销。经过一段时间的努力，产品销售仍毫无进展，火锅茶在火锅店也卖不动。企业又在价格上做文章，把原先的价格降低，可是市场仍然毫无进展。经过将近一年的努力，火锅茶既未按照原先的设想“走进千家万户”，也没能按后来的想法“走进千家万店”，企业投入的上百万元营销费用、生产费用、技术费用全部化为乌有，火锅茶以失败而告终。

【思考】

1. 火锅茶产品生产出来后是怎样进行营销的？它的营销战略和策略是什么？
2. 分析火锅茶失败的原因。

第一节　创业营销概述

如果说创业者的事业心和创新精神是创业企业的发动机，那么创业营销就是传动装置和车轮。营销对于多数创业企业的成功具有非常重要的意义。与其他企业功能相比，营销对于新企业前途的重要性被认为要大得多。多数情况下，一个新企业成功或失败的原因是营销而非技术。

一、创业营销的含义

（一）创业营销的概念

今天，对于大多数年轻的创业者来说，既缺乏资金和社会关系，又缺乏商业经验，所拥有的只是创业激情和某种新产品的原始构思或某种新技术的初步设想。要获得成功，除了勇气、勤奋和毅力外，还必须依赖于有效的创业营销来获得创业所需的各种资源。

所谓创业营销，是指一个新创业企业或第二次创业企业把自己的新产品推向新市场的营销，就是创业企业家凭借创业精神、创业团队、创业计划和创新成果，获取企业生存发展所必需的各种资源的过程，它实际上是一种崭新的创业模式。这个概念里包含几个子概念：营销主体、营销客体、营销对象。

创业营销的营销主体是创业型企业，包括新创业企业和二次创业的企业。创业营销的对象是新市场。创业营销的客体是新产品。一般企业营销虽然包括新产品营销，但更多的是老产品的营销。例如，可口可乐的营销做了100多年，但销售的仍然是可口可乐，它的全面营销策略仅仅在于市场占有率的巩固和扩展，所以它属于巩固型营销和扩张型营销。而创业营销的产品一定是全新的产品，它的营销既不是市场巩固，也不是市场扩张，而是市场进入，属于市场导入型营销，它所要做的核心工作是让市场认识、喜爱、接受和消费自己的新产品。

（二）创业营销的特征

1．机会导向

机会导向意味着创业者在实施营销活动的时候，将会积极地探索新方法来赢得客户，这些方法并不拘泥于固定的思维模式，更具灵活性。由于创业者所拥有的资源较成熟，企业较为匮乏，创业者在一定程度上不能受制于企业的资源，更要着眼于企业的未来发展机会，进行营销方案企划。机会导向的营销模式同时也意味着创业者在制定营销战略的时候需要首先分析创业机会的状况，根据创业机会的成长性特征制定营销战略。

2．注重关系

新创企业往往拥有较少的市场认可度，也没有之前成功的营销经验，因此，一些通行的营销法则和营销方案可能对于新创企业的适用性较弱。在实际营销时，创业者往往更依赖于网络关系来实施营销，这种网络关系可能是创业者个体拥有的亲戚朋友等联系，也可能是企业层面的战略联盟等。因此，创业者在搭建营销队伍的时候，不仅需要拥有行业经验的专业人士，同时也需要拥有良好社会关系的市场开拓人才，这些人员能够使得企业的营销活动事半功倍。

3．灵活多变

相对而言，成熟企业营销的环境更为稳定，创业营销的实施环境则更为动荡，如果创业者进入的是一个新兴的市场，这一市场的成长性也带有较大的不确定。因此，在实施创业营销活动的时候，创业者应当时刻注意调整营销策略。在实践中，创业营销灵活多变的特征也应当成为创业者能够积极发挥的优势，促进企业成长。

4．营销反馈机制

在成熟企业内部，营销方案是服务于其他要素的，营销人员需要根据企业的经营状况和产品特征设置合理的营销方案。对于创业营销来说，尽管营销活动仍是要根据创业活动的特点来制定，但是营销活动对于企业经营的反馈作用更为强烈。营销不仅是企业推广产品的手段，更是企业反思经营问题、重新设定企业战略、调整企业经营方向的手段。成功的营销过程能够有效地帮助企业构建竞争优势，促进创业发展。

二、创业营销与传统营销的分析

（一）创业营销与传统营销的比较

通过比较研究发现，传统营销和创业营销在环境要求、市场反应、风险态度和资源利用四个方面有着明显不同。

1．环境要求

传统营销倾向于客观、冷静，强调促进交易和市场控制，要求相对稳定的市场环境。其中，市场需求是客户能够清晰地表达、设想和描述的。营销者是营销组合的协调者和品牌的建立者；创业营销倾向于激情、热忱、坚持、创造，比较适应于动荡复杂的不确定性环境，市场需求可以是模糊的。其中，营销者是内外变革的代理者和市场类别的创造者。

2．市场反应

传统营销是“市场驱动”的，主要通过渐进性创新接近当前市场，具有反应性、适应性，反应缓慢而不迅速。它鼓励基于商业理性和经验的创造，追求市场成长而非停滞性市场上的市场份额保护。创业型营销往往实行“驱动市场”法而非“市场驱动”法，强调既要适应当前市场，又要努力创造新的客户需求，通过动态性创新领导客户，不断地重新定义产品和市场环境，具有超前性和快速行动性。

3．风险态度

传统营销强调对市场环境的适应和控制，将满足顾客需求作为市场导向的核心，主要通过渐进性创新接近当前市场。为了控制市场，它往往努力使营销活动风险最小化。创业营销则强调机会导向，表现出对变化、模糊和风险的高度容忍水平。它把营销视为理性承担风险的工具，努力识别各种风险因素，然后减轻或分享风险，如通过利用联盟、市场测试、试验、领导用户研究等主动减轻风险，而不是一味地规避或最小化风险。

4．资源利用

传统营销仅仅是有效地利用现有资源和稀缺智力，把顾客视为智力和反馈的外部源泉。其新产品或服务开发主要是通过支持 R&D（Research and Development，研究与开发）和其他技术部门的新产品或服务开发活动来获得。创业型营销则不局限于当前资源约束，而是积极地撬动和创造性地利用其他资源，尽量以较少做更多。它把顾客当作合作生产者，让他们积极参与企业的营销决策过程、产品定义、价格、分销和沟通等，并通过各种创新活动实现新产品或服务开发。

事实上，在传统营销与创业营销之间存在着一个从比较具有响应性、回避风险和控制导向到较高创业导向的方法连续统一体，而不是简单的二分法。它们的差异主要在于"频度"和"程度"上的差别。

（二）创业营销主要解决的问题

1．创业营销解决的是企业创业期的营销问题

按照生命周期理论，企业分为创业期、成长期、成熟期和衰退期四个阶段。不同的阶段应该采取不同的营销策略，创业期采取市场进入策略，成长期采取市场扩张策略，成熟期采取市场巩固策略，衰退期采取市场转型策略。一般营销研究的是企业发展各个阶段的普适性规律，是带有普遍性的理论，适用于企业发展的各个阶段的营销。创业营销只研究企业创业期的营销规律，探讨的是处于创业阶段或者再创业阶段企业的营销问题，它是带有特殊性的营销理论，不具普适性，只解决企业发展过程中创业阶段的营销问题，不解决所有的问题。

2．创业营销解决的是新产品入市的营销问题

一般营销研究的是产品各个阶段都适用的普遍营销规律，具有普适性。创业营销只研究产品引入期的营销规律，只解决产品引入期的营销问题，也就是只解决新产品的营销问题。引入期的产品，对整个市场而言，可能不是新产品，而是成熟期产品，但对创业企业而言，它是地地道道的新产品，因此，它的营销也只能按照新产品的营销方式进行营销，也就是只能按照产品引入期的方式进行营销。因此，创业营销本质上是新产品的入市营销。

3．创业营销解决的是资源严重不足状态下的营销问题

根据经营的资源理论，一个企业可供支配的主要经营资源只有十余种，非常成功的企业一般拥有其中的绝大部分资源，一般企业经常只能拥有其中的 50%～60%的资源，而创业型企业经常只有极其有限的三四种资源，甚至更少。成功企业的营销是在资源充足背景下的营销，一般企业的营销是在资源比较充足状态下的营销，而创业企业则是在资源严重不足状态下的营销。因此，创业企业的营销远远比成功企业和一般企业的营销难度大得多，属于高难度营销范畴。因此，创业营销解决的是企业发展过程中最为艰苦的高难度营销问题，解决的是资源严重不足背景下的营销问题。

案例 11-1[①]

1999 年初，在清华读大三的邱虹云回家过春节，看到家中落后的电视，突然产生一种强烈的冲动：为什么不通过自己的才智来改善家中电视的效果呢？而一种能接收电视信号的投影机将使家庭影院的梦想成真！返校后，邱虹云自行设计并组装了一台可以接收电视信号的投影机，效果不错。4 月初，这一发明参加了清华校外科技成果展，引起了同校同学王科的注意。王科以他特有的商业眼光看到了这一发明的市场前景，并邀请即将毕业的清华 MBA 学员徐中参与,3 人共同成立了第一家真正由在校学生创办的高科技公司——北京视美乐科技发展有限公司。同年 7 月，他们首期获得了上海第一百货公司 250 万元的风险投资。2000 年 4 月，又与澳柯玛签订协议，成立澳柯玛视美乐信息技术有限公司，注册资金 3000 万元。2001 年初，第一台可以接收电视信号的多媒体投影机投放市场。到 2002 年第二季度，公司已经实现盈亏平衡，新款产品销售良好，估计年销售额在 4000 万元左右。尽管视美乐还有很长的路要走，但从创业的角度来看，邱虹云等人是非常成功的。

【思考】

1. 在既缺乏资金和社会关系，又缺乏商业经验的情况下，邱虹云等人是如何创业成功的？

2. 邱虹云等人在创业营销过程中解决了哪几个问题？

第二节　创业营销的基本结构和阶段

一、创业营销的基本结构体系

一般企业的营销结构体系包括市场分析、营销战略、营销策略和营销组织保障四大部分。创业营销保持了一般营销的体系，但它着眼的是市场进入过程中的市场分析、营销战略、营销策略、组织保障和安全控制等方面的问题。这里以市场进入为特征，提炼出创业营销的基本结构体系，如图 11-1 所示。

（一）市场分析

当一个创业者拥有了一种产品或服务之后，它要解决的第一个问题就是市场问题，

① 资料来源：第一管理资源网，http://guanli.1kejian.com。

这也是创业营销所要解决的第一个问题。要解决这一问题，就必须解决市场分析、市场机会和市场评估三个方面的问题。

市场分析就是对创业者要进入的企业进行精细的分析，包括市场宏观环境分析、市场微观环境分析、市场竞争环境分析和市场消费环境分析。

市场分析的目标是寻找创业过程中应该把握的市场机会与应该避免的市场风险。作为一个创业者，必须明确自己应该把握的市场机会是什么，这是创业企业之所以存在的基础，如果一个创业者对自己要抓住什么市场机会都不明确，这种创业是很难成功的。仅仅抓住机会还不足以保证成功，如果抓住机会的同时也抓住了危机，同样会发生“出师未捷身先死”的悲剧。因此，创业者不仅应该精于机会分析，还必须精于危机分析。

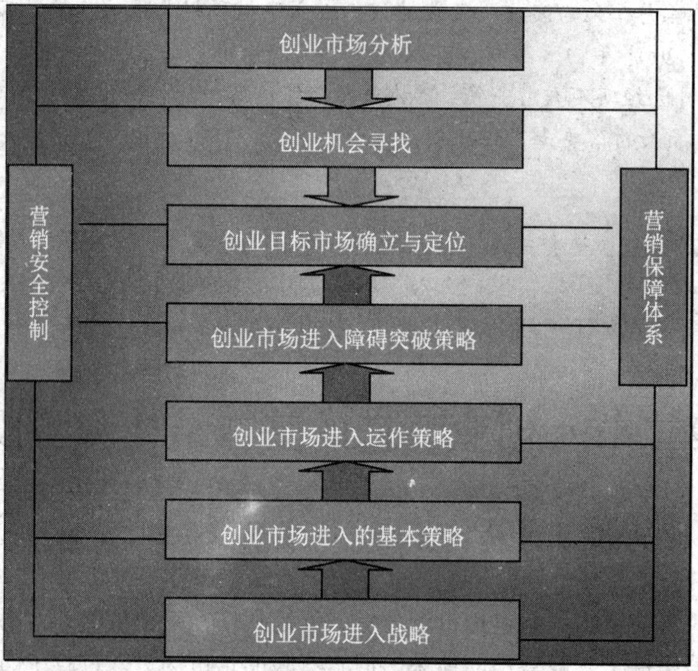

图 11-1　创业营销的基本构架

世界上没有绝对不赚钱的生意，也没有绝对赚钱的机会。在最赚钱的行业里也有很多企业破产，在最不赚钱的行业里也有很多企业在赚钱。也就是说，在机会最好的行业里存在危机，在危机四伏的行业里存在机会，关键看你如何来把握机会，如何避免危机。因此，要使创业营销获得成功，必须对市场机会、市场危机等市场因素进行评估，只有借助科学的评估才能决定应该进入什么市场，应该抓住什么机会，应该回避什么危机。没有评估的市场进入是危险的市场进入，没有市场评估的创业营销是不安全的创业营销。

（二）营销战略

创业营销要解决的第二个问题是市场进入过程中的战略问题，包括要进入什么样的目标市场问题和进入目标市场的战略思路问题。

现代营销已经由大规模营销阶段、产品差异营销阶段发展到目标市场营销阶段，精确与准确是目标市场营销的核心理念。创业营销尤其要求精确与准确，因为创业企业非常脆弱，经不起挫折。所以创业营销必须为创业者提供一套市场细分和目标市场选择的基本技术，帮助创业者精确地细分市场、精确地选择目标市场和精确地定位市场。

找到了目标市场，还远远不能保证创业营销走向成功。如何占领市场涉及进入战略问题。战略失误满盘皆输，在错误的战略框架下，任何优秀的策略都只能把创业企业引向绝境。创业营销战略就是要为创业者提供一套战略选择条件、战略选择方法、战略运作模式和战略控制技术，以保证创业营销的大方向不出现重大失误。

（三）营销策略

当有了市场、有了战略之后，创业营销的关键就是营销策略的制定。营销策略是创业营销要解决的第三个问题，包括创业市场进入的基本策略、运作策略和创业市场进入障碍的突破策略三个方面。

创业市场进入策略首先要解决的是基本策略问题，也就是要进入市场所必须解决的产品、价格、渠道和促销四大基本问题，即以什么样的产品、什么样的价格、什么样的渠道和什么样的促销方式来进入创业市场。

创业市场进入策略其次要解决的是运作策略问题，也就是创业市场进入的模式问题、路径问题、方法问题、步骤问题和切入点问题等。只有弄清了这些问题，才能保证市场进入不会出现重大失误。

创业市场进入策略最后要解决的是市场进入障碍的突破策略问题。所有的战略和策略都是为了突破市场进入障碍，不能突破市场障碍就不可能占领市场，就不可能创业成功。创业市场可能会遇到哪些障碍，如何突破这些障碍，创业者必须做到心中有数，否则就很难保证市场进入的成功。

阅读材料：天才销售奖[1]

美国有一所商学院为学生设立了一个天才销售奖，要想获得这个奖项，就要把一把旧式的砍木头的斧子销售给现任的美国总统。

[1] 资料来源：根据百度百科“创业营销理念”词条内容整理。

这是一件很难的事，克林顿总统没有这样的爱好。但在布什总统刚刚上任的时候，一位学生经过精心策划向他发出了一封信，信中这样写道："尊敬的布什总统，祝贺你成为美国的新一任总统。我非常热爱你，也很热爱你的家乡。我曾经到过你的家乡，参观过你的庄园，那里美丽的风景给我留下了难忘的印象。但是我发现庄园里的一些树上有很多粗大的枯树枝，我建议您把这些枯树枝砍掉，不要让它们影响庄园里美丽的风景。现在市场上所卖的那些斧子都是轻便型的，不太适合您，正好我有一把祖传的比较大的斧子，非常适合您使用，而我只收您15美元，希望它能够帮助您。"布什看到这封信以后，立刻让秘书给这位学生寄去了15美元。于是一次几乎不可能的销售实现了，一个空置了许多年的天才销售奖项终于有了得主。

【分析提示】

商学院大学生完成了看起来似乎不能完成的销售任务，得益于他采取了营销策略。

（四）组织保障

创业营销要解决的第四个问题是市场进入过程中的组织保障问题。好的战略与好的策略必须有好的保障，没有好的保障体系，再好的战略和策略都无法发挥作用，也就无法实现产品的成功入市，自然也无法实现创业成功。创业营销保障体系主要包括营销组织保障、营销人才保障、营销预算保障和营销后勤保障等。

（五）安全控制

创业营销要解决的第五个问题是安全问题。任何营销都有风险，但风险应该被控制，当风险被控制不产生负面作用时，产品才能够安全进入市场。因此，创业营销安全控制是创业者必须具备的一个基本能力。创业营销安全包括市场安全、战略安全、策略安全、保障安全和运作安全，以及安全保障的安全管理体系、安全预警体系和安全对策体系的内容。

二、创业营销的阶段划分

成功的创业营销一般需要经历四个阶段：创意营销阶段、商业计划营销阶段、产品潜力营销阶段和企业潜力营销阶段。

（一）创意营销阶段

创业企业家萌发了一种创业冲动或创业构想，但这种冲动或构想还停留在大脑中，创业企业家必须将其转变为一个清楚的概念或开发出某种产品原型或技术路线，才能与其他人进行沟通交流。当这些工作完成时，他最需要的是寻找志同道合者组成创业团队。

因为一个人很难精通创业过程中需要的所有技能，也不一定拥有创业所需的关键资源。优秀的团队是成功创业的关键因素，团队成员最好在信念、价值观和目标等方面基本一致，又具有献身共同事业的强烈愿望，而且在资源、技能、经验、个性和思维模式等方面具有互补性。

（二）商业计划营销阶段

商业计划营销创业团队形成之后，就要着手撰写详尽的商业计划，通过商业计划吸引投资者尤其是风险投资家的关注并获取风险投资。成功的商业计划除了要有概念上的创新外，重要的是进行现实的、严谨的市场调研和分析。假如商业计划营销获得成功，创业团队获得了风险资金，就可以正式建立创业企业，进行商业化的新产品开发。这一阶段表面上营销的是创业企业的商业计划，实际上也是对新产品和创业团队的全面检验。

（三）产品潜力营销阶段

当商业化的新产品开发出来之后，创业企业就需要大量的投资来进行产品的批量生产和大规模销售。而创业企业一般难以获得银行贷款或供给商的支持，而且也缺乏丰富的商业关系和经验，因此它需要再次从外部投资者那里获得支持。这时外部投资者最好是企业的战略投资者，他们不仅可以带来资金，更重要的是还能带来治理经验和商业关系，为将来的公开上市做预备。战略投资者看重的是产品的市场潜力、企业的技术能力和营销能力。创业企业如果能够吸引战略合作伙伴的加入，就可以利用新资金将新产品大规模地推向市场。

（四）企业潜力营销阶段

在许多情况下，新产品上市并不能迅速盈利，但产品和企业的市场前景已经相当明朗。这时创业企业可以寻求公开上市，以获得快速扩张所急需的资金，同时也使风险投资家得以顺利退出。公开上市可以打通创业企业从资本市场获取资金的渠道，它是创业阶段的结束，也是规范经营阶段的开始。在视美乐的案例中，由于中国目前还没有为创业企业开辟二板市场，因此它们暂时只能通过其他途径来获得资金，通过降低发展速度来确保盈亏平衡。

案例 11-2：最简单的数字[①]

在奥斯维辛集中营，一个犹太人对他的儿子说：“现在我们唯一的财富就是我们的智

① 资料来源：百度文库。

慧，当别人说一加一等于二的时候，你应该想到大于二。”纳粹在奥斯维辛杀害四百多万人，这父子二人却活了下来，真不知是出于侥幸，还是因为他们“一加一大于二”的信念。

1946 年，他们来到美国，在休斯敦做铜器生意。一天，父亲问儿子一磅铜的价格是多少？儿子答是 35 美分。父亲说：“对，整个得克萨斯州都知道每磅铜的价格是 35 美分，但作为犹太人的儿子应该说 3.5 美元。你试着把一磅铜做成门的把手看一看。”

20 年后，那位父亲去世了，儿子独自经营铜器店，他做过铜鼓、瑞士钟表上的簧片、奥运会的奖牌。他曾把一磅铜卖到 3500 美元，不过，这时他已是麦考尔公司的董事长了。

然而，真正使他扬名的并不是他的铜器，而是纽约州的一堆垃圾。

1974 年，美国政府为清理给自由女神翻新时扔下的废料，向社会广泛招标。由于美国政府出价太低，有好几个月没人应标。正在法国旅行的他听说了这件事，立即乘飞机赶往纽约，看过自由女神下堆积如山的铜块、螺丝和木料，他喜出望外，未提任何条件，当即就揽了下来。

许多人为他的这一愚蠢的举动暗自发笑，因为在纽约州对垃圾的处理有严格的规定，弄不好就要受到环保组织的起诉。就在一些人要看这个犹太人的笑话时，他开始组织工人对废料进行分类。他让人把废铜熔化，铸成小自由女神像；把水泥块和木头加工成底座；甚至把从自由女神身上扫下的灰尘都包装起来，出售给花店。不到三个月的时间，他让这堆废料变成了 350 万美元的现金，使每磅铜的价格整整翻了一万倍。

在商业化社会里，是没有等式可言的。当你抱怨生意难做时，也许有人正因点钞票而累得气喘吁吁。这里面的差别可能就在于，你认为一加一永远等于二，他认为一加一应该大于二。

【思考】

1. 犹太人成功的秘诀是什么？
2. 如何看待创意营销？

第三节　创业营销的目标市场战略

目标市场营销又称 STP 营销或 STP 三步曲，其中 S 指 Segmenting，即市场细分；T 指 Targeting，即目标市场；P 为 Positioning，亦即市场定位。正因为如此，营销大师菲利普·科特勒认为，当代战略营销的核心可被定义为 STP。

一、创业市场细分

(一)市场细分基本介绍

1. 市场细分的概念

市场细分是美国市场学家温德尔·史密斯(Wendell R.Smith)于20世纪50年代中期提出来的。市场细分是指营销者通过市场调研,依据消费者的需要和欲望、购买行为和购买习惯等方面的差异,把某一产品的市场整体划分为若干消费者群的市场分类过程。每一个消费者群就是一个细分市场,每一个细分市场都是具有类似需求倾向的消费者构成的群体。

2. 市场细分的基础

(1)顾客需求的差异性。顾客需求的差异性是指不同的顾客之间的需求是不一样的。在市场上,消费者总是希望根据自己的独特需求去购买产品,我们根据消费者需求的差异性可以把市场分为"同质性需求"和"异质性需求"两大类。同质性需求是指由于消费者的需求的差异性很小,甚至可以忽略不计,因此没有必要进行市场细分。异质性需求是指消费者所处的地理位置、社会环境、自身的心理和购买动机不同,造成他们对产品的价格、质量款式上的需求存在差异性。这种需求的差异性就是市场细分的基础。

(2)顾客需求的相似性。在同一地理条件、社会环境和文化背景下的人们形成有相对类似的人生观、价值观的亚文化群,他们的需求特点和消费习惯大致相同。正是因为消费需求在某些方面的相对同质,市场上绝对差异的消费者才能按一定标准聚合成不同的群体。因此,消费者需求的绝对差异造成了市场细分的必要性,消费需求的相对同质性则使市场细分有了实现的可能性。

(3)企业资源的有限性。现代企业由于受到自身实力的限制,不可能向市场提供能够满足一切需求的产品和服务。为了有效地进行竞争,企业必须进行市场细分,选择最有利可图的目标细分市场,集中企业的资源,制定有效的竞争策略,以取得和增加竞争优势。

3. 市场细分的种类

就消费者市场而言,细分变量归纳起来主要有地理环境因素、人口统计因素、消费心理因素、消费行为因素和消费受益因素等,因而就有了地理细分、人口细分、心理细分、行为细分和受益细分这五种市场细分的基本形式。

(1)地理细分是按地理特征细分市场,包括地形、气候、交通、城乡、行政区等因素,即按照消费者所处的地理位置、自然环境来细分市场。例如,根据国家、地区、城市规模、气候、人口密度、地形地貌等方面的差异将整体市场分为不同的小市场。地理变数之所以可作为市场细分的依据，是因为处在不同地理环境下的消费者对于同一类产品往往有不同的需求与偏好，他们对企业采取的营销策略与措施会有不同的反应。

（2）人口细分是按人口特征细分市场，即以人口统计变量，如年龄、性别、家庭规模、家庭生命周期、收入、职业、教育程度、宗教、种族和国籍等为基础细分市场。

（3）心理细分是按个性或生活方式等变量对客户细分，即根据购买者所处的社会阶层、生活方式、个性特点等心理因素细分市场。

（4）行为细分是指对消费者行为进行评估，然后进行细分，即根据购买者对产品的了解程度、态度、使用情况及反应等将他们划分成不同的群体。很多人认为，行为变数能更直接地反映消费者的需求差异，因而成为市场细分的最佳起点。

（5）社会文化细分是按社会文化特征细分市场，以民族和宗教为主进行细分。

（6）使用者行为细分是按个人特征细分市场，如职业、文化、家庭和个性等。

4. 市场细分的意义

（1）有利于选择目标市场和制定市场营销策略。市场细分后的子市场比较具体，比较容易了解消费者的需求，企业可以根据自己的经营思想、方针及生产技术和营销力量，确定服务对象，即目标市场。目标市场细化，便于制定特殊的营销策略。同时，在细分的市场上，信息容易了解和反馈，一旦消费者的需求发生变化，企业可以迅速改变营销策略，制定相应的对策，以适应市场需求的变化，提高企业的应变能力和竞争力。

（2）有利于发掘市场机会，开拓新市场。通过市场细分，企业可以对每一个细分市场的购买潜力、满足程度、竞争情况等进行分析对比，探索出有利于本企业的市场机会，使企业及时作出投产、销售决策或根据本企业的生产技术条件编制新产品开拓计划，进行必要的产品技术储备，掌握产品更新换代的主动权，开拓新市场，以更好地适应市场的需要。

（3）有利于集中人力、物力投入目标市场。任何一个企业的资源、人力、物力、资金都是有限的。通过细分市场，选择了适合自己的目标市场，企业就可以集中人、财、物及资源去争取局部市场上的优势，然后再占领自己的目标市场。

（4）有利于企业提高经济效益。

前面三个方面的作用都能使企业提高经济效益。除此之外，企业进行市场细分后，可以面对自己的目标市场，生产出适销对路的产品，既能满足市场需要，又可以增加企业的收入。产品适销对路可以加速商品流转，加大生产批量，降低企业的生产销售成本，提高生产工人的劳动熟练程度，提高产品质量，从而全面地提高企业的经济效益。

（二）市场细分的步骤

1．选定市场范围

（1）选定产品的市场需求范围。确定产品市场范围，即潜在的顾客群体。产品的市场范围应以市场的需求而不是产品的特性来定，并且产品的市场范围应尽可能全面。

（2）确定市场细分变量。首先，列举潜在顾客的基本需求。公司的市场营销专家们通过头脑风暴法，从地理、人口、行为和心理等几个方面的变量出发，大致估算一下潜在的顾客有哪些基本的需求（还包括刚开始出现或将要出现的消费需求，这里把行为也作为需求来分析）。其次，分析潜在顾客的各自需求。对所列举的需求进行总结分类，按照不同变量对顾客进行分类，然后设计调查问卷，进行市场调查，并对问卷进行统计分析。

（3）抽掉潜在顾客的共同要求，得到差异性需求。

2．形成细分市场

（1）根据差异性需求细分市场。找到差异性需求之后，把差异性需求相对应的顾客细分变量和利益细分变量作为市场细分变量，确定了所有的细分变量以后选择合适的细分方法，然后将市场划分为不同的群体或子市场，并结合各分市场的顾客特点赋予每一子市场一定的名称，在分析中形成一个简明的、容易识别和表述的概念。运用调查数据或者经验判断，重新按对顾客购买行为影响程度大小对变量进行降序排列，从而找出最合适的变量。

（2）深入认识细分市场的特点

公司还要对每一个分市场的顾客需求及其行为，作更深入的考察。看看各分市场的特点掌握了哪些，还要了解哪些，以便进一步明确，各分市场有没有必要再作细分，或重新合并。比如，经过这一步骤，可以看出，新婚者与才成者的需求差异很大，应当作为两个分市场。同样的公寓设计，也许能同时迎合这两类顾客，但对他们的广告宣传和人员销售的方式都可能不同。企业要善于发现这些差异。要是他们原来被归属于同一个分市场，现在就要把他们区分开来。

（3）放弃较小或无利可图的细分市场。弄清非重复细分市场的属性，包括所提供的产品或服务用途不相同，产品和服务在每一个细分市场中的比重及一切相对价值应各不相同，所提供的产品或服务不会取得相同的利益，从而排除重复细分市场。

（4）合并较小且与其他需求相似的细分市场，拆分内部需求差异较大的细分市场。这时要明白，在能取得经济效益的细分中，拥有顾客数量的最低界限和企业能够控制的细分市场数量是由企业自身的综合实力强弱来决定的。

3．初评细分市场规模

（1）分析预测法。

第一步，确定产品的潜在购买者和使用者；

第二步，确定第一步界定的每个潜在购买群体中有多少人；

第三步，估计购买率或使用率。根据调查或其他研究所获得的平均购买率来确定，或根据假设前提潜在使用频率等于重度使用者的使用频率来确定。市场潜力就等于第二步和第三步数值的乘积，即潜在顾客数乘以潜在使用频率。企业需要预测各个不同城市、地区的市场潜量。

（2）市场因素组合法。要求辨别在每一个市场上的所有潜在购买者，并且对他们潜在的购买量进行估计。

（3）多因素指数法。

$$B_i=0.5y_i+0.3r_i+0.2p_i$$

其中，B_i表示地区 i 的购买力占全国总购买力的百分比；y_i表示地区 i 的个人可支配收入占全国的百分比；r_i表示地区 i 的零售销货额占全国的百分比；p_i表示地区 i 的居住人口占全国的百分比。

权数要加到每一个变量之上，还需要指定一些其他权数，制造商还应该为一些额外因素而调整市场规模。

4．预测细分市场未来需求

首先是环境预测，主要对通货膨胀、失业、利率、消费者开支和储蓄、企业投资、政府支出及与本公司有关的其他重要环境因素和事件进行预测，然后依照预测结果进行行业预测。对照行业预测的销售额，再进行公司销售预测。

人们说什么的信息主要来源于对购买者或接近购买者的人如推销员、外部专家等的意见调查，主要方法是购买意图调查法、销售员意见综合法和专家意见法。人们做什么的信息主要来源于购买者对投入市场试销的产品的反应，通过分析过去购买行为的记录或采用时间序列分析或统计需求分析来得到。

市场细分的程序可通过如下的例子看出：一家航空公司对从未乘过飞机的人很感兴趣（细分标准是顾客的体验）。而从未乘过飞机的人又可以细分为害怕乘飞机的人、对乘飞机无所谓的人以及对乘飞机持肯定态度的人（细分标准是态度）。在持肯定态度的人中，又包括高收入有能力乘飞机的人和低收入没有能力乘飞机的人（细分标准是收入能力）。于是这家航空公司决定集中力量开拓那些对乘飞机持肯定态度，只是还没有乘过飞机的高收入群体。

二、创业目标市场选择

企业在划分好细分市场之后，可以进入既定市场中的一个或多个细分市场。目标市场选择是指估计每个细分市场的吸引力程度，并选择进入一个或多个细分市场。

（一）目标市场选择的标准

1．有一定的规模和发展潜力

企业进入某一市场是期望能够有利可图，如果市场规模狭小或者趋于萎缩状态，企业进入后难以获得发展，此时应审慎考虑，不宜轻易进入。当然，企业也不宜以市场吸引力作为唯一取舍，特别是应力求避免“多数谬误”，即与竞争企业遵循同一思维逻辑，将规模最大、吸引力最大的市场作为目标市场。大家共同争夺同一个顾客群的结果是造成过度竞争和社会资源的无端浪费，同时使消费者的一些本应得到满足的需求遭受冷落和忽视。现在国内很多企业动辄将城市尤其是大中城市作为其首选市场，而对小城镇和农村市场不屑一顾，很可能就步入误区，如果转换一下思维角度，一些目前经营尚不理想的企业说不定会出现“柳暗花明”的局面。

2．细分市场结构的吸引力

细分市场可能具备理想的规模和发展特征，然而从赢利的观点来看它未必有吸引力。波特认为有五种力量决定整个市场或其中任何一个细分市场的长期的内在吸引力。这五个群体是同行业竞争者、潜在的新参加的竞争者、替代产品、购买者和供应商。他们分别具有如下五种威胁性。

（1）细分市场内激烈竞争的威胁。如果某个细分市场已经有了众多的、强大的或者竞争意识强烈的竞争者，那么该细分市场就会失去吸引力。如果该细分市场处于稳定或者衰退状态，生产能力不断大幅度扩大，固定成本过高，撤出市场的壁垒过高，竞争者投资很大，那么情况就会更糟。这些情况常常会导致价格战、广告争夺战，促使新产品更快地推出，如果公司要参与竞争就必须付出高昂的代价。

（2）新竞争者的威胁。如果某个细分市场可能吸引会增加新的生产能力和大量资源并争夺市场份额的新的竞争者，那么该细分市场就会没有吸引力。问题的关键是新的竞争者能否轻易地进入这个细分市场。如果新的竞争者进入这个细分市场时遇到森严的壁垒，并且遭受到细分市场内原来的公司的强烈报复，他们便很难进入。保护细分市场的壁垒越低，原来占领细分市场的公司的报复心理越弱，这个细分市场就越缺乏吸引力。某个细分市场的吸引力随其进退难易的程度而有所区别。根据行业利润的观点，最有吸引力的细分市场应该是进入的壁垒高、退出的壁垒低的市场。在这样的细分市场里，新的公司很难打入，但经营不善的公司可以安然撤退。如果细分市场进入和退出的壁垒都高，那么其利润潜量就大，但也往往伴随着较大的风险，因为经营不善的公司难以撤退，必须坚持到底。如果细分市场进入和退出的壁垒都较低，公司便可以进退自如，然而获得的报酬虽然稳定却不高。最坏的情况是进入细分市场的壁垒较低，而退出的壁垒却很高。于是在经济良好时，大家蜂拥而入，但在经济萧条时却很难退出。其结果是大家都生产能力过剩，收入下降。

（3）替代产品的威胁。如果某个细分市场存在着替代产品或者有潜在替代产品，那么该细分市场就失去了吸引力。替代产品会限制细分市场内价格和利润的增长，公司应密切注意替代产品的价格趋向。如果在这些替代产品行业中技术有所发展或者竞争日趋激烈，这个细分市场的价格和利润就可能会下降。

（4）购买者讨价还价能力加强的威胁。如果某个细分市场中购买者的讨价还价能力很强或正在加强，该细分市场就没有吸引力。购买者会设法压低价格，对产品质量和服务提出更高的要求，并且使竞争者互相斗争，所有这些都会使销售商的利润受到损失。如果购买者比较集中或者有组织，或者该产品在购买者的成本中占较大比重，或者产品无法实行差别化，或者顾客的转换成本较低，或者由于购买者的利益较低而对价格敏感，或者顾客能够向后实行联合，购买者的讨价还价能力就会加强。销售商为了保护自己，可选择议价能力最弱或者转换销售商能力最弱的购买者。较好的防卫方法是提供顾客无法拒绝的优质产品供应市场。

（5）供应商讨价还价能力加强的威胁。如果公司的供应商（原材料和设备供应商）、公用事业、银行、工会等，能够提价或者降低产品和服务的质量，或减少供应数量，那么该公司所在的细分市场就会没有吸引力。如果供应商集中或有组织，或者替代产品少，或者供应的产品是重要的投入要素，或者转换成本高，或者供应商可以向前实行联合，那么供应商的讨价还价能力就会较强大。因此，与供应商建立良好关系和开拓多种供应渠道才是防御上策。

3．符合企业目标和能力

一方面，某些细分市场虽然有较大的吸引力，但不能推动企业实现发展目标，甚至分散企业的精力，使之无法完成其主要目标，这样的市场应考虑放弃。另一方面，还应考虑企业的资源条件是否适合在某一细分市场经营。只有选择那些企业有条件进入、能充分发挥其资源优势的市场作为目标市场，企业才会立于不败之地。

现代市场经济条件下，制造商品牌和经销商品牌之间经常展开激烈的竞争，也就是所谓品牌战。一般来说，制造商品牌和经销商品牌之间的竞争，本质上是制造商与经销商之间实力的较量。在制造商具有良好的市场声誉，拥有较大市场份额的条件下，应多使用制造商品牌，无力经营自己品牌的经销商只能接受制造商品牌。相反，当经销商品牌在某一市场领域中拥有良好的品牌信誉及庞大的、完善的销售体系时，利用经销商品牌也是有利的。因此，进行品牌使用者决策时，要结合具体情况，充分考虑制造商与经销商的实力对比，以求客观地作出决策。

（二）目标市场选择战略

1．无差异性目标市场策略

该策略是把整个市场作为一个大目标开展营销，它们强调消费者的共同需要，忽视其差异性。采用这一策略的企业，一般都是实力强大、采用大规模生产方式，又有广泛而可靠的分销渠道，以及统一的广告宣传方式和内容的企业。

2．差异性目标市场策略

该策略通常是把整体市场划分为若干细分市场作为其目标市场。针对不同目标市场的特点，分别制订出不同的营销计划，按计划生产目标市场所需要的商品，满足不同消费者的需要。

3．集中性目标市场策略

该策略是选择一个或几个细分化的专门市场作为营销目标，集中企业的优势力量，对某细分市场采取攻势，以取得市场上的优势地位。一般来说，实力有限的中小企业多采用集中性目标市场策略。

三、创业市场定位

（一）创业市场定位概述

1．定义

市场定位也称作“营销定位”，是市场营销工作者用以在目标市场（此处的目标市场指该市场上的客户和潜在客户）的心目中塑造产品、品牌或组织的形象或个性（identity）的营销技术。企业根据竞争者现有产品在市场上所处的位置，针对消费者或用户对该产品某种特征或属性的重视程度，强有力地塑造出本企业产品与众不同的、给人印象鲜明的个性或形象，并把这种形象生动地传递给顾客，从而使该产品在市场上确定适当的位置。简而言之，就是在客户心目中树立独特的形象。

2．目的

市场定位并不是要对一件产品本身做些什么，而是要在潜在消费者的心目中做些什么。市场定位的实质是使本企业与其他企业严格区分开来，使顾客明显感觉和认识到这种差别，从而在顾客心目中占有特殊的位置。市场定位的目的是使企业的产品和形象在目标顾客的心理上占据一个独特、有价值的位置。

3．分类

市场定位可分为对现有产品的再定位和对潜在产品的预定位。

对现有产品的再定位可能导致产品名称、价格和包装的改变，但是这些外表变化的目的是保证产品在潜在消费者的心目中留下值得购买的形象。

对潜在产品的预定位要求营销者必须从零开始，使产品特色确实符合所选择的目标市场。

（二）市场定位的步骤

市场定位的关键是企业要设法在自己的产品上找出比竞争者更具有竞争优势的特性。竞争优势一般有两种基本类型：一是价格竞争优势，就是在同样的条件下比竞争者定出更低的价格。这就要求企业采取一切努力来降低单位成本。二是偏好竞争优势，即能提供确定的特色来满足顾客的特定偏好。这就要求企业采取一切努力在产品特色上下工夫。因此，企业市场定位的全过程可以通过以下三大步骤来完成。

1．识别潜在竞争优势

这一步骤的中心任务是要回答以下三个问题：竞争对手产品定位如何？目标市场上的顾客欲望满足程度如何及确实还需要什么？针对竞争者的市场定位和潜在顾客的真正需要的利益要求企业应该及能够做什么？

要回答这三个问题，企业市场营销人员必须通过一切调研手段，系统地设计、搜索、分析并报告有关上述问题的资料和研究结果。通过回答上述三个问题，企业就可以从中把握和确定自己的潜在竞争优势在哪里。

2．核心竞争优势定位

竞争优势表明企业能够胜过竞争对手的能力。这种能力既可以是现有的，也可以是潜在的。选择竞争优势实际上就是一个企业与竞争者各方面实力相比较的过程。比较的指标应是一个完整的体系，只有这样才能准确地选择相对竞争优势。通常的方法是分析、比较企业与竞争者在经营管理、技术开发、采购、生产、市场营销、财务和产品等七个方面的强项与弱项，并借此选出最适合本企业的优势项目，以初步确定企业在目标市场上所处的位置。

3．战略制定

这一步骤的主要任务是企业要通过一系列的宣传促销活动，将其独特的竞争优势准确地传播给潜在顾客，并在顾客心目中留下深刻的印象。

首先，企业应使目标顾客了解、知道、熟悉、认同、喜欢和偏爱本企业的市场定位，在顾客心目中建立与该定位相一致的形象。

其次，企业通过各种努力强化目标顾客形象，保持目标顾客的了解，稳定目标顾客的态度和加深目标顾客的感情来巩固与市场相一致的形象。

最后，企业应注意目标顾客对其市场定位理解出现的偏差或由于企业市场定位宣传上的失误而造成的目标顾客模糊、混乱和误会，及时纠正与市场定位不一致的形象。即使企业产品在市场上的定位很恰当，但在下列情况下也应考虑重新定位：一是竞争者推出的新产品定位于本企业产品附近，侵占了本企业产品的部分市场，使本企业产品的市场占有率下降；二是消费者的需求或偏好发生了变化，使本企业产品销售量骤减。

重新定位是指企业为已在某市场销售的产品重新确定某种形象，以改变消费者原有的认识，争取有利的市场地位的活动。例如，某日化厂生产婴儿洗发剂，以强调该洗发剂不刺激眼睛来吸引有婴儿的家庭。但随着出生率的下降，销售量减少。为了增加销售量，该企业将产品重新定位，强调使用该洗发剂能使头发松软有光泽，以吸引更多、更广泛的购买者。重新定位对于企业适应市场环境、调整市场营销战略是必不可少的，可以视为企业的战略转移。重新定位可能导致产品的名称、价格、包装和品牌的更改，也可能导致产品用途和功能上的变动，企业必须考虑定位转移的成本和新定位的收益问题。

（三）市场定位的策略与战略

1．避强定位策略

这种策略是企业避免与强有力的竞争对手发生直接竞争，而将自己的产品定位于另一市场的区域内，使自己的产品在某些特征或属性方面与强势对手有明显的区别。这种策略可使自己迅速在市场上站稳脚跟，并在消费者心中树立起一定形象。由于这种做法风险较小，成功率较高，常为多数企业所采用。

2．迎头定位策略

这种策略是企业根据自身的实力，为占据较佳的市场位置，不惜与市场上占支配地位、实力最强或较强的竞争对手发生正面竞争，从而使自己的产品进入与对手相同的市场位置。由于竞争对手强大，这一竞争过程往往相当引人注目，企业及其产品能较快地为消费者了解，达到树立市场形象的目的。这种策略可能引发激烈的市场竞争，具有较大的风险。因此，企业必须知己知彼，了解市场容量，正确判定凭自己的资源和能力是不是能比竞争者做得更好，或者能不能平分秋色。

3．重新定位策略

这种策略是企业对销路少、市场反应差的产品进行二次定位的策略。初次定位后，如果由于顾客的需求偏好发生转移，市场对本企业产品的需求减少，或者由于新的竞争者进入市场，选择与本企业相近的市场位置，这时企业就需要对其产品进行重新定位。

一般来说，重新定位是企业摆脱经营困境，寻求新的活力的有效途径。此外，企业如果发现新的产品市场范围，也可以进行重新定位。

4．战略方式

（1）产品差别化战略，即是从产品质量、产品款式等方面实现差别。寻求产品特征是产品差别化战略经常使用的手段。

（2）服务差别化战略，即是向目标市场提供与竞争者不同的优异服务。企业的竞争力越好地体现对顾客的服务上，市场差别化就越容易实现。

（3）人员差别化战略，即通过聘用和培训比竞争者更为优秀的人员以获取差别优势。

（4）形象差异化战略，即在产品的核心部分与竞争者雷同的情况下塑造不同的产品形象以获取差别优势。

（四）市场定位的原则

各个企业经营的产品不同，面对的顾客不同，所处的竞争环境也不同，因而市场定位所依据的原则也不同。总的来讲，市场定位所依据的原则有以下四个。

1．根据具体的产品特点定位

构成产品内在特色的许多因素都可以作为市场定位所依据的原则，如所含成分、材料、质量、价格等。例如，“七喜”汽水的定位是“非可乐”，强调它是不含咖啡因的饮料，与可乐类饮料不同。又如，“泰宁诺”止痛药的定位是“非阿斯匹林的止痛药”，显示药物成分与以往的止痛药有本质的差异。一件仿皮皮衣与一件真正的水貂皮衣的市场定位自然不会一样，同样，不锈钢餐具若与纯银餐具定位相同也是令人难以置信的。

2．根据特定的使用场合及用途定位

为老产品找到一种新用途，是为该产品创造新的市场定位的好方法。例如，小苏打曾一度被广泛地用作家庭的刷牙剂、除臭剂和烘焙配料，后来有不少的新产品代替了小苏打的上述一些功能。于是有家公司重新定位把它当作调味汁和肉卤的配料，更有一家公司将它定位为冬季流行性感冒患者的饮料。

3．根据顾客得到的利益定位

产品提供给顾客的利益是顾客最能切实体验到的，也可以用作定位的依据。例如，1975年美国米勒（Miller）推出了一种低热量的“Lite”牌啤酒，将其定位为喝了不会发胖的啤酒，迎合了那些经常饮用啤酒而又担心发胖的人的需要。

4．根据使用者类型定位

企业常常试图将其产品指向某一类特定的使用者，以便根据这些顾客的看法塑造恰当的形象。例如，美国米勒啤酒公司曾将其原来唯一的品牌“高生”啤酒定位于“啤酒中的香槟”，吸引了许多不常饮用啤酒的高收入妇女。后来发现，占30%的狂饮者大约消费了啤酒销量的 80%，于是该公司在广告中展示石油工人钻井成功后狂欢的镜头和年轻人在沙滩上冲刺后开怀畅饮的镜头，塑造了一个“精力充沛的形象”。还在广告中提出“有空就喝米勒”，从而成功占领啤酒狂饮者市场达 10 年之久。

事实上，许多企业进行市场定位时依据的原则往往不止一个，而是多个原则同时使用。因为要体现企业及其产品的形象，市场定位必须是多维度的、多侧面的。

案例 11-3：小小蜜蜡店年赚过百万[①]

自言对女性研究最透彻、专做女人生意的香港人蓝景云，去年在广州中华广场六楼投资开了一间名叫“清雅古蜡”的蜜蜡店。该店铺只有十多平方米的实用面积，月租金却要 3 万元人民币。50 多岁的蓝景云已不是投资新手，他从 20 世纪 80 年代初期就投资做贸易。1989 年，美欧联手制裁中国，蓝景云的贸易生意也跟着亏得一塌糊涂。最后身无分文的他回到香港，靠做“走鬼”卖牛仔裤度日。蓝景云为何将投资的触角伸向比较冷门的蜜蜡呢？几年前，蓝景云偶然发现香港很多人还有演艺界明星都喜欢在手腕上戴一串水晶手链或蜜蜡手链，明星的穿着打扮时刻影响着一大班追星族来效仿。

经过一番研究和市场调查后，蓝景云发现水晶的利润高得惊人，于是他决定投资去做水晶首饰的生意。水晶首饰一般都是穿好了一条条卖，蓝景云却独辟蹊径，将水晶拆散逐粒卖，这样不仅节约了成本，还可以根据顾客的需求，将不同的水晶任意组成一条手链或饰物。很快，在朋友的引荐下，蓝景云与香港吉之岛签订合作协议，由吉之岛提供经营场地，蓝景云负责经营，吉之岛收取营业额的 30%作为回报。不到一年，蓝景云先后与吉之岛、千色店、先施百货等十几家专柜合作卖散装水晶。由于价廉物美，在 SARS 横行、百业萧条之际，蓝景云经营的水晶却一枝独秀，全线飘红。

在做水晶生意时，蓝景云又接触到比水晶更高层次的蜜蜡，天然蜜蜡的价值远高于天然水晶，而且利润更为丰厚。由于民间早就有人专门收藏蜜蜡，因为蜜蜡中也有很多年代久远的精品，而中国不是蜜蜡产地，因此，上等蜜蜡的价格不菲。蓝景云通过做天然水晶生意，认识了许多蜜蜡玩家和产地的供应商，做蜜蜡生意的利润也同样高得惊人。2003 年，蓝景云在香港沙田新城市广场附近的希尔顿商场，以月租 3 万多港元租下一个只有 6 平方米的商铺，起名“清雅古蜡”，由他太太打理。经营半年后，这个商铺平均每月保持有 20 多万港元的营业额，减去三四万港元原料成本和铺租，纯利润有十七八万港元。

对广州消费力极为熟悉的蓝景云遂决定再次进军大陆。2004 年初，他与朋友合作在广州中华广场六楼投资开设了国内第一间蜜蜡专营店“清雅古蜡”。2005 年春节过后，蓝景云又在广州环市中路世界贸易广场四楼投资开了“清雅古蜡”分店。

[①] 资料来源：123 创业网。

蓝景云坦言，他的蜜蜡店之所以经营得那么好，原因有几个方面：首先是货品来源广，品质较佳，许多玩蜜蜡玩到出书的专家收藏的货品都不及他手上拥有的品质好，而且拥有的上等货款色和数量也几无对手；其次，价格优惠；最后，他有一套他人无法仿效的销售手法。

【思考】

1. 蓝景云为何将投资的触角伸向比较冷门的蜜蜡？
2. 2004年，蓝景云是如何再次进军大陆市场的？
3. 蓝景云的蜜蜡店之所以经营得那么好，成功秘诀是什么？

第四节　创业营销组合策略

市场营销组合是企业市场营销战略的一个重要组成部分，是指将企业可控的基本营销措施组成一个整体性活动。市场营销的主要目的是满足消费者的需要，而消费者的需要很多，要满足消费者的需要所应采取的措施也很多。因此，企业在开展市场营销活动时，就必须把握住那些基本性措施，合理组合，并充分发挥整体优势和效果。

一、市场营销组合概述

（一）市场营销组合的概念

市场营销组合是指企业在选定的目标市场上，综合考虑环境、能力、竞争状况对企业自身可以控制的因素，加以最佳组合和运用，以完成企业的目的与任务。

市场营销组合这一概念是由美国哈佛大学教授尼尔·鲍顿（N. H. Borden）于1964年最早采用的，并确定了营销组合的12个要素。随后，理查德·克莱维特教授把营销组合要素归纳为产品、订价、渠道和促销。

市场营销组合是制定企业营销战略的基础，做好市场营销组合工作可以保证企业从整体上满足消费者的需求。市场营销组合是企业对付竞争者强有力的手段，是合理分配企业营销预算费用的依据。

（二）市场营销组合的特点和策略

1. 市场营销组合的特点

市场营销组合作为企业一个非常重要的营销管理方法，具有以下特点。

（1）市场营销组合是一个变量组合。构成营销组合的“4Ps”的各个自变量是最终影响和决定市场营销效益的决定性要素，而营销组合的最终结果就是这些变量的函数，即因变量。从这个关系看，市场营销组合是一个动态组合。只要改变其中的一个要素，就会出现一个新的组合，产生不同的营销效果。

（2）营销组合具有层次性。市场营销组合由许多层次组成，就整体而言，“4Ps”是一个大组合，其中每一个 P 又包括若干层次的要素。这样，企业在确定营销组合时，不仅更为具体和实用，而且相当灵活；不但可以选择四个要素之间的最佳组合，而且可以恰当地安排每个要素内部的组合。

（3）市场营销组合具有整体协同作用。企业必须在准确地分析、判断特定的市场营销环境、企业资源及目标市场需求特点的基础上，才能制定出最佳的营销组合。因此，最佳的市场营销组合的作用绝不是产品、价格、渠道、促销四个营销要素的简单数字相加，即 $4Ps \neq P + P + P + P$，而是使它们产生一种整体协同作用。就像中医开出的处方，四种草药各有不同的效力，治疗效果不同，所治疗的病症也相异，而且这四种草药配合在一起的治疗作用大于原来每一种药物的作用之和。市场营销组合也是如此，只有它们的最佳组合，才能产生一种整体协同作用。正是从这个意义上讲，市场营销组合又是一种经营的艺术和技巧。

（4）市场营销组合必须具有充分的应变能力。市场营销组合作为企业营销管理的可控要素，一般来说，企业具有充分的决策权。例如，企业可以根据市场需求来选择确定产品结构，制定具有竞争力的价格，选择最恰当的销售渠道和促销媒体。但是，企业并不是在真空中制定市场营销组合的。随着市场竞争和顾客需求特点及外界环境的变化，必须随时对营销组合进行纠正、调整，使其保持竞争力。总之，市场营销组合对外界环境必须具有充分的适应力和灵敏的应变能力。

2. 市场营销组合的策略

影响企业营销的因素有两类：一是企业外部环境给企业带来的机会和威胁，这些是企业很难改变的；二是企业本身可以通过决策加以控制的。企业本身可以控制的因素归纳起来主要有以下四方面。

（1）产品策略。产品策略包括产品发展、产品计划、产品设计、交货期等决策的内容。其影响因素包括产品的特性、质量、外观、附件、品牌、商标、包装、担保和服务等。

（2）价格策略。价格策略包括确定定价目标、制定产品价格原则与技巧等内容。其影响因素包括付款方式、信用条件、基本价格、折扣、批发价和零售价等。

（3）促销策略。促销策略是指主要研究如何促进顾客购买商品以实现扩大销售的策略。其影响因素包括广告、人员推销、宣传、营业推广和公共关系等。

（4）分销策略。分销策略主要研究使商品顺利到达消费者手中的途径和方式等方面的策略。其影响因素包括分销渠道、区域分布、中间商类型、运输方式和存储条件等。

上述四个方面的策略组合起来总称为市场营销组合策略。市场营销组合策略的基本思想在于：从制定产品策略入手，同时制定价格、促销及分销渠道策略，组合成策略总体，以便达到以合适的商品、合适的价格、合适的促销方式把产品送到合适地点的目的。企业经营的成败在很大程度上取决于这些组合策略的选择和它们的综合运用效果。

二、市场营销组合应用中须处理好的几个关系

（一）营销组合策略与营销战略

在市场营销组合的执行过程中，非常明显地体现出营销组合策略与营销战略相辅相成且有机结合的关系。

市场营销组合不仅是市场营销战略的组成部分，而且是市场营销战略的基础和核心。处理好二者之间的关系，关系到企业营销的成败。因此，营销组合在具体执行过程中要遵循目标性、协调性、经济性、反馈性原则，还要经常修订短期策略目标，以加强和完善最基本的营销战略。只要营销组合策略保持在营销战略目标的限度内，则可以认为是可行的，但若未达到预期效果，企业就必须重新评价这一营销组合策略在整体营销战略中是否恰当，甚至营销战略制定得是否正确，而不能只停留在个别策略的调整上。

（二）营销组合与营销环境

当前，营销环境对企业营销的影响已由通过影响目标市场需求进而间接影响企业的市场营销组合发展为直接制约企业的市场营销组合，所以企业在选择市场营销组合时，必须把营销环境看作一个重要因素。为此，要进一步明确营销环境与营销组合的关系，才能在二者的动态协调中把握住企业生存和发展的主动权。

（1）同一性。营销组合与营销环境均为企业营销的可变因素，共同对企业的营销活动发生作用和影响。

（2）营销环境对市场营销组合的制约性。企业作为一个开放的组织系统，与外部营销环境发生着各种各样的错综复杂的联系。其营销活动必然受到营销环境的影响和制约并表现为多种渠道和多种形式，具体表现在对企业营销目标、营销战略、营销策略等方面的影响。

（3）市场营销组合对营销环境的适应性。由于营销组合的可控性和营销环境的不可

控性，且二者均处在动态变化之中，特别是在变化的速度上，后者的变化大大快于前者，这就决定了企业必须随营销环境的变化及时调整市场营销组合，以求得与营销环境的适应和协调。值得注意的是，不能满足营销组合和营销环境在一定时期的相适应，要预测未来若干年营销环境的变化趋势，并据此制定长期营销战略和策略。由此可见，企业的营销活动过程实质上是企业适应环境（企业不可控因素）变化，并对变化着的环境不断做出新的反应的动态过程（通过企业可控制因素）。

（4）市场营销组合对营销环境的主动性。营销是一种能动性很强的活动，企业运用营销组合并不是消极被动地适应环境的变化，而是积极主动地影响营销环境。面对变化莫测的营销环境，企业时时在观察和识别由于环境变化给企业带来的“市场机会”或构成的“环境威胁”，并善于把营销环境的变化作为难得的良机，灵活地加以运用，也就是将市场机会变为企业机会。这就不但使企业的市场营销组合适应营销环境的变化，而且要在一定程度上去选择环境、改造环境，并对变化着的营销环境给予影响，这就使营销组合有了更大的灵活性和主动性。

（三）市场营销组合与市场细分、目标市场、市场定位

1．市场营销组合与市场细分、目标市场和市场定位的关系

市场营销组合在其发展过程中是与市场细分、目标市场、市场定位等重要概念相适应而产生的。

营销组合与市场细分构成制定营销策略组合的最基本方法。市场细分的目的在于探索市场机会，确定企业的目标市场。市场营销组合的目的在于艺术地使用有效手段达到目标市场。因而，市场细分是对营销客观条件的分析，市场营销组合则是对营销工作如何发挥主观能动性的研究。

市场营销组合与目标市场共同构成企业市场营销战略的主体，其中目标市场是中心。也就是说，以目标市场为中心，满足其需求，为其服务是企业一切营销活动的出发点和归宿，市场营销组合当然也如此。

市场营销组合受企业的市场定位所制约。由此可见，上述四个因素之间的关系为：市场细分影响目标市场，目标市场影响市场定位，市场定位影响市场营销组合。

2．目标市场对市场营销组合的影响

由于目标市场始终处于中心位置，所以有必要深入分析目标市场营销组合的影响。

一个适当的市场营销组合的性质，实质上是由目标市场的需要所决定的。因此，企业有必要精辟地分析和充分了解目标顾客的需要、态度及其他方面的条件，以便在外部营销环境的制约下，迅速地规划合理的营销组合。

首先，潜在顾客的所在地和人口方面的特点，影响目标市场的潜力大小，影响地点

策略，即确定产品在什么地方可以买到，也影响促销策略，即在什么地方对谁进行促销。

其次，消费模式和购买行为特点，不仅影响产品因素，即在产品设计、包装、产品线等方面，也影响促销策略，即如何迎合潜在顾客的物质需要和心理需要，投其所好。

最后，潜在顾客需要的迫切程度及比较和选购商品的意愿，影响渠道策略，即渠道的长短、宽窄、直接或间接；服务标准及便利购买与否，影响价格即顾客愿意支付的价格。另外，市场的竞争特点将影响着市场营销组合的各个方面。

（四）市场营销组合与产品生命周期

由于产品生命周期的不同阶段的特征不同，所采取的市场营销组合策略也不同，二者的对应关系如表 11-1 所示。

表 11-1 市场营销组合与产品生命周期

生命周期阶段 / 营销组合因素	引 入 期	成 长 期	成 熟 期	衰 退 期
产品	取得用户对产品的了解	保证质量、加强服务	引进质量、扩大用途、力创名牌	改造产品或淘汰产品
价格	按新产品定价	适当调价	考虑竞争价格	削价
渠道	寻找合适的中间商	逐步扩大销售渠道	充分利用各种渠道	充分利用中间商
促销	介绍产品	宣传产品厂牌	宣传用户好评	保持用户对产品的信誉

产品从面世到被市场淘汰的整个过程决定着企业在不同阶段采用不同的营销组合策略，但营销组合策略也不是消极被动的。以广告策略为例，在一定的条件下，人们可以根据广告活动规律，改变产品生命周期状况，充分发挥广告的反作用。例如在产品的衰退期，衰退期广告的宣传显然只是为了消除存货，为了“安全撤退而已”，但长沙起重机厂就是通过市场调研，大胆采用独特的广告宣传成功地延长了一种老产品的生命周期。他们调研了解到全国同行业均生产的 CD 型电动葫芦，在设计方面有一些先天不足，用户不太信任，而 TV 型电动葫芦虽是老产品，外形不够美观，成本高，但安全可靠，过载能力大，使用寿命长，维修方便。于是，他们大胆上马生产这一老产品，对此老产品进行推销时一般广告策略难以奏效。他们采用广种薄收的宣传策略，一是争取那些追忆和信任这一老产品的用户，二是争取某些暂存顾虑的用户，结果延长了这一老产品的生命周期，独家生产，供不应求，同时在全国范围内的市场上避开竞争优势，重新确定目标市场，大张旗鼓地进行广泛宣传，并选择有利时机，集中刊登广告，收效极为明显。

（五）市场营销组合与供求状况

针对市场供求关系的变化，企业也须选择相应的市场营销组合策略。当市场态势是卖方市场时，组合策略侧重于产品策略。当进入买方市场时，开始出现供过于求，组合策略重点开始向价格与促销过渡。当完全供过于求，即开始进入消费者主导市场时，制定组合策略的目标在于尽力使潜在顾客转化为显在顾客，促使其实现购买行为。

（六）营销组合因素与市场发展策略

采用不同的市场发展策略，需要有不同的营销组合方式相配合，所突出的重点也不同，二者之间的对应关系如表 11-2 所示。

表 11-2 营销组合和市场发展关系

产品 市场	现有产品	新产品
现有市场	市场渗透（价格、促销）	产品开发（产品、促销）
新市场	市场开发（渠道、促销）	多角化经营（产品、渠道、促销）

（七）市场营销组合与消费者状态

当营销组合是针对消费者状态即消费者购买决策形成过程的不同阶段时，要注意图 11-2 所示的这些作用特征。在消费者的状态从注意向推广阶段发展的过程中，广告的作用是下降的趋势，产品的作用却越来越强，而价格的作用在中间的阶段最为突出，这就为企业在消费者状态的不同阶段选择不同的策略组合方案提供了依据。

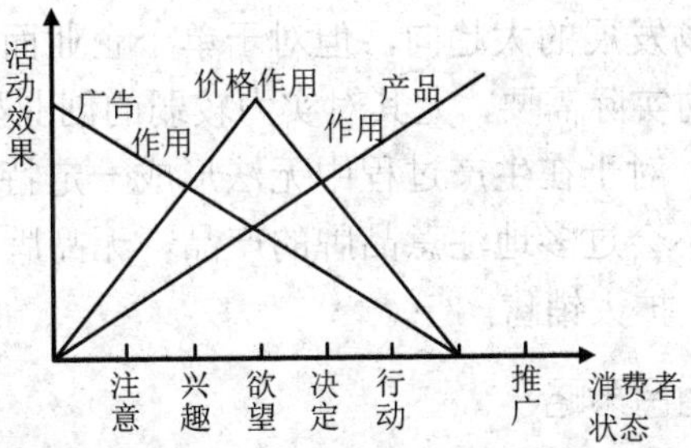

图 11-2 营销组合因素与消费者状态的关系

消费者购买决策的形成，是多种因素综合作用的结果，这在购买者行为分析中已做详细阐述，不再重复。现在强调的是营销组合中产品、广告、价格三个因素所起的作用，以及它们在消费者购买决策形成不同阶段发挥作用程度上的差别，进而导致活动效果的差异。这就提出了如何使不同的营销手段或营销组合策略与消费者购买决策过程的不同阶段相配合，以取得事半功倍的效果。这样，企业就可以在消费者购买决策和购买行为形成的每一个阶段施加相应的策略组合影响，以增强营销组合之间的针对性、协调性，减少盲目性。

三、创业企业不同阶段的营销组合策略

营销组合策略包含有产品策略、价格策略、促销策略、营销渠道策略四个策略，如何巧妙地将这四个策略密切地组合，以树立企业品牌、达成销售是制定营销组合策略的目的。

营销是一个动态的科学，由于它有太多的变数影响着营销的成效，因此营销组合策略没有既定的最佳方案，最佳的组合方案要视市场现状自己去制定。企业在其不同成长阶段有各自的成长特点，所以应采取不同的营销组合策略，以适应企业成长各阶段的不同要求，达到企业营销战略的目标。

（一）创业期的营销组合策略

如果企业在创业期选择建立自己的品牌，那就要在创业一开始就树立极强的品牌意识，对品牌进行全面的规划，在企业的经营、管理、销售、服务、维护等多个方面都以创立品牌为目标，不仅仅是依赖传统的战术性的方法，如标志设计和传播、媒体广告、促销等，而是侧重于品牌的长远发展。因此，企业在创业期除了要尽快打响品牌的知名度以外，关键的问题是要确立品牌的核心价值，给顾客提供一个独特的购买理由，并力争通过有效的传播与沟通让顾客知晓。

尽管品牌化是商品市场发展的大趋向，但对于单个企业而言，是否要使用品牌还必须考虑产品的情况和顾客的实际需要，尤其对实力较弱的创业型企业来说，受企业规模、人员、资金、时间的制约，对于在生产过程中无法形成一定特色的产品，或由于产品同质性很高，顾客在购买时不会过多地注意品牌的产品，无品牌化策略不失为一个可选的方法，这样可以节省费用，扩大销售。

（二）成长期的营销组合策略

当创业企业步入成长期时，提高品牌的认知度、强化顾客对品牌核心价值和品牌个性的理解是企业营销努力的重点。其中最重要的途径是加强与顾客的沟通。顾客是通过各种接触方式获得信息的，既有通过各种媒体的广告、产品的包装、商店内的推销活动，也有产品接触、售后服务和邻居朋友的口碑，因此，企业要综合协调地运用各种形式的传播手段来建立品牌认知，为今后步入成熟期打下良好的基础。建立、提高和维护品牌

认知是企业争取潜在顾客、提高市场占有率的重要步骤。

成长期的企业由于资源相对于消费需求的多样性和可变性总是有限的，不可能满足市场上的所有需求，因此企业必须针对某些自己拥有竞争优势的目标市场进行营销。品牌定位是企业为满足特定目标顾客群的且与产品有关联的独特心理需求，并在同类品牌中建立具有比较优势的品牌策略。通过锁定目标顾客，并在目标顾客心目中确立一个与众不同的差异化竞争优势和位置，连接品牌自身的优势特征与目标顾客的心理需求。在当今这个信息过度膨胀的社会里，只有有效地运用定位这种传播方式和营销策略，才能使品牌在激烈的竞争中脱颖而出。这样，一旦顾客有了相关需求，就会开启大脑的记忆和联想之门，自然而然地想到该品牌，并实施相应的购买行为。

（三）成熟期的营销组合策略

企业进入成熟期，在市场已经站稳了脚跟，但由于竞争者的大量加入和产品的普及，竞争变得尤为激烈。因此，企业应该根据成熟期的市场、产品、竞争特点，提高企业品牌的忠诚度，进行适当的品牌延伸。

由于在成熟期竞争者大量涌入，因此，企业应该通过建立品牌组合，实施多品牌战略，尽可能多地抢占市场，避免风险。实行多品牌，可以使每个品牌在顾客心里占据独特的、适当的位置，迎合不同顾客的口味，吸引更多的顾客，使企业有机会最大限度地覆盖市场，并使竞争者感到在每一个细分市场的现有品牌都是进入的障碍，从而限制竞争者的扩展机会，有效地保证企业维持较高的市场占有率。但是，企业实施多品牌有可能会面临跟自己竞争的危险，抢自己原有品牌所占的市场份额。因此，最有成效的多品牌策略是使新品牌打入市场细分后的各个细分市场中。这种策略的前提是市场是可以细分的，一个成功的企业往往会利用市场细分为重要的新品牌创造机会。

（四）衰退期（二次创业期）的营销组合策略

在这个阶段，企业应着眼未来，退出衰退期产品的竞争，把精力投入到二次创业上。企业可实施品牌重新定位、品牌创新等策略重新进入市场。

案例 11-4[①]

2003年，在中国大陆市场上，位于河北省邢台市隆尧县的华龙集团以超过60亿包的方便面产销量排在方便面行业第二位，仅次于康师傅。同时与康师傅、统一形成了三足鼎立的市场格局。华龙真正地由一个地方方便面品牌转变为全国性品牌。

① 资料来源：百度文库。

作为一个地方性品牌，华龙方便面为什么能够在“康师傅”和“统一”这两个巨头面前取得全国产销量第二的成绩，从而成为中国国内方便面行业又一股强大的势力呢？从市场角度而言，华龙的成功与它的市场定位、通路策略、产品策略、品牌战略和广告策略等都不无关系。

发展初期的产品市场定位：针对农村市场的高、中、低产品组合。

在20世纪90年代初期，大的方便面厂家将其目标市场大多定位于中国的城市市场。1994年，华龙在创业之初便把产品准确定位在8亿农民和3亿工薪阶层的消费群上。同时，华龙依托当地优质的小麦和廉价的劳动力资源，将一袋方便面的零售价定在0.6元以下，比一般名牌低0.8元左右，售价低廉。2000年以前，主推的大众面有“108”“甲一麦”“华龙小仔”；中档面有“小康家庭”“大众三代”；高档面有“红红红”“煮着吃”。凭借正确的目标市场定位策略，华龙一下在北方广大的农村打开市场。2002年，从销量上看，华龙地市级以上经销商（含地市级）的销售量只占总销售量的27%，县城乡镇占73%，农村市场支撑了华龙的发展。

发展中期的区域产品策略：不同区域市场的高、中、低产品组合。

从2001年开始，华龙推行区域品牌战略，针对不同地域的消费者推出不同口味和不同品牌的系列新品，包括：定位在小康家庭的最高档产品“小康130”系列；面饼为圆形的“以圆面”系列；适合少年儿童的A－干脆面系列；为感谢消费者推出的“甲一麦”系列；为尊重少数民族推出的“清真”系列；回报农民兄弟的“农家兄弟”系列；适合中老年人的“煮着吃”系列。以上系列产品都有3种以上的口味和6种以上的规格。

【思考】

对华龙集团不同时期的方便面营销组合策略进行分析。

本章小结

创业营销对于多数创业企业的成功具有非常重要的意义。与其他企业功能相比，营销对于新企业前途的重要性被认为要大得多。多数情况下，一个新企业成功或失败的原因是营销而非技术。传统营销和创业营销在环境要求、市场反应、风险态度和资源利用四个方面有着明显不同。

创业营销研究的是市场进入过程中的市场分析、战略、策略、组织保障和安全等方面的问题。

目标市场营销有市场细分、目标市场和市场定位三个阶段。

营销组合要素归纳为产品、订价、渠道和促销。

思考与讨论

1. 如何理解创业营销的概念？与传统营销相比有哪些不同?
2. 创业营销可以分为哪几个阶段？
3. 市场细分、目标市场和市场定位分别是什么？
4. 请谈谈创业企业目标市场细分与定位的方法和技巧。
5. 什么是销售渠道？销售渠道的作用是什么？
6. 创业企业在市场营销过程中应如何选择销售渠道？

实训题

1. 根据下述营销策划书撰写的步骤和方法，为自己的创业企业撰写一份营销策划书。

营销策划书的内容包括封面、目录、策划目的、营销环境分析、市场机会与问题分析、营销目标、营销战略、行动方案与机会等。

（1）封面，标注策划书名称、被策划的客户、策划人名称、策划完成日期及本策划适用时间段。

（2）营销环境状况分析，包括市场环境和宏观环境两部分。

当前市场状况及市场前景分析包括：产品的市场性、现实市场及潜在市场状况，市场成长状况，产品目前处于市场生命周期的哪一阶段上，对于不同市场阶段上的产品公司营销侧重点如何，相应的营销策略效果怎样，需求变化对产品市场的影响，消费者的接受性。要凭借已掌握的资料分析产品市场发展前景。

产品市场影响因素分析主要是对影响产品的不可控因素进行分析，如宏观环境、政治环境、居民经济条件（如消费者收入水平、消费结构的变化、消费心理）等，对一些受科技发展影响较大的产品如计算机、家用电器等产品的营销策划还需要考虑技术发展趋势方向的影响。

（3）市场机会与问题分析。首先，要对产品目前的营销现状进行问题分析。一般营销中存在的具体问题表现为多个方面，如企业知名度不高，形象不佳影响产品销售；产品质量不过关，功能不全，被消费者冷落；产品包装太差，提不起消费者的购买兴趣；产品价格定位不当；销售渠道不畅，或渠道选择有误，使销售受阻；促销方式不对，消费者不了解企业产品；服务质量太差，令消费者不满；售后保证缺乏，消费者购后顾虑多等。其次，在此基础上，还要针对产品特点分析优、劣势，从问题中找劣势予以克服，从优势中找机会并发掘其市场潜力。通过分析各目标市场或消费群特点，进行市场细分，抓住主要消费群作为营销重点，找出与竞争对手的差距，把握利用好市场机会。

（4）营销目标，是在前面的任务基础上公司所要实现的具体目标，即营销策划方案执行期间，经济效益目标达到：总销售量为×××万件，预计毛利×××万元，市场占有率实现××。

（5）营销战略包括营销宗旨、产品策略、价格策略和销售渠道几个方面。

营销宗旨，一般企业可以注重以下几个方面：以强有力的广告宣传攻势顺利拓展市场，为产品准确定位，突出产品特色，采取差异化营销策略；以产品主要消费群体为产品的营销重点；建立起点广面宽的销售渠道，不断拓宽销售区域等。

产品策略，是通过前面产品市场机会与问题分析，提出合理的产品策略建议，形成有效的4P组合，达到最佳效果。产品策略具体包括产品定位、产品质量功能方案、产品品牌、产品包装和产品服务。

价格策略，如拉大批零差价，调动批发商、中间商积极性；给予适当数量折扣，鼓励多购；以成本为基础，以同类产品价格为参考，使产品价格更具竞争力。

销售渠道，包括产品目前的销售渠道状况如何，对销售渠道的拓展有何计划，采取一些实惠政策鼓励中间商、代理商的销售积极性或制定适当的奖励政策。

（6）行动方案与机会。

2．一分钟自我推销演练。演练内容如下：

（1）问候。

（2）我是谁，包括姓名、来自哪里、个人兴趣爱好、专长、家庭情况、对学习市场营销课程的认识和学习期望等。

（3）目的：一是便于授课教师迅速掌握全班学生的情况，以便以后有针对性地、因人制宜地组织开展营销活动；二是加深学生之间的相互了解；三是锻炼学生们上台发言的胆量和口头表达能力，而这种胆量和说话能力正是从事市场营销专业的学生所必不可少的。

第十二章　创业财务管理

本章目标

1. 掌握财务分析的概念、方法和基本指标。
2. 熟悉资金的时间价值和风险分析，熟悉利润及其构成。
3. 了解财务管理的概念、目标和原则，了解投资决策的类型。

引导案例①

1997 年，摩托罗拉公司铱星移动通信网络投入商业运营，成为第一个真正能覆盖全球每个角落的通信网络系统。随之，公司股票大涨，其股票价格从发行时的每股 20 美元飙升到 1998 年 5 月的 70 美元。崇尚科技的人士尤其看好铱星系统。1998 年，美国《大众科学》杂志将其评为年度全球最佳产品之一。同年底，在由我国两院院士评选的年度十大科技成就中，它名列第二位。

对于高科技而言，铱星系统不但采用了复杂、先进的星上处理和星间链路技术，使地面实现无缝隙通信，而且解决了卫星网与地面蜂窝网之间的跨协议漫游。铱星系统开创了全球个人通信的新时代，使人类在地球上任何“能到达的地方”都可以相互联络。

然而，价格不菲的“铱星”通信在市场上遭受到了冷遇，用户最多时才 5.5 万，而据估算它必须发展到 50 万用户才能盈利。由于巨大的研发费用和系统建设费用，铱星背上了沉重的债务负担。整个铱星系统耗资达 50 多亿美元，每年仅系统的维护费就要几亿美元。除了摩托罗拉等公司提供的投资和发行股票筹集的资金外，铱星公司还举借了约 30 亿美元的债务，每月仅债务利息就达 4000 多万美元。从一开始，铱星公司就一直在与银行和债券持有人等组成的债权方集团进行债务重组的谈判，但双方最终未能达成一致。债权方集团于 1999 年 8 月 3 日向纽约联邦法院提出了迫使铱星公司破产改组的申请，加上无力支付两天后到期的 9000 万美元的债券利息，铱星公司被迫于同一天申请破产保护。2000 年 3 月 18 日，铱星背负 40 多亿美元债务正式破产。

---

① 资料来源：百度文库，http://wenku.baidu.com/link?url。

【思考】

1. 铱星公司在高科技上的登峰造极与市场上的全线溃败的强烈对比说明了什么？
2. 导致铱星公司最终破产的原因有哪些？
3. 由铱星公司破产引发的经验与教训是什么？

第一节　财务管理概述

创业者开办企业的目的就是为自己创造更多的财富，获取更多的利润。很多创业者发现，企业的销售额不断增加，利润却不断下降；生意非常红火，却没有钱偿还到期的债务，甚至倒闭。面对这些现象，创业者往往莫名其妙，百思不得其解，原因就是缺乏必要的财务管理知识。实践告诉我们，掌握一定的财务管理知识，有助于创业者成功创业。

一、财务管理的概念

财务管理是以资金运作为对象，利用价值形式对新创企业各种资源进行优化配置的综合性管理活动。它通过对新创企业各项资金的筹集、使用、收入和分配进行预测、决策、分析、核算与考核，对生产与管理的要素进行优化配置，提高资金使用效率，促使企业以尽可能少的资源获得最大的生产经营效果。对于新创企业来说，如何在筹集到资金以后实施有效的财务管理是企业成败的关键。

二、财务管理的内容

财务管理的对象是资金的运动与流转，资金的运动过程是通过一系列财务活动来实现的，包括资金的筹集、投放、使用、回收及分配等一系列行为。企业处理财务活动的过程，一般包括筹资管理、投资管理和利润分配管理三项主要内容。

三、财务关系

企业在处理各项财务活动的过程中与有关各方发生经济利益关系，这种由理财而发生的关系称为财务关系。企业的财务关系主要包括以下几个方面。

（一）企业与政府之间的财务关系

它主要是上缴各种税款的经济关系。企业应按照国家税法的规定，及时足额地缴纳各种税款，以保证国家财政收入的实现。

（二）企业与投资者之间的财务关系

它主要是指新创企业的投资者（包括创业者本人）向企业投入资金，企业向其投资者支付投资报酬所形成的经济关系。企业的投资者应按照投资协议的约定履行出资义务，以便及时形成企业的资本金。企业利用资本金进行经营，实现利润后，应按出资比例或合同、章程的规定，向其投资者分配利润。

（三）企业与债权人之间的财务关系

它主要是指新创企业向债权人借入资金，并按借款合同的规定按时支付利息和归还本金所形成的经济关系。新创企业除利用自有资金进行经营活动外，往往还要从外部借入一定量的资金，以弥补自有资金的不足或降低资金成本，扩大经营规模。新创企业的债权人主要有：一是贷款机构；二是商业信用提供者；三是其他出借资金给企业的单位和个人。

（四）企业与债务人之间的财务关系

它主要是指新创企业将其资金以提供借款或商业信用等形式出借给其他单位所形成的经济关系。企业将资金借出后，有权要求其债务人按约定的条件支付利息和归还本金。

（五）企业与职工之间的财务关系

它主要是指新创企业向职工支付劳动报酬过程中所形成的经济关系。企业要用产品或劳务的销售收入，向职工支付工资、津贴、奖金等。

四、财务管理的目标

根据现代企业财务管理理论和实践，最具有代表性的财务管理目标主要有以下几种。

（一）利润最大化

以利润最大化作为财务管理的目标，有利于新创企业讲求经济核算、加强管理、改进技术、提高劳动生产率、降低劳动成本，从而有利于资源的合理配置及经济效益的提高。

但是，以利润最大化为财务管理目标存在不可忽视的缺点：一是利润最大化没有考虑利润实现的时间，没有考虑资金的时间价值；二是利润最大化没能有效地考虑风险问题，可能使创业者或企业的决策人员不顾风险的大小去盲目追求最多的利润；三是利润最大化往往使企业财务决策带有短期行为的倾向，即只顾实现目前的最大利润，而不顾新创企业的长远发展；四是没有考虑创造的利润与投入资金之间的关系，因而不利于不同资本规模的企业或同一企业不同时期的比较。正是因为以上缺点，所以利润最大化并不是财务管理的最优目标。

（二）资本利润率最大化

资本利润率是利润额与资本额的比率。该目标的优点是把企业实现的利润额同投入的资本进行对比，能够说明企业的盈利水平，可以在不同资本规模的企业或同一企业不同时期之间进行比较，揭示其盈利水平的差异。但该目标仍然没有考虑资金的时间价值和风险因素，也不能避免企业的短期行为。

（三）企业价值最大化

创业者创立企业的重要目的在于创造尽可能多的财富。这种财富首先表现为企业的价值。这里所讲的企业价值，不是账面资产的总价值，而是企业全部资产的市场价值，该企业价值应反映企业潜在或预期的获利能力。在评价企业价值的时候，必须要考虑资金的时间价值和风险问题。企业所得的收益越多，实现收益的时间越近，应得的报酬越确定，则企业的价值越大。以企业价值最大化为目标，其优点主要表现在以下几点。

（1）考虑了资金的时间价值和投资的风险价值，有利于统筹安排长短期规划、合理选择投资方案、有效筹措资金、合理制定分配政策等。

（2）反映了对企业资产保值增值的要求，从某种意义上说，创业者财富越多，企业的市场价值就越大，追求创业者财富最大化的结果可以促使企业资产的保值或增值。

（3）有利于克服管理上的片面性和短期行为。

（4）有利于社会资源的合理配置。社会资金通常流向企业价值最大化的企业或行业，有利于实现全社会效益最大化。

案例12-1：充分利用现金折扣的好处

假设每年购买价值600000元（平均每月50000元）的商品，从不利用销售商提供的10天内付款提供5%的折扣，相反却以10%的年利率，也就是一年5000元的利息每年从银行贷款50000元。利用这笔贷款每月可以在10天内将商品账单付清。如果不利用这个贷款而放弃5%的折扣，那每年因为折扣将损失30000元。利用折扣将得到30000元，但要付 5000 元的贷款利息，这样仍然赚了 25000 元。即使这项折扣只有 2%，即将得到 12000 元的折扣，也比银行贷款 50000 元多得到 7000 元。

【分析提示】

购物折扣是一笔不用动脑筋就可以得到的意外之财。

五、财务管理的任务

具体来说，企业财务管理的任务主要包括以下几个方面的内容。

（1）依法合理筹集资金，满足企业资金需要。企业财务管理的首要任务就是依法从各种渠道，采用各种方式合理地筹集到所需要的资金。该项任务，一方面要正确确定企业的资金需要量，另一方面要选择好获得资金的渠道和方式。

（2）有效地分配和使用企业资金，提高资金利用效果。企业筹集的资金应合理地配置在各项资产上。企业的资产一般分为流动资产、长期投资、固定资产、无形资产和其他资产等。财务管理应有计划地、合理地安排各类资产，使其形成合理的资产结构。

（3）分配企业收益，协调各方面的经济关系。企业的营业收入首先应用来补偿生产中耗费的成本和费用，并要依法缴纳税金。税后利润按照规定的顺序进行分配。在分配中要妥善处理好各方面的经济关系，以充分调动创业者、职工、外来投资者等各方面的积极性。

（4）实行财务监督，维护财经纪律。财务监督是利用货币形式对企业的经济活动进行监督。它是通过对财务收支的审核控制和对财务指标的检查分析，及时发现生产经营活动中存在的问题，及时进行处理。

六、财务管理的原则

财务管理是一项非常重要的工作，因而应慎重行事，必须遵循一定的原则。财务管理原则是从企业理财实践中抽象出来的并在实践中证明是正确的行为规范，它反映着理财的内在要求。财务管理的原则一般包括以下几项。

（一）系统原则

系统是由若干个相互作用、相互依存的部分有机结合而形成的整体。财务活动从资金的筹集开始，到现金收回为止，经历了资金的筹集、资金的投放、资金的收回与资金的分配等几个阶段。这几个阶段相互联系、相互作用，组成一个整体，具有系统的性质。因此，财务管理工作必须从财务管理系统的内部和外部联系出发，从各组成部分的协调和统一出发，这就是财务管理的系统原则。

（二）平衡原则

在财务管理中，要力求使资金的收支在数量上和时间上达到动态的协调平衡，这就是财务管理的平衡原则。财务管理的过程就是追求平衡的过程。如果不需要平衡，也就不需要财务管理。只有实现了财务收支的动态平衡，才能更好地实现财务管理的目标。

（三）弹性原则

财务管理应努力实现收支平衡，略有结余。这里的略有结余就是要留有弹性。在财务管理中，必须在追求准确和节约的同时，留有合理的伸缩余地，这就是财务管理的弹性原则。贯彻弹性原则的关键是防止弹性过大或过小，因为弹性过大会造成浪费，而弹性过小会带来较大的风险。确定合理弹性时必须考虑以下几个因素：一是企业适应财务环境的能力；二是不利事件出现的可能性的大小；三是企业愿意承担的风险。

（四）比例原则

财务管理必须通过各因素之间的比例关系来发现管理中存在的问题，采取相应的措施，使有关比例趋于合理，这就是财务管理的比例原则。只有各种比例关系都比较合理，企业的资金周转才能比较顺利地进行，如果不重视比例问题的研究，其后果有可能使企业的财务管理陷入恶性循环。

（五）优化原则

财务管理过程是一个不断地进行分析、比较和选择，以实现最优的过程，这就是财务管理的优化原则。优化原则主要包括以下内容：一是多方案的最优选择问题；二是最优总量的确定问题；三是最优比例关系的确定问题。

优化原则是财务管理的重要原则，财务管理的过程就是优化过程。如果不需要优化，管理就失去了意义。

第二节　资金的时间价值和风险分析

财务管理的专业性比较强，但创业者首先应该了解资金的时间价值和风险分析。

一、资金的时间价值

（一）资金时间价值的概念

从经济学的观点来看，即使不考虑风险和通货膨胀，等量资金在不同时点上的价值量也不相等。现在的 1 元钱和一年后的 1 元钱的价值是不相等的，前者一般要比后者的经济价值大。因为现在的 1 元钱可以立即用于投资，一年后可获得一定的投资收益，使资金总额大于当初投资的总额，由此产生了资金具有时间价值的概念。

资金时间价值是指一定资金在不同时点上的价值量的差额。

（二）资金时间价值的计算

1．单利的终值和现值

终值又称将来值，是现在一定量的现金在未来某一时点上的价值，俗称本利和。**现值**又称本金，是指未来某一时点上的一定量现金折合到现在的价值。终值与现值的计算涉及利息计算方式的选择。目前有两种利息计算方式，即单利和复利。单利方式下，每期都按初始本金计算利息，当期利息不计入下期本金，计算基础不变。复利方式下，以当期末本利和为基础计算下期利息，即利上加利。

单利终值（即本利和）的计算公式为

$$S = P(1 + ni)$$

式中，S 为本利和，P 为本金，n 为期数，i 为年利率。目前我国银行接受存款计算利息是用单利计算，但单利不能充分体现货币的时间价值，一般应用复利计算。

单利现值的计算同单利终值的计算是互逆的，由终值计算现值称为折现。将单利终值计算公式变形，即得单利现值的计算公式为

$$P = \frac{S}{1 + ni}$$

式中，P 为单利现值（即期初值），S 为期末单利终值，n 为期数，i 为年利率。

2．复利的终值和现值

复利终值是指一定量的本金按复利计算若干期后的本利和。计算公式为

$$S = P(1 + i)^n$$

式中，S 为期末复利终值，P 为期初值，n 为期数，i 为年利率。

复利现值是复利终值的逆运算，它是今后某一特定时间收到或付出的一笔款项，按折现率（i）所计算的现在时点价值。计算公式为

$$P = S \times \frac{1}{(1 + i)^n}$$

式中，P 为复利现值（即期初值），S 为期末复利终值，n 为期数，i 为年利率。

3．普通年金的终值和现值

年金是指一定时期内每次等额收付的系列款项。年金的形式多种多样，如保险费、折旧、租金、等额分期收款、等额分期付款及零存整取或整存零取储蓄等，都存在年金

问题。按照年金按期每次收付发生的时点不同，可分为普通年金、即付年金、递延年金和永续年金等几种。由于篇幅有限，这里只介绍普通年金的终值和现值。

普通年金是指一定时期内每期期末等额收付的系列款项，又称后付年金。普通年金终值犹如零存整取的本利和，是一定时期内每期期末收付款项的复利终值之和。计算公式为

$$S = A \times \frac{(1+i)^n - 1}{i}$$

式中，S 为普通年金终值，A 为每期期末收付款项，n 为期数，i 为年利率。

普通年金现值是对未来各期的等额收入或支出折现为现值的总和。计算公式为

$$P = A \times \frac{1 - \frac{1}{(1+i)^n}}{i}$$

式中，P 为普通年金现值，A 为每期期末收付款项，n 为期数，i 为年利率。

资本回收额是指在给定的年限内等额回收或清偿初始投入的资本或所欠的债务。年资本回收额是普通年金现值的逆运算。计算公式为

$$A = P \times \frac{i}{1 - \frac{1}{(1+i)^n}}$$

式中，A 为每期等额回收款项，P 为普通年金现值，n 为期数，i 为年利率。

案例 12-2：资金的时间价值

某创业者决定连续5年于每年年末存入100万元作为创业基金，银行存款利率为10%（不考虑利息税），则该创业者在第5年末能一次取出的本利和为

$$S = 100 \times \frac{(1+10\%)^5 - 1}{10\%} = 610.51\text{（万元）}$$

【分析提示】

昨天的1元、今天的1元、明天的1元，价值都不同，创业者应该了解一些基本的资金时间价值的概念。

二、风险分析

（一）风险的概念

风险一般是指某一行为的结果具有变动性。比如，向上抛一枚硬币，我们可以事先

肯定，当硬币落到地面上时，有正面朝上和朝下两种结果，而且每种结果出现的可能性各占一半，但正面究竟是朝上还是朝下，谁也不能肯定。从财务管理的角度而言，风险就是企业在各项财务活动过程中，由于各种难以预料的或难以控制的因素的作用，使企业的实际收益与预期收益发生背离，从而蒙受经济损失的可能性。

（二）风险的类别

财务管理中的风险按形成的原因一般可分为经营风险和财务风险两大类。

1．经营风险

经营风险是指因生产经营方面的原因给企业的盈利带来的不确定性。企业生产经营的许多方面都会受到来源于企业外部和内部的诸多因素的影响，具有很大的不确定性。比如，原材料价格的变动，新材料、新设备的出现等因素带来的供应方面的风险；产品质量不合格，新产品、新技术开发实验不成功等因素带来的生产方面的风险；出现新的竞争对手，消费者爱好发生变化，货款回收不及时等因素带来的销售方面的风险。所有这些生产经营方面的不确定性，都会引起企业的利润或利润率发生变化，从而给企业带来风险。

2．财务风险

财务风险又称筹资风险，是由于举债给企业财务成果带来的不确定性。企业举债经营，全部资金中除自有资金外还有一部分借入资金，这会对自有资金的盈利能力造成影响；同时，借入资金需还本付息，企业一旦无力偿还到期债务，就会陷入财务困境甚至破产。财务风险程度的大小受借入资金对自有资金比例的影响，借入资金比例越大，风险程度也越高；借入资金比例越小，风险程度也越低。对财务风险的管理，关键是要保证一个合理的资金结构，维持适当的负债水平，既要充分利用举债经营这一手段获取更多的收益，同时也要注意防止过度举债而引起的财务风险的加大，避免陷入财务困境。

第三节　投资与资产管理

新创企业筹得资金后，需要将其投入使用，其结果是为企业带来各种资产，这就是企业的投资活动及相应的资产管理活动。

一、投资及其分类

企业投资是指企业投入财力，以期望在未来获取收益的一种行为。财务管理中的投资和会计中的投资含义不完全一样，通常会计上的投资是指对外投资，而财务管理中的投资既包括对外投资，又包括对内投资。企业的投资可作如下分类。

（1）按投资与企业的生产经营关系，可分为直接投资和间接投资。直接投资是指企业把资金投放于生产经营性资产，以便获取利润的投资。间接投资又称证券投资，是指把资金投放于股票、债券等金融资产，以便获取股利或利息收入的投资。对于新创企业来说，主要是直接投资。

（2）按投资本金回收时间的长短划分，可以分为短期投资和长期投资。短期投资又称做流动资产投资，是指能够而且也准备在一年内收回的投资，主要包括货币资金、应收款项、存货、短期有价证券投资等。长期投资是指一年以上才能收回的投资，主要包括厂房、机器设备等固定资产的投资，也包括对无形资产和长期有价证券的投资。在创业初期，应把较多的资金用于短期投资，尽可能压缩长期投资，增加资金的流动性，增强抵御资金风险的能力。

（3）按投资方向，可分为对内投资和对外投资。对内投资是指把资金投在企业内部，购买各种生产经营性资产的投资。对外投资是指企业以现金、实物、无形资产等方式或购买股票、债券等有价证券方式向其他单位进行的投资，新创企业很少涉足这一类投资。

（4）按投资在生产过程中的作用，可分为初始投资和后续投资。初始投资是指在建立新企业时进行的各种投资。后续投资是指为巩固和发展企业的生产能力而进行的各种投资。后续投资主要包括为维持企业简单再生产进行的更新性投资、为实现扩大再生产进行的追加性投资、为调整生产经营方向而进行的转移性投资等。很多创业者往往忽视了后续资金的准备和投入，这也是导致新创企业难以为继的重要原因。

二、投资管理的基本原则

企业进行投资决策时，必须遵循以下原则。

（1）认真进行市场调查，及时捕捉有利的投资机会。捕捉投资机会是新创企业进行投资活动的起点，也是进行投资决策的关键。

（2）建立科学的决策程序，认真进行投资项目的可行性研究。投资项目可行性分析的主要任务是对项目技术上的可行性和经济上的有效性进行论证，运用各种方法计算出各种有关指标，以便对不同方案进行比较，从中选出最优的项目。

（3）及时足额地筹集资金，保证项目实施过程中的资金供应。企业的投资项目，特别是大型项目，建设周期长，所需资金多，一旦开工就必须有足够的资金供应，否则会造成停工甚至中途下马，导致不可估量的损失。因此，必须事先科学地预测该项目所需资金的数量和时间，以便企业采用合适的方法去筹集资金，保证企业投资项目的顺利完成，尽快产生经济效益。

（4）认真分析风险和收益的关系，适当控制企业的投资风险。高风险高收益，收益的增加是以风险的增大为代价的，而风险的增加将会引起企业价值的下降，不利于财务目标的实现。新创企业应尽可能选择风险一定而收益最大的项目，以不断增加企业的价值，实现财务管理的目标。

三、投资决策

（一）投资决策的类型

1．按投资决策所涉及的因素是否已知和确定划分

（1）确定型投资决策。确定型投资决策指影响投资项目价值的财务变量是已知的和确定的，决策时已经能够准确地得知该投资项目的价值的决策。企业将货币资金存入银行或购买债券的投资，到期收益事先就能确定，这种投资就是确定性投资。

（2）风险型投资决策。风险型投资决策指影响投资项目价值的财务变量不能完全确定，但是其发生的可能性即概率能准确得知的投资决策。风险型投资决策的基本方法是把风险转换成价值，再按照确定型投资方案的方法进行决策，这种方法要比确定型投资决策复杂得多。

（3）不确定型投资决策。不确定型投资决策指影响投资项目价值的财务变量不仅不能完全确定，而且发生的可能性也无法估计的决策。由于决策所需的信息不充分，无法准确评价投资项目的价值，所以这种决策是企业面临的最为困难的投资决策。

对于确定型的投资决策，一般不需要再去观察实际的投资过程。但是，对于风险型投资决策和不确定型投资决策，尤其是后者，应密切地关注实际的投资过程，考察实际发生的财务变量与预期的情况是否一致、差异大小，不断地进行重新评价和决策，防止决策失误。

2．按投资资产的形态划分

（1）长期资产投资决策。长期资产投资决策指企业投资于土地、厂房、机器设备等固定资产和专利、商标等无形资产的决策。长期资产投资一般具有以下特点：一是投资回收的时间较长。一般情况下，固定资产和无形资产投资数额巨大，需要较长的时间才能收回。二是变现能力差。这类资产由于用途专一和价值高，很难出售，变现能力较差，具有不可逆转性。三是占用的资金较为稳定。在规模一定时，固定资产和无形资产占用的资金逐年以折旧和摊销的形式缓慢减少，资金占用比较稳定。

（2）流动资产投资决策。流动资产投资决策指企业投资于现金、应收账款、存货等

流动资产的决策。相对于长期资产投资决策，流动资产投资决策具有以下特点：一是投资回收的时间短。流动资产一般一年或一个经营周期内可以收回。二是变现能力强。流动资产短期内可以迅速变卖，获取资金。三是占用资金波动大。流动资产占用的资金经常随销售的变化而变化，波动较大。

在决策时应分清投资的类型，把握各种投资决策的特点，对于保证决策的准确性及投资效果是非常重要的。

（二）投资决策的程序

投资决策是财务决策的核心。为使决策科学有效，实施决策时应遵循以下程序。

1．分析投资环境

投资环境是指影响投资项目的外部环境因素。环境分析可以使企业了解市场的供求状况，把握行业发展变化的基本趋势和宏观经济走向，发现各种有利的、可以进行投资的机会，为企业的投资建议做好充分的准备。

2．提出投资建议和方案

企业的发展离不开投资的追加，而投资的追加可以通过不同的途径来实现。因此，决策之前应拟定出各种可行方案，以供比较和选择。

3．进行投资决策

投资决策的目的是选出能够给企业创造最大价值的投资方案。具体的步骤如下：第一步，估算出项目的现金流；第二步，估算项目的贴现率；第三步，选择合适的项目评价指标和方法；第四步，进行项目决策。

4．再评价和决策

经过上述程序选择出投资方案后，还需要在投资方案的实施过程中，根据项目现金流的实际情况，验证当初的预期参数，并对项目进行不断的重新评价和决策，直到项目结束。再评价和决策在实际工作中有非常重要的意义，因为实际情况可能与预期并不相符，重新评价有助于弥补和修正以前决策的失误，尽可能地减少损失。

（三）现金流量

根据前面的论述，现金流量是评价投资方案是否可行时必须事先计算出来的一个基础性数据。下面简单地介绍一下投资决策中现金流量的构成。

1．初始现金流量

初始现金流量是指开始投资时发生的现金流量，主要有几个方面。

（1）固定资产上的支出，包括固定资产的购入和建造成本、运输成本和安装成本等。

（2）流动资产上的支出，包括对材料、在产品、产成品和现金等流动资产上的支出。

（3）原有固定资产的变价收入，主要是指固定资产更新时原有固定资产的变卖所得的现金收入。

（4）其他费用支出，主要是指有关的职工培训费、谈判费、注册登记费等。

2．营业现金流量

营业现金流量是指投资项目投入使用后，在其寿命周期内由于生产经营所带来的现金流入和流出的数量。这种现金流量一般以年为计算单位。现金流入一般是指营业现金收入，而现金流出一般是指营业现金支出和交纳的税金。如果一个投资项目的每年销售收入等于营业现金收入，付现成本（指不包括折旧的成本）等于营业现金支出，年营业现金流量可用下列公式进行估算：

每年净现金流量（NFC）=每年营业收入-付现成本-所得税

=税后利润+折旧（非付现成本）

3．终结现金流量

终结现金流量是指投资项目终结时所发生的现金流量。主要包括：固定资产残值收入或变价收入，原有垫支在各种流动资产上的资金收回和停止使用的土地的变价收入等。

四、资产管理

（一）资产组合管理

资产组合管理是指企业的资产总额中流动资产与非流动资产之间的比例的管理。不同的资产组合对企业的生产经营及财务状况会产生不同的影响，企业应根据自身的实际情况合理地安排资产组合。企业在进行资产组合决策时，应考虑以下影响因素。

（1）风险与收益。流动资产的变现能力强，但收益能力较差；而非流动资产的变现能力较差，但收益能力较强。因此，进行资产组合决策时，必须合理权衡风险与收益，确定合适的资产组合。

（2）企业行业的特点。一般而言，商业企业流动资产所占的比重较大，而工业企业流动资产所占的比重相对较小。

（3）新创企业的生产经营规模。一般而言，规模大的企业，其市场竞争能力和筹集资金能力都较强，承担风险的能力比小规模企业要强，因此流动资金所占的比重可以较小。而规模较小的企业，应安排足够的流动资产，以避免财务危机的发生。

（4）资金成本因素。新创企业应尽可能地控制资金成本。若市场利息率较高，企业应考虑选择流动资产较少的组合，以减少利息支出，增加投资收益；若市场利率较低，可以安排较多的流动资产，以降低企业的财务风险。

（二）企业中的各类资产

1．固定资产管理

固定资产是指使用年限在一年以上，单位价值在规定标准以上，并且在使用过程中保持原有的实物形态，其价值逐步转移到产品中去的资产，包括房屋、建筑物、机器、机械、运输工具及其他与生产经营有关的设备、器具、工具等。固定资产管理主要是从资金角度，对固定资产的购置、增减、使用、维修和更新改造所进行的控制和监督，其目的是减少资金占用，提高固定资产的利用率和生产率。

2．流动资产管理

流动资产是指可以在一年或者超过一年的一个营业周期内变现或耗用的资产，主要包括现金及银行存款等货币资金、应收及预付款、原材料及产成品等存货等。

货币资金是企业流动资金的重要组成部分，包括现金、银行存款及其他货币资金。货币资金的管理要求企业财务部门积极组织资金收支，合理调度资金，充分挖掘资金潜力，保证资金供给，加快资金周转，提高资金利用效果和企业经济效益。

存货是指企业在生产经营过程中为耗用或销售而储存的物资，包括原材料、低值易耗品、在产品、半成品、产成品及商品等。存货管理主要要求合理地确定存货的数量。

企业在经济往来中还经常会出现一些应收、预付款项，包括应收票据、应收账款、其他应收款、预付账款。应收和预付款项是企业在结算过程中占用的流动资金，属于企业的短期债权。

3．无形资产及其他资产的管理

无形资产是企业有偿取得，长期使用，能使企业获得较高盈利能力，但没有实物形态的资产，包括专利权、商标权、著作权、土地使用权、非专利技术和商誉等。

其他资产是指除上述资产以外的其他所有资产，包括对外投资、特种储备物资、银行冻结存款、涉及诉讼中的财产等。

第四节　利润分配管理

利润是企业在一定时期内从事各种生产经营活动取得的最终财务成果，是创业者从事生产经营的根本目的。利润分配是指按照国家有关法律法规的规定和新创企业内部约定，对所实现的利润在国家、创业者、外来投资者之间进行分配。而企业的留用利润多少又影响到企业的投资和筹资。因此，创业者应处理好利益分配关系，使用合适的分配方法，以平衡各方利益，提高企业自身的价值。

一、利润及其构成

利润是指企业在一定会计期间的经营成果。根据企业会计制度的规定，企业利润总额一般包括营业利润、投资净收益、营业外收支净额三部分。其关系如下：

利润总额=营业利润+投资净收益+营业外收支净额

（一）营业利润

营业利润是指主营业务收入减去主营业务成本和主营业务税金及附加，加上其他业务利润减去营业费用、管理费用和财务费用后的金额。营业利润是企业利润最主要的来源。

营业利润=主营业务利润+其他业务利润-财务费用-管理费用

其中，

主营业务利润=主营业务收入-主营业务成本-营业费用-主营业务税金及附加

其他业务利润=其他业务收入-其他业务支出

（二）投资净收益

投资净收益是指投资收益与投资损失的差额。投资净收益包括以下内容。

（1）对外投资分得的利润，即企业以现金、实物或无形资产的形式对外投资或与其他单位合作联营分得的利润。

（2）股利。股利是指以购买其他单位股票的形式进行对外投资而获得的股息和红利收入。

（3）债券利息。债券利息是指以购买债券（包括政府债券、公司债券等）形式对外投资而获得的利息收入。

（4）收回或转让投资，即实际取得的款项与账面价值的差额。若差额为正，表现为投资收益；若差额为负，表现为投资损失。

（5）按权益法确认的投资收益或损失。当被投资企业盈利表现为净利润额增加时，投资企业将按出资比例相应地增加投资收益；而当被投资企业出现亏损时，投资企业也应按出资比例相应地确认投资损失。

需要说明的是，对于新创企业来说，对外投资的可能性很小，所以一般的新创企业没有投资收益。

（三）营业外收支净额

营业外收支净额是指企业营业外收入减去营业外支出的差额。

营业外收入是相对于主营业务收入而言的，是与生产经营没有直接联系的各项收入及各种偶然所得，包括固定资产盘盈及出售收入、出售无形资产收益、罚没收入、无法偿还的应付账款、教育附加费返还、非货币性交易收益等。

营业外支出是指与企业生产经营没有直接联系的各项支出，包括固定资产盘亏、报废、毁损和出售的净损失、出售无形资产净损失、债务重组损失、罚款支出、捐赠支出、非常损失、计提固定资产减值准备、计提无形资产减值准备、计提在建工程准备、违约金和赔偿金等。

二、利润分配的原则

（一）遵守国家有关的法律法规

企业利润分配的对象是企业在一定时间内实现的税后利润。税后利润是企业所有者拥有的重大权益，对其的处置与分配应符合法律规定程序，充分体现国家对利润分配的各种限制因素。

（二）积累优先原则

企业的积累从最终产权归属看，仍为创业者所有。企业必须尊重市场竞争规律的要求，为企业的自我发展和提高抗风险能力进行必要的积累，其数额应与企业所承受的经济责任的大小和所实现的经济效益的高低相适应。在保证积累的前提下，正确处理好积累与消费的关系，以充分调动职工的积极性。

（三）应适当考虑职工的利益

企业的税后利润理所当然全部归创业者所有，并成为创业者投资于企业的根本动力所在。但这些利润的取得也离不开全体职工的努力，员工受聘于企业并为企业工作，其合法的劳动报酬是企业支付的工资和奖金。在保障创业者利益的前提下，应采取措施调动员工的积极性，并以此实现企业价值最大化。

（四）坚持以丰补歉，保持比较稳定的分红比例

从税后利润中留存一部分利润不但可以为企业未来经营筹措资金，提高企业应付不测事件的能力，而且留存的利润也可以用于未来的利润分配。

三、利润分配的项目

（一）企业亏损及弥补

根据《中华人民共和国企业所得税法》的规定，企业发生年度亏损，可以用企业下

一年度的税前利润弥补；下一年度的税前利润不足以弥补的，可以逐年延续弥补，但是弥补期限不得超过 5 年。税前利润未能弥补的亏损（指已经连续弥补超过 5 年），只能用企业税后利润弥补。可用于税后弥补亏损的资金包括企业的未分配利润和盈余公积金。

（二）盈余公积金

盈余公积金是从公司盈余中提取的公积金，有盈余则提，无盈余则不提。盈余公积金又分为法定盈余公积金和任意盈余公积金两种。法定盈余公积金按税后利润的 10%提取，公司的盈余公积金累积金额已达注册资本的 50%以上的可不再提取。任意盈余公积金按照公司章程和股东大会决议提取。企业提取的盈余公积金可用于弥补亏损和转增资本等用途。

（三）向投资者分配利润

企业向投资者分配利润又称为红利分配。在通常情况下，企业当年如无利润，就不能进行利润分配，但企业在弥补亏损后仍可以动用一部分公积金分配红利。利润分配应由企业董事会提出方案，股东会议表决通过。

四、利润分配的顺序

企业的税前利润首先应按国家规定进行相应的调整，增减有关收支项目，然后依法缴纳所得税。税后利润除国家另有规定的以外，应按下列顺序分配：弥补超过用税前利润弥补期限的以前年度亏损；提取法定公积金；向股东分配利润。企业违反规定，在弥补亏损和提取法定公积金之前分配利润的，必须将违反规定分配的利润退还企业。

第五节　财 务 分 析

一、财务分析的意义和内容

（一）财务分析的意义

财务分析是依据财务报表所反映的信息，对企业的财务状况、经营成果、现金流量及财务安全所作的综合分析与评价。做好财务分析工作具有以下重要意义。

（1）评价企业的财务状况、经营成果和现金流量情况，揭示企业的经营活动中存在的问题与矛盾，为进一步改善经营管理提供方向和线索。

（2）预测企业未来的风险和报酬，为外来投资人、债权人和创业者的决策提供参考。

（3）检查企业预算完成情况，考核经营管理人员的业绩，为企业的考核和激励提供依据。

（二）财务分析的主要内容

财务分析可以由不同的使用者进行，虽然他们有不同的分析重点，但也有共同的要求。从企业的整体来看，财务分析的主要内容应包括以下三个方面。

（1）偿债能力分析。主要分析企业的权益结构、对债务资金的利用程度，并制定相应的筹资策略。

（2）营运能力分析。主要分析企业的资产分布情况，预计企业未来的资金需要量。

（3）盈利分析。主要分析企业目标利润的完成情况和近年来盈利水平的变动情况，预测企业的盈利前景。

以上三方面的内容互相联系、互相补充，可以满足不同使用者对会计信息的需要。其中，偿债能力是企业财务目标实现的稳健保证；营运能力是企业财务目标实现的物质基础；盈利能力是前面两者共同作用的结果，同时也对前面两者的增强起推动作用。

二、财务分析的方法

（一）比较分析法

比较分析法是通过某项财务指标与性质相同的指标评价标准进行对比，揭示企业财务状况、经营成果和现金流量情况的一种方法。在比较分析法中常用的指标评价标准有以下四个。

（1）公认标准，是反映各类企业不同时期都普遍适用的指标评价标准，如2:1的流动比率。

（2）行业标准，是反映某行业的指标评价标准。在实际操作中，可以将本企业的财务指标与同行业平均水平指标对比，也可以同本行业先进水平指标对比，还可以与同行业公认标准对比。

（3）目标标准，是反映本企业目标水平的指标评价标准。

（4）历史标准，是反映本企业历史水平的指标评价标准，如期初与期末的对比、本期与历史同期的对比、本期与历史最好水平的对比。

（二）比率分析法

比率分析法是利用会计报表及有关资料中的两项相关数值的比率，揭示企业财务状况、经营成果和现金流量情况的一种分析方法。在财务分析中，比率分析法应用比较广泛。比率分析法中常用的财务比率有以下三种。

（1）相关比率，是同一时期会计报表和相关资料中两项相关数值的比率。

（2）结构比率，是会计报表中某项目的数值与各项目总和的比率。这类比率揭示了部分与整体的关系，通过不同时期结构比率的比较还可以揭示比率的变化趋势。

（3）动态比率，是会计报表及有关资料中某项目不同时期的两项数值的比率。这类比率又可以分为定基比率和环比比率。

（三）趋势分析法

趋势分析法是利用会计报表和相关资料提供的数据资料，将各期实际指标和历史指标进行定基对比和环比对比，揭示企业财务状况、经营成果和现金流量变化趋势的一种方法。

三、财务分析的基本指标

（一）短期偿债能力

短期偿债能力是指企业以流动资产偿还流动负债的能力，反映企业偿付日常到期债务的实力。短期偿债能力分析主要运用以下指标。

1．流动比率

流动比率是指企业流动资产与流动负债的比率。计算公式为

$$流动比率=\frac{流动资产}{流动负债}$$

流动比率是短期偿债能力的最常用的比率，是衡量企业短期风险的指标。流动比率越大，说明资产的流动性越高，企业的短期偿债能力越强。但并非这一比率越高越好，因为流动比率过高，一方面可能是由于存货积压或滞销引起的，该流动比率所反映的近期偿付能力有水分；另一方面可能是由于拥有过多的资金，资金得不到充分利用，影响资金的盈利能力。一般认为，流动比率应维持在 2:1 左右比较合适。

2．速动比率

速动比率是指速动资产与流动负债的比率，反映企业短期内用可变现资产偿还短期内到期债务的能力。计算公式为

$$速动比率=\frac{速动比率}{流动负债}=\frac{流动负债-存货}{流动负债}$$

速动资产是指容易转变为现金的资产，一般包括货币资金、短期投资、应收账款等，

也等于流动资产减去存货后的余额。之所以减去存货，是因为存货是流动资产中流动性最差的资产，其变现不仅要经过销货和收款两道手续，而且还会发生一些损失。速动比率越高，表明企业的近期偿付能力越强。但速动比率也并非越高越好，因为速动比率过高，说明企业将过多的资金占用在货币资金等收益性很差的项目上，严重影响企业的盈利水平。一般认为，速动比率维持在 1:1 左右比较理想。

3．现金比率

现金比率是指企业现金与流动负债的比率，反映企业的即刻变现能力。这里所说的现金是指现金及现金等价物，这一比率可显示企业立即偿还到期债务的能力。计算公式为

$$现金比率=\frac{现金}{流动负债}$$

案例 12-3：企业偿债能力分析

某新创企业年末有关数据如下：流动资产合计 8368070 元，其中存货账面价值为 7762400 元，流动负债合计 1407180 元，则该企业的速动比率为：

$$速动比率=\frac{8368070-7762400}{1407180}=0.43$$

【分析提示】

通过计算，可以看出该企业的速动比率偏小，会影响到企业短期偿债能力。企业应该加大力度促进产品的销售，将存货转化为货币资金，提高企业的偿债能力。同时，其他相关指标应该联系起来，全面分析才能得出正确的结果。

（二）长期偿债能力

长期偿债能力是指企业有无足够的能力偿还长期负债的本金和利息。长期偿债能力分析主要运用以下指标。

1．资产负债率

资产负债率是指企业全部负债总额与全部资产总额的比率。该指标可以用来衡量债权人提供的资金占企业总资产的比重，企业利用债权人提供资金进行经营活动的能力，反映债权人发放贷款的安全程度等。计算公式为

$$资产负债率=\frac{负债总额}{资产总额}\times100\%$$

一般来讲，企业的资产总额应大于负债总额，资产负债率应小于 100%。如果企业的

资产负债率较低（50%以下），说明企业有较好的偿债能力和负债经营能力。

在企业资产净利润率高于负债资本成本率的条件下，企业负债经营会因代价较小使所有者的收益提高。因此，所有者总是希望利用负债经营提高资产负债率。但债权人希望企业的资产负债率低一些，因为债权人更关心的是本息能否及时安全地收回来。如果企业的资产负债率等于甚至超过100%，说明企业资不抵债，债权人为维护自己的利益可能会向法院申请该企业破产。因此，企业的负债经营一定要适度。

2．产权比率

产权比率是指企业负债总额与所有者权益总额的比率。计算公式为

$$产权比率=\frac{负债总额}{所有者权益}\times 100\%$$

产权比率用来反映由债权人提供的和由投资者提供的资金来源的相对关系，揭示了所有者权益对债务的保障程度。该比率越低，说明企业的长期财务状况越好，债权人的资金安全越有保障，企业的财务风险越小。

3．已获利息倍数

已获利息倍数是指企业息税前利润与利息费用的比率，反映企业用经营所得支付债务利息的能力。计算公式为

$$已获利息倍数=\frac{息税前利润}{利息费用}=\frac{利润总额+利息费用}{利息费用}$$

公式中的利息费用是指支付给债权人的全部利息，包括财务费用中的利息和计入固定资产的利息；息税前利润是指企业支付利息和缴纳所得税之前的利润。一般来说，已获利息倍数至少应等于1。该指标越大，说明支付债务利息的能力越强。

（三）营运能力

营运能力是指企业运用资金进行经营活动的能力，反映了资金的周转状况。企业生产经营资金周转越快，表明企业的资金利用效果越好、效率越高，企业管理人员的能力越强。营运能力分析主要运用以下财务比率进行分析。

1．应收账款周转率

应收账款周转率是赊销收入净额对平均应收账款余额的比率。计算公式为

$$应收账款周转率=\frac{赊销收入净额}{应收账款平均余额}\times 100\%$$

$$应收账款平均收款期=\frac{365}{应收账款周转率}$$

应收账款周转率反映的是企业应收账款的变现速度、企业的信用政策和管理情况。

一般认为，应收账款周转率越高越好，因为越高表明企业收款越快，可以减少坏账损失和收账费用。

2．存货周转率

存货周转率是指销货成本对平均存货的比率。计算公式为

$$存货周转率=\frac{销货成本}{平均存货}$$

存货周转率表明企业存货的周转速度，反映了企业的销售能力、存货水平和经营绩效。如果一家企业的存货周转率偏低，可能是由于存货过多、周转太慢、销售不畅等原因所致，这往往会造成企业利润的下降。一般认为，存货周转率越高越好，因为存货周转率高表明企业的产品试销对路、质量优良、价格合理、管理有效。

3．资产周转率

资产周转率是指销售净额与全部资产的平均余额的比率，反映了全部资产的使用效率。计算公式为

$$资产周转率=\frac{销售收入净额}{总资产平均余额}\times 100\%$$

（四）盈利能力

盈利能力是指企业赚取利润的能力。盈利能力分析主要运用以下财务比率指标。

1．销售净利润率

销售净利润率是指企业净利润与销售收入净额的比率。计算公式为

$$销售净利润率=\frac{净利润}{销售收入净额}\times 100\%$$

该指标越高，说明企业从销售收入中获取利润的能力越强。

2．资产净利润率

资产净利润率是指企业的净利润与资产平均余额的比率。计算公式为

$$资产净利润率=\frac{净利润}{资产平均余额}\times 100\%$$

资产净利润率越高，说明企业全部资产的获利能力越强。

3．资本收益率

资本收益率是指企业净利润与实收资本的比率。计算公式为

$$资本收益率=\frac{净利润}{实收资本平均余额}\times 100\%$$

资本收益率越高，说明企业资本的获利能力越强。

4．净资产收益率

净资产收益率是指企业净利润与所有者权益的比率，反映所有者对企业投资部分的获利能力，也叫净资产利润率。计算公式为

$$净资产收益率=\frac{净利润}{所有者权益平均余额}\times 100\%$$

本章小结

财务管理是新创企业组织财务活动和处理财务关系的一项经济管理工作，是创业企业生存和发展的关键所在。创业者应该了解一些基本的财务管理概念，如资金的时间价值、风险分析等。资金筹集之后，企业的投资及资金运用非常重要，这是获取利润的重要渠道。生产经营中获得的利润应该合理分配，分配过程中应该遵循一定原则。财务分析是一项非常重要的内容，偿债能力指标反映企业的偿债和抵御风险的能力；营运能力指标反映资产周转的快慢，间接反映企业的获利能力和偿债能力；盈利能力指标反映企业的盈利水平及发展趋势。

思考与讨论

1．财务管理中的风险包括哪些？如何防范？

2．利润分配应该遵循哪些原则？

3．简述财务分析的主要内容。

4．评价企业偿债能力的指标有哪些？

实训题

1．财务管理专业性很强，应该是企业财务人员的工作，创业者没有必要了解。这种说法正确与否？

2．运用实际生活中的现象来分析资金的时间价值。

第十三章　创业团队管理

本章目标

1. 了解团队的定义、特征、团队要素和团队类型。

2. 熟悉并掌握创业团队的“5P”管理方法，即目标管理、定位管理、计划管理、职权管理和人员管理。

引导案例[①]

大雁南飞过冬时，为什么雁群总是排成“V”形？

科学家们经过多年的研究，既弄懂了其中的原因，也总结出关于大雁的其他习性：当带头大雁扇动翅膀时，会为紧跟其后的大雁创造一股向上的动力。按照“V”字队形飞行，整个雁群的飞行距离至少比每只鸟单独飞行增加 71%。

当一只大雁掉队时，它会马上感到单独飞行的阻力，很快飞回队形以利用队伍所提供的动力。

当领队的大雁感到疲惫时，“V”字队形中的另一只大雁就会充当领队。在后面的大雁会发出鸣叫声，鼓励前面的大雁保持速度。

如果一只大雁病了或受了枪伤掉下来时，会有另外两只大雁离开队形，跟着它下来，以帮助和保护它。它们会守着这只大雁，直到它能重新飞行或死去，然后靠自己的力量再次出发或跟随另一队大雁去追上自己的队伍。

大雁告诉我们：

（1）具有共同方向和群体意识的人们会更容易成功。

（2）留在团队中，自己会更快地成长。

（3）团队领导可以轮流制，但不能终身制。

（4）团队精神体现在对理想不放弃，对伙伴不抛弃。

---

① 资料来源：高级幕僚．这才是最牛团队：从携程到如家、汉庭 I[M]．广州：广东经济出版社，2010.

"V"形雁群

【思考】

1. "V"形雁群是如何诠释团队定义的？
2. 分析"V"形雁群的团队精神，对于我们有什么启示？

第一节　团 队 概 述

现代创业活动更多的表现为团队合作的形式，因为没有个人能够独自拥有创立并运营企业所需的全部技能、经验、关系或者声誉。如果想要创业成功，就必须组成一个核心团队。团队成员对创业者来说将发挥不同的作用，他们或是合伙人，或是重要员工。他们不可或缺，有了他们，可以解决创业过程中可能出现的一些问题。许多世界著名的企业之所以成功，经验之一就是拥有一支优秀的团队。团队管理已经成为新世纪管理领域的重要组成部分。

一、团队的定义和特征

（一）团队的定义

团队是一个特殊的群体。团队凝聚力强、合作程度高、成员贡献意识强，工作效率高于一般群体。其本质上是一种通过成员之间高度积极、自觉的协作来实现群体统一目标的组织形态。**团队**是指一些有互补技能、愿意为实现共同目标而相互信任、自觉合作、积极努力的人们组成的一个凝聚力很强的社会群体。这一概念有五个要点：一是肯定团队是一群有组织的人们；二是这些人有明确的共同目标；三是为了共同的目标，大家能够相互信任、自觉合作并积极努力；四是团队需要技能互补的成员；五是这些人凝聚力很强。

（二）团队的特征

每年在美国的职业篮球大赛结束之后，常会从各个优胜队中挑选最优秀的队员，组成一支“梦之队”赴各地比赛，以制造新一轮高潮，但是结果总是令球迷失望——胜少负多。这是为什么呢？其原因在于他们不是真正意义上的团队，虽然他们都是最顶尖级的篮球明星，但是由于他们平时分属各个不同的球队，无法培养团队精神，不能形成有效的团队出击。

团队并不是一群人的简单组合。一个处于良性运转的高绩效团队必然具备一些显著的特征，而正是由于有了这些特征，一个群体组织才能称之为团队或高绩效团队。

1．清晰的目标

高效的团队对于主要要达到的目标有清楚的了解，并坚信这一目标包含着重大的意义和价值。而且，这种目标的重要性还激励着团队成员把个人目标升华到团队目标中去。

2．互补的技能

高效的团队是由一群有能力的人组成的，他们具备实现理想目标所必需的技术和能力，而且相互之间有良好合作的个性品质，从而能够出色地完成任务。

3．良好的沟通

团队成员之间通过畅通的渠道交换信息，互相之间能迅速、准确地了解一致的想法和情感；管理层与团队成员之间进行健康的信息反馈，也有助于管理者指导团队成员行动，消除误解。

4．一致的承诺

对成功团队的研究发现，团队成员对他们的群体具有认同感，他们把自己属于该群体的身份看作是自我的一个重要方面。因此，承诺一致的特征表现为对团队目标的奉献精神，愿意为实现这个目标而调动和发挥自己的最大潜能。

5．恰当的领导

优秀的领导者不一定非得指示和控制团队成员，高绩效的团队领导者往往担任的是教练和后盾的角色，对团队提供指导和支持，但并不试图去控制它。他们鼓舞团队成员的自信心，帮助成员更充分地了解自己的潜能。

6．相互的信任

团队成员之间相互作用、直接接触，彼此相互影响，形成一种默契、关心和信赖。不论何时，不论需要怎样的支持，成员之间都相互给予，而且他们也总是彼此协作，共同完成团队的目标。

二、团队的要素

对于任何一个企业或组织来说，其团队都必须具备五个基本要素，简称“5P”，即目标（Purpose）、定位（Place）、职权（Power）、计划（Plan）和人员（People）。这五个要素的紧密结合构成了一个团队的基本框架。

（一）团队目标

对于每一个企业来说，自打算开始在组织内部建设团队开始，就必须树立明确的目标直至该团队完成使命消亡为止。究竟他们是基于工作关系形成的自然团队、项目团队，还是仅仅为完成某项具体任务而组成的任务团队？他们能够发展成为自我管理的团队吗？这些团队是仅仅需要短期存在还是要能够持续多年？这些都是在建立团队之前必须回答的问题。尽管团队的具体目标各不相同，但是所有的团队都有一个共同的目标，那就是把工作上相互联系、相互依存的人们组成一个相互协作的群体，使之能够以更有效的合作方式达成个人的、部门的、组织的和企业的目标。

为了完成共同的目标，成员之间彼此合作，这是构成和维持团队的基本条件。事实上，也正是这个共同的目标，才确定了团队的性质，团队必须先有目标，才有团队。更重要的是，团队的目标赋予团队一种高于团队成员个人总和的认同感。这种认同感为如何解决个人利益和团队利益的碰撞提供了有意义的标准，使得一些威胁性的冲突有可能顺利转变为建设性的突破。也正因为有团体目标的存在，团队中的每个人才有可能知道个人的坐标在哪儿，团队的坐标在哪儿。

（二）团队定位

团队定位和团队目标是紧密联系在一起的。团队目标决定了团队的定位，团队怎样结合到现在的组织结构中，创造出新的组织形式呢？在讨论团队的定位问题时，有必要首先回答一些重要的问题。例如，由谁来选择和决定团队的组成人员？团队对谁负责？如何采取措施激励团队成员及其他团队以外的成员？在对这些问题作出恰当的回答以后，接下来就可以制定一些规范，规范团队任务，确定团队应该如何融入组织结构中，同时也可以借此传递公司的价值观和团体预期等重要信息。当然，这不仅仅是一个改造组织结构的问题，而是改造企业思维，使其成为一个能适合合作性工作的场所，使来自组织不同部分的人能够真正成为团队伙伴。这需要深入研究传统组织结构模式，使我们重新审视组织结构的自身问题，给企业团队进行准确的定位。

（三）计划

计划关系到每个团队的构成问题。团队应如何分配和行使组织赋予的职责和权限，也就是说团队成员分别做哪些工作、如何做，其实就是对工作的计划。一份好的团队计划要能回答以下问题：团队有多少成员才合适？团队必须要有一位领导吗？团队领导职位是常设的、固定不变的，还是由团队成员轮流担任？领导者的权限与职责分别是什么？应该赋予其他团队成员特定职责和权限吗？团队应定期开会吗？会议期间要完成哪些工作任务？预期每位团队成员把多少时间投入团队工作？但是我们也不可能对以上某些问题给出具体的解答，其具体的答案应根据组织本身的特点和实际需要进行合理选择。需要强调的一点是，有些规模或者结构相对简单的组织应该考虑人员问题，而不是优先考虑职权和计划的问题，这样可以避免在决定团队如何发挥作用前选定团队成员而导致的一系列问题。

（四）职权

所谓职权，是指团队负有的职责和相应享有的权限。对团队职权进行界定的过程也就是回答以下几个问题的过程：团队的工作范围是什么？团队可以处理可能影响到整个组织的事务吗？你愿意让你的团队作为主要顾问，提出意见和建议吗？你希望让你的团队采取实际行动，促成某种结果吗？你所组建的团队在多大程度上可以自主决策？解决这些问题，就可以初步解决团队的职权问题了。当然，要解决的职权问题会随着团队的类型、团队的目标和定位的不同而有很大的差异，这些也取决于组织的基本特征，如规模、结构、业务类型等。对于复杂多变的情况，我们无法给出特定的解决方案，但是在解决职权问题时必须坚持这样一个原则：在考虑团队职权因素时，一定要分清轻重缓急。

（五）人员

构成团队的最后一个要素也是最重要的因素是人员因素。任何团队都是由不同的个体组成的，确定团队目标、定位、计划和职权，都只是为团队取得成功奠定基础，团队能否最终获取成功、达到目标还是要取决于人员的表现，因为不同个体有不同的特点，团队成员之间的关系也是影响团队是否成功的因素。因此，在组建团队前，要回答以下关于团队人员的问题：你理解你的队员吗？你要选择什么样的队员？每个团队人员都有哪些技能、学识、经验和才干？团队人员的资源在多大程度上符合团队的目标、定位、计划和职权的要求？只有了解这些，你才能真正了解你的人员，才有可能将你的成员的才干发挥到最大的限度。也许不可能选择在各个方面都是十分优秀的人才作为你的队员，但是只要能够将所有这些人才资源整合在一起获得最大的效率就可以了。

三、团队的类型

（一）按照团队的发展过程划分

1．多功能型团队

多功能团队是一种有效的方式，它能使组织内不同部门的员工之间交流信息，激发出新的观点，解决面临的问题，协调复杂的项目。当然，多功能团队在其形成的早期阶段往往要消耗大量的时间，因为在成员之间，尤其是那些背景不同、经历和观点不同的成员之间，建立信任并能真正合作需要一定时间。

2．问题解决型团队

20 世纪末，团队刚刚盛行，大多数团队的形式很相似，一般由来自同一个部门的 5～12 个人员组成，他们每周用几个小时的时间在一起，讨论如何提高产品质量、生产效率和改善工作环境。在这种团队中，成员就如何改进工作程序和工作方法相互交换看法或提供建议。但是，这些团队几乎没有权力根据这些建议单方面采取行动。

3．自我管理型团队

这种类型的团队通常由 10～16 人组成，他们承担着以前自己的上司所承担的一些责任。一般来说，他们的责任范围包括控制工作节奏、决定工作任务的分配、安排工作休息。彻底的自我管理团队甚至可以挑选自己的成员，并让成员相互进行绩效评估。这样，主管人员的重要性就下降了，甚至可以被取消。例如，通用汽车公司、百事可乐、惠普公司等都是推行自我管理型工作团队的几个代表。

（二）按照团队的形式划分

1．正式团队

正式团队需经企业管理机构特许，并分配给具体的工作目标。这些目标可以是任何一件对企业有重要性的事情，从开发新产品生产线、制作处理顾客发票系统，到设计一次公司野餐。正式团队包括以下几种。

（1）工作组。工作组是临时建立起处理特定问题或事情的正式团队。例如，机械制造部件的拒收率从万分之一上升到千分之一，为找出其中原因，就建立了工作小组。工作组一般要在一个限定的期限内解决问题，并把调查结果报告给管理机构。

（2）委员会。委员会是为履行不间断的特定的企业任务而建立的长期或永久性团队。例如，有些公司的委员会负责评选由于工作业绩突出而受到奖励的雇员，或者向管理机构推荐安全改良措施。虽然委员会的成员年复一年地更换，但不管成员是谁，委员会的工作不会停止。

（3）指挥小组。指挥小组由经理、管理人员及直接向他们汇报工作的雇员组成。这种类型的小组自然是垂直型的，代表着传统的从经理向员工传达任务的方式，如公司的销售小组、管理小组及行政小组。

2．非正式团队

非正式团队是在正式的企业机构中自发形成的一种雇员的临时性社团，如每天一起吃饭的一群人、一个保龄球队或者一群喜欢一起闲逛的人。非正式团队的成员处于一种经常变动的状态，因为雇员来来去去，他们之间的友谊和联系也在变化。

虽然非正式团队没有管理机构布置的特定任务或目标，但是它们对于企业来说也是非常重要的。这是因为：一方面，非正式团队使雇员可以获得管理部门批准的交流渠道之外的信息；另一方面，非正式团队给雇员提供了一个相对安全的发泄途径，使其可以在与自己相关的事情上发泄过剩的精力，或者通过与企业中其他部门的雇员进行讨论找出解决问题的方法。

（三）按照模型的选择划分

1．执行团队

此种团队也就是由高层领导人组成的职能团队，依角色需要来选择成员。其工作和特质为：负责日常机构管理或部门运作；定期开会讨论议程及确定会议记录；依赖下属提供信息等。此种团队如控制不良将会成为个人主观认知的论坛。

2．跨职能团队

此种团队也就是多重专业、跨部门的人员团队，公司每个阶层皆可组成这种团队。该团队可清除因分工产生的意见交换障碍，如新产品推向市场时各部门间的联系配合。在这种团队中，来自不同部门的团队成员为共同的问题或任务贡献自己的长处。

3．业务团队

此种团队就是为了负责长期执行一项计划或营运机构里某个单元的工作人员所组成的团队。该团队管理一个单元，求得最佳成果，注重服从领导，同时经常更换领导人，以便团队取得最佳的工作成效，通常成员需服从严格的管理。

4．后勤团队

后勤团队是提供支援和服务的团队。该团队负责繁重的例行事务，如会务工作，效率是决定团队成功与否的关键。后勤团队依照流程工作，团队紧密合作时有增加生产力的潜能，通常皆有很强的向心力。

5．头脑团队

这是独立于机构之外的自主体，设立地点经常远离机构工作主体。该团队注意力主要集中在譬如将新产品打入市场或研发新产品计划等工作上。头脑团队是有弹性、独立、高工作绩效的团队，成员具有质疑臆测并迅速得出结果的才能。

案例 13-1：一份搁浅的创业计划[①]

不久前，西安理工大学 2007 届毕业生小黄参加了市政府举行的全市落实创业政策恳谈会。会上，他一道出自己想建立一个大学生求职网站的想法就得到了市长陈宝根的赞赏和支持。在市长的鼓励下，这个充满了创业激情的小伙子迅速完善了先前酝酿许久的创业计划书、架构起未来网站的基本框架。但一个绕不开的问题是，自己并不会写计算机程序，而网站的建立必须由专业的技术人员来完成。苦苦找寻数月无果，小黄只好暂时收起创业梦想，先找份工作，给别人打工。

"对创业条件分析不足，这是我最大的失败。"小黄这样总结自己失败的起步。尽管制订了创业计划、确立了盈利模式、进行了市场调研，也得到了父母兄长的资金支持，但小黄却忽视了创业最为关键的因素之一——组建得力的团队。

"刚开始我以为这不是问题，懂程序的人那么多，肯定能吸引到这样的人。"直到制订创业计划的后期，小黄才向身边好友发布信息，结果只找到一个做网站的高中好友。"人太少了，编好这个网站的程序至少要两年。"小黄说，目前高校内具备这方面技术的人太少，而有丰富经验和能力的人却不愿意放弃工作跟他一起创业，所以小黄孤军奋战的结果只能是退下阵来。

"合理的创业方案、资金和团队是创业的三大要素，缺一不可，之前我却没有认识到这一点。"小黄感到有些后悔。他说，如果当初有人能给他指导和提醒，或许就不会出现这样的错误，"学校应该开设创业指导选修课，给有创业想法的大学生一定的指引。"

目前，小黄暂时放下了自己的创业计划，开始忙于找工作。"等有了几年工作经验，我还会继续完成创业梦想。这几年，我会构建自己的生活圈，寻找创业的最佳团队。"

【思考】

1. 小黄的创业计划不足之处是什么？
2. 如果你是小黄，你认为需要建立一个什么类型的团队？

---

① 资料来源："腾讯"网站。

第二节　创业团队管理方法

一、创业团队目标管理

“目标管理”的概念是管理专家德鲁克（Peter Drucker）于 1954 年在其名著《管理实践》中最先提出的，其后他又提出“目标管理和自我控制”的主张。德鲁克认为，并不是有了工作才有目标，而是相反，有了目标才能确定团队成员的工作。因此，“企业的使命和任务，必须转化为目标”，如果一个领域没有目标，这个领域的工作必然会被忽视。由此，**目标管理**是指一种程序或过程，它使组织中的上级和下级一起协商，根据组织使命确定一定时期内组织的总目标，继而决策上、下级的责任和分目标，并把这些目标作为组织经营、评估和奖励每个部门和个人贡献的标准。

（一）目标设置管理

在团队工作中，团队成员的个体独立性和团队的整体统一性更需要目标管理作为保证。在目标管理体系中，每个人都可以通过比较实际的结果和目标来评估自己的绩效，以便做进一步改善。这就是自我控制的原则。绩效还可以由老板和下属定期共同评估，有利于采取必要的行动。上下级之间的沟通会因此得到改善，双方的困难和期待也会更清晰，所以目标管理可以培育团队精神和改进团队合作。举例来说，如果企业总体的销售目标是 100 万元，销售总监和地区经理会讨论如何完成目标，同时设立不同区域的具体目标，目标是共同制定的，而不是强加给下属的，如果目标管理得到充分实施的话，下属甚至会主动地提出他们自己认为合适的目标，争取上级的批准，这样，从管理层到一线员工都很清楚需要实现何种目标。

（二）实现目标过程的管理

目标管理重视结果，强调自主、自治和自觉。但这并不等于领导可以放手不管，相反由于形成了目标体系，一环失误，就会牵动全局，所以领导在目标实施过程中的管理是不可缺少的。首先，要进行定期检查，利用双方经常接触的机会和信息反馈渠道自然地进行；其次，要向下级通报进度，便于互相协调；最后，要帮助下级解决工作中出现的困难问题，当出现意外、不可测事件严重影响组织目标实现时，也可以通过一定的手续修改原定的目标。

（三）总结和评估的管理

达到预定的期限后，下级首先进行自我评估，提交书面报告，然后上下级一起考核目标的完成情况，决定奖惩，同时讨论下一阶段目标，开始新循环。如果目标没有完成，应分析原因，总结教训，切忌相互指责，以保持相互信任的气氛。

二、创业团队定位管理

明晰的战略定位是创业企业组织设计的蓝图，只有明确了战略定位，创业企业才能确定其团队组织的规模（组织到底有多大）、范围（产品服务和行动到底达到什么程度）和结构（如何组织自己）。

案例 13-2：租卖“求职装备”[①]

在厦门理工学院车辆工程专业的大四学生吕伟宗看来，浩浩荡荡的求职大军正是他寻觅商机的对象。从大二开始，他和两名女生一起做起了租卖“求职装备”的生意。

3 年前，吕伟宗到校园招聘会上看热闹，无意中嗅出商机——四处找工作的毕业生在置办求职装备上的花费动辄上千元，这对于家境不好的学生来说显然是个不小的负担。他琢磨着，有没有专门为毕业生量身定制而又价格实惠的职业装呢?

他调研后发现，80%的高年级学生希望拥有合身得体的正装，除了找工作，在校生参加诸如学生会竞选、学科竞赛、演讲比赛等活动时也需要着正装出席。可作为机械工程系的学生，吕伟宗不了解服装行业的情况，也不懂得服装设计，于是他找了本校设计艺术系服装设计专业的陈丽芳和吴婷。3 名学生开始踏上创业之路。

2010 年 10 月，3 个人凑了两万元组建创业团队，成立倬尔服装工作室，做大学生职场形象包装生意。此举得到了厦门理工学院创新创业园的扶持，校方提供了 3000 元项目启动金，并安排了创业导师跟踪指导。

刚开始时，他们每天只能租出去一两套，除去房租、水电费，只能保本经营。后来，他们改被动为主动，制作了大量的广告单，发到学生寝室，还雇校园代理人到各高校里去张贴。

与此同时，他们还通过赞助、冠名校园活动，逐渐打响品牌。当然，最主要的推广渠道还是网络，他们不仅建立了自己的网站，把最新的服装款式、经营业务放到网站上，而且有真人版的大学生模特穿着各种款式正装的图片在主页上滚动播放。经过一年多的摸索，他们在经营上有了明显的起色，不仅收回了成本，还净赚了 3 万多元。

---

① 资料来源：租卖“求职装备”：一年净赚 3 万多元[N]. 中国青年报，2012-05-14.

“凡在本店租过衣服的同学，我们都会为他建立个人档案，记录其衣裤、鞋子等尺码，下次电话预订即可。”吕伟宗说，他们的工作室虽小，却推出了很多贴心服务：租借超过两次或一次性消费超过50元的，即可成为VIP用户，有专门的QQ客服群，可享受上门量体裁衣、正装礼仪培训等服务。

如今，在倬尔服装工作室网站上，他们的主营业务开始向量身定制、正装售卖、二手服装周转、干洗、熨烫保养等方面延伸。“经营西装租赁业务太单一，以大学生能够接受的价格为他们定制正装，正好可以让学服装设计的陈丽芳和吴婷将所学派上用场。”两位女生尝试为大学生设计了多款服装，然后采购布料让服装企业代工。去年年底，他们为学校物业公司员工定制了30多套职业装，积累了小规模生产的经验。

吕伟宗告诉记者，从去年4月至今，他们已售卖了近200套职业装。目前，倬尔服装工作室拥有3间店面，除了厦门理工学校后门天桥边的“旗舰店”外，分别在集美大学诚毅学院和华侨大学厦门校区周边开了两家分店，并正式注册了倬尔服装贸易有限公司，业务群辐射到集美文教区数万名大学生。

【思考】

1. “正装租赁”服务团队的战略定位是什么？
2. 明确的团队战略定位对吕伟宗团队的成功起到什么作用？

三、创业团队计划管理

企业团队计划处于整个企业团队管理活动的统筹阶段，它为下一步整个企业团队的管理活动制定了目标、原则和方法。企业团队计划的可靠性直接关系着企业团队管理工作整体的成败。因此，制定好企业团队管理计划是企业团队管理部门的一项非常重要和有意义的工作。

（一）团队计划的组成

一个计划成功了，而另一个计划失败了，二者之间明显的差别就在于计划中包含什么和计划是如何被执行的。一个有效的团队计划主要包括如下内容。

（1）清晰地定义目标。

（2）弄清设定目标的原因。不要盲目地接受别人设定的目标，要搞清楚它们的重要性何在。

（3）取得高级管理层对目标的赞同和支持。

（4）找到实现目标的最真切、最快捷的路线，把它画出来。

（5）向部门内的员工们传达有关目标的情况，并向他们咨询如何更好地实现目标的意见。

（6）确保员工们知道他们在一起工作的原因。他们必须明白自己对于实现目标负有什么样的责任。

（7）对于实现目标建立一个时间日程表，确保它是合理的，并且考虑到"瓶颈"问题的制约。

（8）制订备用措施的计划，以便于在出现问题时采取行动。

（9）在员工的能力范围内进行任务分派。

（10）确立衡量标准，以测量目标完成进度。

（11）确定公司内其他与实现目标有关的部门和个人所应承担的责任。

（12）确定外在供应商所应承担的责任，他们的产品或服务对于实现目标是必要的。

（13）确保主管在实现目标的过程中表现出责任感。

如果你的团队计划能够包括上述十三项内容的话，那么在以后的团队运作中，你的团队计划将会起到很大的作用。

（二）团队计划的工作流程

流程图为特定的任务提供了生动的图示。它之所以有用，其原因在于：一方面，它把任务分解为一个个步骤；另一方面，这个分解过程提供了一个机会，让我们考察每个步骤是否真正必要。团队计划流程能帮助我们找到以下问题的答案。

（1）要做哪些工作？

（2）工作是否必要？

（3）谁对此项工作负责？

（4）工作应该在哪儿完成？它是否为最佳位置？

（5）工作处在什么样的时间序列中？该顺序是否正确？

（6）应当如何完成工作？这是否为最佳方法？

团队计划流程可以用图 13-1 表示如下。

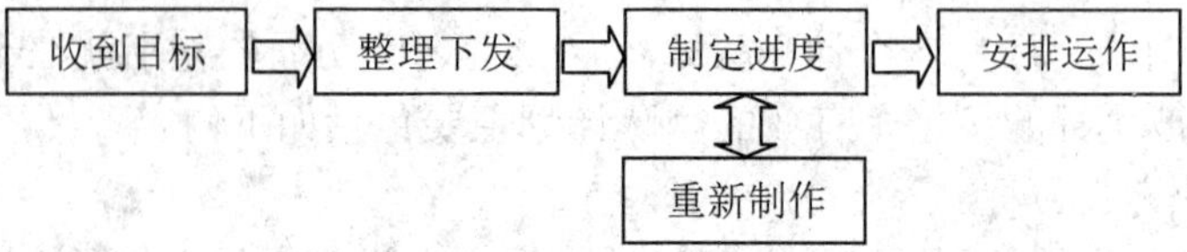

图 13-1　团队计划流程

基本上所有的团队计划都可以按照这样的一个图来进行，只是根据团队目标的不同而有不同的详细内容。与团队计划图相对应的就是团队计划工作单，按照计划工作单来严格操作可以确保团队计划的顺利实现。团队计划工作单如图 13-2 所示。

团队计划工作单

团队项目：

团队项目目标：

目标：	实现途径：
A	A
B	B
C	C
D	D
E	E
F	F

完成目标所需要的任务：

总任务：

分任务：

分任务 1	分任务 2
要做的具体工作 1	要做的具体工作 2

分配给该项目的资源

预算（元）：	团队人员数：
员工：	技能：
A	A
B	B
C	C

其他部门要做的工作

部门：	工作：
A	A
B	B
C	C
D	D

图 13-2　团队计划工作单

四、创业团队职权管理

管理的过程可以说是不断地分权、分责、分利的过程。职责就是任务，做什么事，做到什么程度，横向、纵向的关系及完成任务应配备的权限。在组织设计中，职责应落实到每一个人。任何管理都要借助于一定的权力，没有一定的人权、财权、物权，任何人对任何事都不能实行真正的管理。因此，没有权力的管理者什么都管不了，而权力的运用又证实、保证和提高了管理者的地位。权力、责任与依赖性三者是紧紧地捆在一起的。一方面，若有责无权，凡事都必然要请示，上级过多地向下级发指示，意味着下级不必负责任，只需照做就行了。其结果必然是下级凡事请示，由上级来负责，在忙坏了上级的同时下级的主动性、创造性也被扑灭了，依赖性也就在此过程中滋长起来。另一方面，有责无权会使管理者的自尊受到伤害。如果副手做任何一件事都要请示“一把手”批准的话，那么副职充其量只能是一个高级办事员。在团队中也是如此，要想调动团队的积极性，也必须赋予其一定的权力。管理学专家鲍勃·卡尔沃（Bob Culver）博士通过大量调查，总结了一个授权给团队来提高效率的方法。

（一）真正地授权给团队，而不仅仅是让他们参与

也就是说，授予团队成员独立决策的权力，而非仅仅邀请其加入团队。具体做法如下。

（1）准许团队作出长期的、战略性的决定，不仅是程序上的决定。

（2）让成员选择团队领导人。

（3）让团队决定其目标及义务。

（4）确定团队所有成员应该都有影响。

（二）除去矛盾的根源

很多时候，虽然团队领导者试图授权给职员，但却又常常不愿意接受授权的结果，所以要心甘情愿地发起一个团队，并做好接受其结果的准备。具体做法如下。

（1）承认并解决个人矛盾。

（2）防止势力保护和中层管理者的反对。

（3）尽力统一经理与团队成员的观点。

（4）减轻压力，进行工作改进。

（5）准许团队作出更多的决策。

（三）改变其他影响团队效率的重要因素

这些因素中的每一项都暗示着企业并没有真正授权给雇员，应试着改变这种情形。具体做法如下。

（1）允许团队惩戒绩效不好的成员。

（2）在实现更高的小组绩效标准的过程中，尽量减少同事的压力。

（3）像培训经理和领导一样，多培训团队成员。

五、创业团队人员管理

（一）团队人员配置

团队人员配置应根据团队工作目标、任务、团队类型和工作要求进行。

1．分析工作岗位

（1）分析工作岗位的工作内容和工作性质：工作目的和任务；工作责任和权力；工作条件和主要困难；工作与其他工作的关系；工作在整个组织结构中的位置。

（2）分析工作岗位需要的人员素质、条件，包括学历与专业背景、工作经验、工作技能，以及对工作个性的要求（性格、能力、性别等）。

2．分析候选人员

团队人员的选择取决于团队的工作岗位要求和个人因素。总的要求是：人与事匹配，即工作任务性质与个人因素匹配；人与人和谐，即成员之间的个性匹配。

团队成员的选择应考虑如下因素：个人的学历和专长；个人的工作经验；个人的个性品格；个人承担具体岗位的意愿；候选人员相互的人际关系；候选人员技能的互补情况；候选人员个性的匹配情况。

人的因素是重要的，但是我们不能用僵化的观点来看人，特别是人的能力和专长，应该充分认识到每个人的能力和技能是发展的。当个人暂时没有完全具备某种技能时，通过一段时间的学习和实践就可能具备，所以既要考虑每个人当前已经掌握的知识和技能，也要考虑每个人的发展潜力和发展动力。如果过分强调一个人当前已经具备的知识和专业能力，就很可能失去一个很好的人选。

3．人员配置方式

（1）指派领导。根据团队工作岗位分析和人员分析的结果，由组织管理者征求团队成员候选人的个人意见后再确定人员名单，然后指定一个团队领导人，再由这个团队领导人分配团队角色给其他成员。这种方式比较适合组织对候选的团队领导者已经有明确的人选，而且建立团队的时间比较急迫的情况。

（2）沟通协商。根据团队工作岗位分析和人员分析的结果，由组织管理者征求候选人意见后确定团队成员名单，但不指定团队领导人，而是提供条件让候选人有互动沟通的机会，等团队成员经过一段时间的互动后由成员自行选出团队领导人，在团队领导人的主持下与成员协商分配角色。这种方式比较适合建立团队的时间表进程比较从容而且对领导人的人选一时难以确定的情况。

（3）自荐考核。根据团队工作岗位分析和人员分析的结果，确定工作岗位和所需人员，岗位一律公开招聘，由应聘者自荐拟担任的工作，由组织管理者组织专家进行考核，确认岗位人员配置。这种方式开放程度大，适合组织管理者对组织系统人才情况不够清楚的情形。使用自荐考核，那些平时不为人注意的人才很可能冒出来。

（4）临时组合。面对某个临时问题需要讨论、研究的情况，临时召集一批人组成讨论型团队，除了讨论会的主持人和少数负责记录的工作人员外，不需要具体分配工作角色。这种方式适合需要应用“头脑风暴法”征集各部门尽量多的意见的情况。

（二）团队人员融合

团队新成员融合的过程是一个不断交换个人信息、彼此理解、加深关系和感情、建立比较稳定的互动关系的过程。

1．交流个人表层信息的阶段

人们刚刚加入一个新组合的团队时，要经历一个相互认识的阶段。个人信息的分享是相互信任的基础。人们对于陌生的合作者总是不信任的，对于合作伙伴不了解是令人尴尬的。刚刚组成一个新团队的一群原来相互不熟悉的人，急于了解伙伴的一些表层的个人信息，包括个人姓名、原来的工作部门、学历、专长、专业，甚至家庭的某些信息。这个阶段持续时间比较短。

2．交流个人深层信息的阶段

当伙伴们相互分享了彼此的个人表层信息以后，随着合作互动的进程，彼此交谈得越来越多，也越来越深入，于是开始分享个人深层次的信息。个人深层次的信息包括个人对事物的态度、对事物价值的评价和判断。这时伙伴之间常常能够相当直率地交换看法。这个阶段持续时间比较长。

3．暴露互动关系不协调的阶段

经过交流个人深层信息的阶段后，团队成员彼此相当熟悉了，对伙伴的需要、动机、情感、态度、技能、特长、个性特点、行为方式等个人信息有了相当全面的了解，这时团队成员的合作互动总的来说很默契，但是个人的一些缺陷、缺点开始暴露出来，人际互动关系也开始出现一些不和谐、不协调的情况，个人对其他成员可能存在误解、偏见，还会出现争论甚至争吵，不同意见时有交锋。

4．重新调整互动关系的阶段

在这个阶段，人们开始对于团队内部的不协调互动关系进行调整。在调整阶段，一方面，人们逐渐适应彼此的特点，并进行自发的个人自我调整；另一方面，团队管理者也可以采取一定的措施促进调整。例如，在发生激烈冲突的时候，召开会议，提供直接交流意见的机会，或者帮助成员提高对关系不和谐的原因及如何改善互动方式的认识。

5．稳定运行的强凝聚阶段

团队成员互动顺利进展的话，团队将进入一个凝聚力很强的稳定阶段。在这个阶段，团队工作流程顺畅，人际关系融洽。凝聚力对于群体的合作是重要的因素，尤其对于团队更是如此。凝聚力体现为人们相互信任、相互喜欢、有强烈的群体归属感等三个特征。这种凝聚力体现在以下几个方面。

（1）个人有归属群体的需要。每个心理正常的人都希望与其他一些人沟通并结成一个群体，个人在群体中可以获得许多利益，满足个人多方面的需要。在工作群体中，个人获得工作的机会、个人业务能力发展的机会、工作经验积累的机会、与同伴沟通的机会、发展友谊的机会和共同娱乐的机会，群体提供个人满足这些方面需要的稳定机会。

（2）合作的经验。人们在分享群体共同的目标和利益的长期过程中，积累了合作的经验，长期体验到彼此相互支持、相互尊重的积极情感，逐渐树立起相互尊重和相互爱悦的态度。

（3）个性相容。由于成员加入群体和群体挑选成员取决于许多因素，多数群体不是全由具有完美的个性特征的个人组成的，群体成员的个性必然是复杂的、有差异的，一个和谐的群体不追求每个人个性完美，而是追求成员之间在性格特征方面能够相容、和谐相处。

（三）团队精神培养

所谓**团队精神**就是团队成员为了团队的利益与目标而相互协作、尽心尽力的意愿与作风。它是精神文化、组织文化、制度文化在团队中的创新性的应用，也是塑造企业团队员工形象的一种科学而有效的手段。团队精神的培养应从以下几个方面入手。

1．在团队及其成员的关系方面

要使团队成员强烈地感受到自己是团队的一分子，把自己的命运与团队的前途联系在一起，愿意为其所在团队的利益与目标而尽心尽力、全力拼搏。不仅如此，团队成员对其所在团队还应有无限忠诚，绝不允许任何对团队的发展和利益有损害的事情发生。

2．在团队成员对团队事务的态度方面

团队在其发展过程中，应努力争取其成员的全方位投入，让成员参与管理，共同决策，统一行动，充分调动起积极性、主动性和创造性。同时，团队成员也应衷心地把团队的事视为自己的事，不仅要尽职尽责，而且要认真勤勉，充满活力与热情。

3．在团队成员之间的关系方面

团队成员应相互依存、同舟共济、荣辱与共、肝胆相照。团队成员之间要做到：一是相互宽容，彼此容纳对方的差异性，在发生过失时，见大义容小过；二是互敬互重，待人以诚，彼此信任，一诺千金；三是相互帮助支持，不仅在工作上相互协作、共同提高，在生活上也能彼此关怀、相互慰藉；四是在利益面前互相礼让，相互理解，急他人之所急，想他人之所想。

案例 13-3：马云的“团队建设”[①]

团队如何高效地运作一直以来是个很热的话题，我们来看看阿里巴巴的总裁马云是怎么看的。

“30%的人永远不可能相信你。不要让你的同事为你干活，而让我们的同事为我们的目标干活，共同努力，团结在一个共同的目标下面，就要比团结在你一个企业家底下容易得多。所以首先要说服大家认同共同的理想，而不是让大家来为你干活。”

“唐僧这样的领导，对自己的目标非常执着；孙悟空虽然很自以为是，但是很勤奋，能力强；猪八戒虽然懒一点，但却拥有积极乐观的态度；沙僧，从来都不谈理想，脚踏实地地上班。因此，这四个人合在一起形成了中国最完美的团队。”

“我现在认为，当一个企业有一定规模时，首先要做的就是把自己忘了。记住我们，记住别人，这样才能坚持，才能有团队，梦想才不是空想，而是变成了大家的理想，别人才有机会，从而也就激发了整个团队的想象力。”

【思考】

1. 结合所学知识，概括马云的“团队建设”都有哪些内容。
2. 马云的成功与他的“团队建设”方式有着什么样的关系？

（四）团队人员激励

激励的方式多种多样，恰当地运用可以使激励的作用得到充分的发挥。具体来说，

① 资料来源：新华新闻．马云：唐僧、孙悟空师徒四人是中国最完美的团队[N]．新华网，2013-01-13．本案例依据该文整理而得。

激励的方式有如下几种。

1．奖惩激励

奖励是对人的某种行为给予肯定或表扬，使人保持这种行为。奖励的心理机制是人的荣誉感、进取心理，有物质和精神的需要。如果奖励得当，能进一步调动人的积极性。惩罚是对人的某种行为予以否定或批评，使人消除这种行为。惩罚的心理机制是人的羞怯、过失心理，不愿受到名誉或经济上的损失。如果惩罚得当，不仅能消除人的不良行为，而且能化消极因素为积极因素。

2．考评激励

考评是指各级团队对所属成员的工作及各方面的表现进行评定。考评具有目标导向作用、反馈调节作用和强化作用。通过考核和评比，可以及时指出成员的成绩、不足及下阶段努力的方向，从而激发成员的积极性、主动性和创造性。随着现代人事制度的改革，考评激励越来越成为人事部门普遍采用的一种激励方式。

3．竞赛与评比激励

竞赛在团队内是一种客观存在，在正确思想的指导下，竞赛和竞赛中的评比对调动人的积极性有重大意义：第一，竞赛与评比对动机有激发作用，使动机处于活跃状态；第二，竞赛与评比能增强团队成员心理内聚力，明确团队与个人的目标，激发人的积极性，提高工作效率；第三，竞赛与评比能增强人的智力效应，使人的感知敏锐、注意力集中、思维敏捷、操作能力提高；第四，竞赛能调动人的非智力因素，并能促进集体成员劳动积极性的提高。

4．榜样激励

榜样的力量是无穷的，榜样激励对榜样自己、先进人员、一般人员和后进人员都有激励的心理效应。对自己是一个鞭策，对先进人员是一个挑战，对一般人员有激励作用，对后进人员产生心理压力。榜样应是公认的，具有权威性，能使大家产生敬仰之情，同时也要引导成员一分为二地看待榜样，学其所长。

本章小结

了解团队的特征、要素和分类是搞好团队管理的前提。

团队目标管理包括目标设置管理、实现目标过程管理、总结和评估管理。

团队定位管理是确定团队规模、团队范围和团队结构的前提和基础。

团队计划管理包括计划的组成和工作流程。

团队职权管理是提高团队工作效率的重要因素。

团队人员管理包括团队人员配置、团队人员融合、团队精神培养和团队人员激励。

思考与讨论

1．团队的要素包括哪些？

2．团队有哪几种类型？

3．如何进行团队的目标管理？

4．为什么职权管理是提高团队工作效率的重要因素？

5．你认为还可以从哪些方面来管理团队人员？

实训题

要求学生虚拟一个项目，模拟设置团队，提出团队的目标、定位、计划、人员配置、职权分配并确立团队精神和如何激励团队成员等，撰写一份《团队管理报告》。

第五篇

创业企业的文化培育

第十四章　创业企业文化

第十四章　创业企业文化

本章目标

1. 了解创业企业文化的含义。
2. 了解培育创业企业文化的目标及内容。

引导案例[①]

Facebook 创始人马克·扎克伯格（Mark Zuckerberg）在谈到 Facebook 的企业文化时表示，非正式化制度是 Facebook 的特点之一。为了给员工提供快乐而舒适的办公氛围，公司鼓励无拘无束的交流方式，以保证创意的不断迸发。

首先，强调发现员工优势。Facebook 不墨守成规，在对员工进行业绩评估时，有 80% 专注于他们的优势。员工们不需要听命于谁，而是拥有“强烈的主人翁精神”。他们在选择、调整任务方面被赋予了不同寻常的自由，甚至超出了他们的专业领域。与平行的职业发展轨迹相比，任职管理层甚至都不算“晋升”。

其次，鼓励“以下犯上”。Facebook 鼓励低级别员工质疑和批评经理。公司的关注点在于确保所有员工能够在一个包容和具有挑战性的环境里工作，使得他们可以在人生任何一个阶段出色地工作。能够创造一个适合所有人的企业文化，是 Facebook 感到自豪的事。

扎克伯格说，自己经常引导员工学习共处，帮助他们熟悉其他成员的思维逻辑，从而实现有效的交流。扎克伯格认为，要尊重员工的点子，并在充分信任的基础上授权员工去实践。在他看来，正是这种看似无序的企业文化，使 Facebook 得以保持创新力并持续发展。

【思考】

谈谈对企业文化的认识。

---

① 资料来源：“投资界”网站。

第一节　创业企业文化概述

当一个企业刚开始只有几个人的时候，实际上靠的更多的不是管理，也不是文化，而是老板的个人魅力和员工的个人能力；当企业发展到几十人、上百人的时候，单凭老板的个人魅力会感到越来越吃力，这时要发挥企业制度管理的作用；当企业发展到几百人，甚至更大规模的时候，老板的个人魅力、制度管理等都有了不同程度的局限性，这时就要充分地展示企业文化的作用。因此，有一句话“小企业看老板，中企业看制度，大企业看文化”，是有道理的。在新的历史发展阶段，创业企业文化对于推动经济发展和如何进一步改善创业环境、倡导有效的创业企业文化是具有重要意义的。

一、创业企业文化的内涵

企业文化属于与一个社会的整体文化、宏观文化相对的亚文化、微观文化的范畴，主要指一个企业或一个行业在自己的历史发展中，在长期的生产、建设、经营、管理实践中逐步培育形成的、占主导地位的，并为全体员工所认同和遵守的共同的价值观念、行为准则、道德规范和传统习惯等。

有必要明确界定一下，一种积极的创业企业文化应该具有的基本内涵主要包括以下几个方面。

（1）鼓励创新（技术创新、管理创新和文化创新），挑战传统；

（2）开拓进取、积极向上，商业冒险的勇气和激情；

（3）容许失败和勇敢面对失败；

（4）开放与合作意识，全球眼光；

（5）团队意识；

（6）学习精神；

（7）职业道德和“叛逆”精神的结合。

二、创业企业文化对企业发展的作用

创业企业文化不仅是一种意识，而且是一种统一的意识，是一种能够区别其他企业而特有的标志性的统一的意识，只有这样的文化才是真正的企业文化。企业文化对企业员工和企业经营业绩产生巨大的作用，特别是在市场竞争激烈的时候更是如此，这种文化的影响甚至大于企业管理研究和经营策略研究的文献中经常出现的那些作用因素——经营策略、企业组织结构、企业管理体制、企业财务分析手段和企业管理领导艺术等。企业文化的作用具体表现为以下四个方面。

（一）指导作用

企业文化随着公司的创立发展，通过高度概括、生动且富有哲理的口号，将全体员工的思想和行为引导、统一到企业发展的目标上，并成为企业的发展目标。信念深印在广大员工的脑海中，是企业及员工的精神支柱，它能使员工无时无刻地支持、坚定企业发展的方向。无论是企业在顺利、成功的时候，还是企业发展受挫折、遇到困难的时候，它都可以使广大员工锐气不减，团结一致，在行动上、奋斗目标上克服种种困难，英勇奋战，绝不会出现士气低落，迷失方向，同时使广大员工坚信企业的发展过程有曲折是暂时、必然的，而前途和目标是光明的，一定能够实现。例如，首都钢铁公司的“开拓进取，当家做主，顽强拼搏”的首钢精神，大庆油田的“四个一样”“预期创业”的大庆精神，对我国的国有企业发展都起导向作用，它引导企业一代代创造出一个又一个奇迹。

（二）激励作用

激励是一种精神力量和状态。企业文化为全体员工提供良好的社会心理环境，使员工之间形成互相尊重、理解、友爱的良好人际交往与合作，使员工深感大家庭的温暖，在精神上有了强大的支柱，从而由内心产生一种荣誉感、自豪感，从而激发工作热情。企业文化所形成的企业内部的文化氛围和价值导向能够起到精神激励的作用，将员工的积极性、主动性和创造性调动与激发出来，把人们的潜在智慧诱发出来，使员工的能力得到充分发挥，提高各部门和员工的自主管理能力和自主经营能力。

（三）凝聚作用

企业文化是企业的黏合剂，可以把员工紧紧地黏合、团结在一起，使他们目的明确、协调一致。企业员工队伍凝聚力的基础是企业的根本目标。企业的根本目标选择正确，就能够把企业的利益和绝大多数员工的利益统一起来，是一个集体与个人双赢的目标。在此基础上企业就能够形成强大的凝聚力。而这种凝聚力是由公司的优秀的企业文化起作用的。企业文化不仅给予员工物质利益上的享受，而且为企业的凝聚提供了浓厚的精神基础。

（四）规范作用

“没有规矩，不成方圆”，一个企业的发展也一样，它必须有自己的发展模式和行为准则，而优秀的企业文化在企业发展过程中就起着行为规范作用。这种作用可以理解为两种规范性文化：一是制度性文化；二是观念性文化。制度性文化主要是以正式组织制定的纪律、制度、操作规程等，它要求公司广大员工在范围内活动，对企业人员的规范作用太大，以致员工有压抑感，不利于激发员工的积极性、创造性，也就不利于公司的发展。观念性文化是指人的价值观、作风、习俗、道德、礼仪等方面，可以利用引导方法来诱发广大员工自觉地要求自己的行为规范。优秀的企业文化显然属于观念性文化，它与人们自尊、自爱、自强地实现自我价值是分不开的，它有益于人的身心健康，其作用是持久的、稳定的。领导者本身的模范行为更是一种无声的号召，它更有利于公司的发展、创新，更有利于铸造公司的品牌及形象，更有利于增加领导者的凝聚力。

（五）导向作用

导向包括价值导向与行为导向。企业价值观与企业精神，能够为企业提供具有长远意义的、更大范围的正确方向，为企业在市场竞争中基本竞争战略和政策的制定提供依据。企业文化创新尤其是观念创新对企业的持续发展而言是首要的。在构成企业文化的诸多要素中，价值观念是决定企业文化特征的核心和基础，企业必须对此给予足够的重视并使之不断创新、与时俱进。

（六）约束作用

企业文化、企业精神为企业确立了正确的方向，对那些不利于企业长远发展的不该做、不能做的行为常常发挥一种“软约束”的作用，为企业提供“免疫”功能。约束功能能够提高员工的自觉性、积极性、主动性和自我约束，使员工明确工作意义和方法，提高员工的责任感和使命感。

第二节　培育创业企业文化

企业文化渗透于企业的一切活动之中，又超脱于企业的一切活动之上。企业发展的灵魂是企业文化，塑造积极、健康向上的企业文化，就等于企业有了源源不断的发展动力。企业培育属于自己的企业文化是一个长期的、艰苦的过程，必须有新的思路、新的方法，必须有助于实现顾客关心的核心价值，令竞争对手难以模仿，以促进企业进一步发展。

一、创业企业文化培育的要素

随着企业的发展，构建与培育先进、独特的企业文化成为创业者关注的问题。“企业文化”已成为各企业寻求长期共存、永久发展的理念。一个企业要永远向前发展，必须要有自己的企业文化、理念和行动纲领。企业文化建设是企业的长期行为，靠短期突击不能奏效。企业在建设企业文化的过程中，首先要科学地确定企业文化的内容，充实它的构成，同时宣传倡导、贯彻落实、积极强化、持之以恒。企业文化像一面旗帜，指引着企业和每一个员工的行动方向。

培育创业企业文化由以下五大要素组成。

（1）种子要素。种子要素是指企业的价值观，企业精神是企业价值观的核心，它是企业在长期的生产经营活动中逐步形成的，并经过企业家有意识地概括、总结、提炼而得到的思想成果和精神力量。企业精神这一概念自身就是把企业人格化了，它是由企业的传统、经历、文化和企业领导人的管理哲学共同孕育的，集中体现了一个企业独特的、鲜明的经营思想和个性风格，反映着企业的信念和追求，也是企业群体意识的集中体现。企业精神具有号召力、凝聚力和向心力，是一个企业最宝贵的经营优势和精神财富。

（2）催化要素。催化要素是指企业的教育培训及规章制度。任何种子要素，包括价值观念、精神境界、理想追求，如仅仅是个人头脑中的思想，它实际上并没有作为种子要素发挥作用。它们必须经展示出来，充分地推广开来，变成全体员工认同的群体意识，才能作为企业文化的种子要素真正发挥作用。

（3）品质化要素。品质化要素是指存在于员工中的各种素养，如文明素养、道德素养等，也指员工中普遍牢固地树立的各种意识，如自主意识、参与意识、协作意识、集体意识、服务意识、质量意识、顾客意识、竞争意识和创新意识。品质化要素是种子要素在催化要素的作用下，在每个员工心中萌发、生成的过程，也是价值观念、精神境界、理想追求的认同过程，是一个长期的、潜移默化的过程，是一个宣传与灌输的过程。

（4）物质化要素。物质化要素是指企业文化成长过程中使人们的思想激情转化为热情的行动，创造出能够体现自己理想追求的物质产品。这就是“精神转化为物质”，精神是一种动力。物质的产生使企业有较好的经济效益，从量变到质变，推动企业的发展，从而促进物质文明和精神文明共同发展。

（5）习俗化要素。习俗化要素是指企业的习惯、传统、仪式等。仪式是会议、奖励、庆典等在一定文化背景下人们可以普遍接受的方式，和习惯紧密相联的程序。企业需要各种各样的仪式来传播和维护企业文化，将隐形的企业文化通过有形的物质形态表现出来，积极地强化企业习俗和礼仪等各项行为，同时充分挖掘和发挥内部员工的积极性，为企业注入活力，如年度庆典、年终奖励等。

二、创业企业文化培育的目标

（一）切合实际

企业文化的塑造没有模式可抄，需要针对企业的“高矮胖瘦”来“量体裁衣”。一方面，要契合企业的价值观，根据企业自身的特点选择适合的文化模式，同时把握好价值体系与其他文化要素之间的协调性，使企业核心价值观体现企业的宗旨、管理战略和发展方向；另一方面，要强化员工对企业文化的认同感，并准确地反映员工的心态，使企业文化被员工认可、接纳和遵循。

（二）突出重点

许多企业原有文化不足的一点就是泛泛而谈，缺乏重点。要提升企业文化，一定要明晰重点。企业以营利为目的，企业文化也应包含功利性的目的，即哪些方面可以提高企业经营管理水平，提升企业效益，增进企业竞争力。这些方面就是思考与企业文化结合，并成为提升企业文化的重点。例如，“顾客满意第一”的企业文化，就是为了服务顾客、取悦顾客，为企业赢得效益。

（三）领先一步

提升企业文化既不能好高骛远，制定出不切实际的方略，又不能故步自封，缺乏发展的眼光，而应像给青少年选大一号的衣服一样，既合身又留有余地，既适合企业现实情况，又为企业发展与文化的配套融合留有一定的发展空间。因此，我们的企业文化要有前瞻性，要适度领先。

（四）巩固发展

企业要生存发展、要做强做大，应树立“建百年企业”的理想。例如，GE 公司经过几十年不断的分析归纳、提炼定格，形成了如“憎恨官僚主义”等独特的企业文化，亦成就了 GE 的强盛不衰。企业提升文化，也应在“建百年企业”理想的基础上，为今后一段时间的事业进步与发展提供理论指导和精神支持。同时，还要针对内外环境的不断变化，对企业文化进行相应的调整更新、丰富发展，造就适合“百年大计”的企业文化。

案例 14-1：同仁堂的文化[①]

同仁堂创建于清康熙八年（公元 1669 年），至今已有三百多年历史。中国悠久的历

[①] 资料来源：“世界经理人”网站。

史培育了许多老字号，可是经历近代经济形势急剧转变之后，在今天仍蓬勃发展的老字号却少之又少。然而，同仁堂依靠先祖的“德、诚、信”理念，结合新时期的特点，形成牢不可破、坚不可摧的企业文化，成为当今众所周知的著名企业。创建人乐显扬先辈曾说“同仁二字可以命堂名，吾喜其公而雅，需志之”，因此便有了“同仁堂”。从创建起，同仁堂就有崇高的经营思想，发扬至今已深刻地体现在“德、诚、信”三个方面。德——养生济世的经营宗旨，诚——精益求精的敬业精神，信——童叟无欺的职业道德。

“德、诚、信”理念虽然是先祖留下的谨训，但在任何时代都是企业持续发展的法宝。药店经营与人体健康相关的药，所以“德、诚、信”在这个行业显得更为重要。同仁堂的企业文化符合经营需要、适合行业特性，成为企业的核心能力，使企业历经几百年仍生机勃勃。

【思考】

谈谈你对“德、诚、信”的认识。

三、创业企业文化培育的核心内容

企业文化能为企业提供源源不断的竞争力。企业文化可作为核心能力，至少应该具有两个特点：第一，该企业文化能为企业带来持续发展的竞争能力；第二，该企业文化具有足够的独特性。成功的企业都有自己的企业文化，在培育企业文化时要注重以下核心内容。

（一）创新文化

创新是永恒的主题。在企业文化中，创新的地位无疑是重要的。创新包括对现有的束缚企业发展的机制进行改革，改变企业的用人方式，在企业经营管理中不断地总结、提高等。创新，就是要在管理上、技术上和制度上创新。

（1）管理创新。对于任何一个企业来讲，管理都没有一个固定不变的模式。当今企业处于一个科技产业和信息产业迅猛发展的时代，这就要求企业管理工作也要相应地跟着发生根本的变化，企业经营决策、人事管理、质量管理、知识管理、财务管理、销售管理和技能管理等都要跟着发生相应的变革和创新。

（2）技术创新。技术创新是企业形成竞争优势的关键，哪个企业拥有领先的核心技术，该企业就向成功迈了一大步。

（3）制度创新。制度创新是企业文化的重要内容，培育创新的企业文化，同样需要制度的不断创新。例如，民营企业大多是家族企业，为了适应现代企业管理的需要，凡是具有一定规模的民营企业，都应从自身的实际出发，从壮大自身力量、强化竞争力着手，走公司制的道路，这是民营企业制度创新的方向所在。

（二）以人为本的管理文化

企业文化是指在企业生存和发展过程中所体现出来的人与人之间的关系，以及公认的价值观和行为准则。企业之间的竞争在于人才之间的竞争，在当今的竞争社会，谁拥有了人才，谁就拥有了与对手相抗衡的资本。现代企业管理的最重要的一个特征就是重视人的作用，强调以人为本的管理思想。以人为本的管理思想，并不是简单地以某个人或某群人为本，而是将员工、顾客和社会公众三者有机地结合起来，充分考虑企业在三者之间的位置。以人为本不是简单地以物质鼓励为本，也不是简单地以关怀体贴为本，而是以塑造人、培养人为本，既为人提供发展的机遇，又为企业培育有用之才，不是短期重视人为本，而是长期实施与尊重人为本。以人为本就是要从最开始的“人治”进化到“法制”，然后走向“人本管理”，让员工在潜移默化中接受企业、赞同企业、维护企业。

（三）服务文化

服务文化是一种鼓励优质服务的文化。拥有这种文化的企业可以为内部顾客、外部顾客提供相同的服务，组织中的每个人都将为外部顾客提供优质服务视为最基本的生活方式和最重要的价值之一。强有力的服务文化可以让员工具有清晰的行为规范，以正确的方式服务，并持续地以恰当的方式处理各种情况。当顾客有预料之外的要求时，员工可以清楚地知道如何做。员工在认可企业的服务文化后，就不会轻易地退出，顾客也会对服务感到满意。员工跳槽率下降，服务导向的价值观和积极的服务态度传递到组织中的新人身上的可能性就大。服务文化的建设不可能一蹴而就，需要持续不断、协调一致的努力。培育服务文化，需要把组织从旧的运作方式转变为新的方式，并把这种服务导向的文化维护下去。

（四）危机文化

“一将功成万骨枯”，市场竞争如大浪淘沙，存在的企业都可以算是英雄。今天，企业面临的竞争更加激烈，国内大企业开始发难，要挤占中小型企业的市场份额，而国外的企业巨头亦在虎视眈眈，越来越多的“鲶鱼”加入了中国虽说庞大亦趋于饱和的“游泳池”市场。企业要生存，不能成为金枪鱼，只能成为鲶鱼；企业要发展，一定要成为富有竞争力的大鲶鱼。优胜劣汰，弱肉强食，企业要在危机感中，在忧患意识下，不断地鞭策、激励自己，顽强地生存，积极地发展。

（五）学习文化

21 世纪，企业要获得成功，必须成为学习型组织。木桶由高低不一的木板组合而成，最低的那块木板就决定了整个木桶的容积。木板低一厘米看似差距不大，但组合在木桶中，就可能损失一立方米甚至更多的水。“木桶理论”说明了一个道理，即企业中素质最低的员工一定程度上代表了整个企业的水平。因此，要构建学习型的企业文化，改善薄弱环节，促进企业员工综合素质的提高，进而提高企业的竞争力，增强企业的生命力。

本章小结

创业企业文化属于与一个社会的整体文化、宏观文化相对的亚文化、微观文化的范畴，主要指一个企业或一个行业在自己的历史发展中，在长期的生产、建设、经营、管理实践中逐步培育形成的、占主导地位的，并为全体员工所认同和遵守的共同的价值观念、行为准则、道德规范和传统习惯等。

创业企业文化的作用具体表现为几个方面：指导作用、激励作用、凝聚作用、规范作用、导向作用、约束作用。

创业企业文化培育要素包括种子要素、催化要素、品质化要素、物质化要素及习俗化要素。

创业企业文化的培育必须把握四个方面：切合实际、突出重点、领先一步、巩固发展。

培育创业企业文化时要注重的核心内容包括：创新文化、以人为本的管理文化、服务文化、危机文化、学习文化。

思考与讨论

1. 什么是创业企业文化？
2. 如何理解创业企业文化的培育的要素？
3. 如何理解创业文化中激励的作用？
4. 培育创业企业文化时要注重的核心内容有哪些？

实训题

1. 结合实际谈谈创新文化对培育创业企业文化的重要性。
2. 结合案例，谈谈你对以人为本的管理文化的认识。

附录　创业典型案例

案例一：手机“化妆”公司[①]

20世纪90年代中期，手机来到我们身边的时候还是稀罕物，当时也不叫手机，而是叫大哥大，不像是一种通信产品，倒颇像某位江湖人士的匪号。当时谁拥有一部手机可是件了不得的事，那是身份和地位的象征。那时候买一部手机要两三万元人民币，以购买力进行等值折算的话，大概相当于现在的七八万甚至十来万元人民币。十几年来，手机产业让很多人都发了大财，但发财的大多是手机生产商和经销商，包括一些修手机的人。谁也没有想到，手机发展到现在，还能让另一种人发财，像李俊峰这样的白手起家的无产者。一想到手机，大家首先就会想到这是个大投入大产出、小投入没产出的行业，一款手机要想在市场上打响，最终捞回成本并且赚到钱，不说研发、生产，仅广告费就是一笔大投入。在这样一个行业中，像李俊峰这样出身低、无资源、无资本的小人物，是怎样起家发财的呢？

李俊峰，从农村走出来的大学毕业生，曾经最大的愿望就是能够拥有一部自己的手机。但直到他大学毕业后才真正拥有了第一部属于自己的手机。但那个时候，手机已经开始像洪水一样泛滥成灾。走在城市街头，虽不说人手一部，也相差不远了。对于好不容易才奋斗到手的一样宝物，转眼间便泯灭于芸芸众生之中，李俊峰很不甘心。他总想让自己的手机有点特色，与众不同，但他没有钱赶潮流经常更换手机，所以他想到了换汤不换药。当时有一种小贴纸，本来是贴在墙上或书包上做装饰之用的，李俊峰贴在手机上，效果还不错，真能够产生“区别众生”的效果。后来他将这种贴纸改进，在上面打印上自己喜欢的图案，再压上一层塑料膜。因为不是手机装饰专用贴纸，这些工作做完后还要用刻刀比着手机的大小和形状对贴纸进行“雕刻”和修改，然后才能贴在手机上。经过这样“改装”的手机，不但区别众生，而且超越众生，在众多手机中显得是那么卓尔不群，李俊峰的虚荣心得到了极大的满足。

不过，这也给他惹来了麻烦，就是同事们不断地要求他帮忙给自己“改装”手机。李俊峰不能不答应，这使他几乎丧失了所有的休息时间，每天下班后就趴在那里给同事

[①] 资料来源：应届毕业生网，http://www.yjbys.com/。

们做手机贴纸，进行手机美容。后来，一些朋友的朋友为了排在别人前面得到他的手机贴纸，甚至愿意出钱购买，这使李俊峰心眼一动：原来这玩意儿还可以赚钱！随着愿意出钱买他的手机贴纸的人越来越多，到2012年初，李俊峰干脆辞了职，拿出6年工作攒下的全部积蓄，共18000元钱，在北京西单的一家商场租了一小截柜台，正式开始做起了手机贴纸和手机美容的生意。

现在，李俊峰依靠一片小小的手机贴纸成立了自己的公司，叫做大秦手机化妆公司。他不但自己做，还发展加盟代理，目前旗下已拥有加盟代理商数十家。一片小小的手机贴纸，已为李俊峰带来了超过百万元的利益，以后还会给他带来多少收益，谁也不知道。不但是手机贴纸，李俊峰还将业务开拓到手机添香、手机水晶刻印、手机镶钻等三十多种手机美容业务，生意一片红火。

如果说金融行业有衍生产品，那么李俊峰做的就是手机行业的衍生产品。像这样依靠手机行业衍生产品发财的并不只李俊峰一个。在广西南宁，有一个叫黎小兰的女孩，靠做琥珀昆虫手机链和水晶昆虫手机链，从1000多元钱起家，成立了自己的公司——南宁昆虫之恋工艺品厂，几年间赚了上千万元，还将业务做到了国外，事业做得比李俊峰还大，生意比李俊峰还火。

【案例剖析】

李俊峰和黎小兰能在短时间内创业成功，关键在于他们找到了一个藏金丰富的钱眼。而无论李俊峰还是黎小兰，都不是在有意识的寻找中发现他们的钱眼的。两个人都是在懵懵懂懂之中，在外力的作用下，一头撞进了一个品质颇高的金矿。从这一点上来说，这两个人能够在短时间内发财靠的是他们的好运气。对于其他的投资者和创业者来说，不能指望都有这样的好运气。事实上，只要掌握了正确的方法，根本就不需要依靠运气。这个正确的方法就是：第一，观察当前社会上热门的产业、热门的行业；第二，测量产业的规模和行业的成熟度；第三，发现该产业或行业的空白点，发现该产业或行业的顾客需要但尚没有人想到去满足的产品或服务；第四，一旦发现空白点，立即行动。

李俊峰和黎小兰成功的原因在于：

首先，依托一个成熟的行业，行业需要足够大。因为行业大，做细分市场才能够有钱可赚；因为行业成熟度高，利用现成消费群，才可省去开拓新市场的费用和唤醒消费者的麻烦。

其次，专注支流业务，不做主流业务。所谓支流业务，指的是满足消费者在主流需求得到满足之后的衍生需求。比如手机，消费者购买手机的主要目的是通信，随时随地与他人沟通。因此，强大的通信功能和畅通的通信服务是消费者在消费手机这项产品和服务时的首要和主要诉求。这两项是手机产业的主流业务，要满足消费者的这两项需求，做好这两项业务，需要巨大的投入，中小投资者和创业者根本无力承担。因此，对于中小投资者来说，选择在细分市场做支流业务，专注消费者的个性化需求才是明智之举。

再次，仅仅满足一部分人，而不是满足所有人的需求。以手机市场为例，目前国内的手机消费者群体极其庞大，想要满足所有消费者的愿望是愚蠢的，也是不可能的。因此，只能满足他们中间的一部分人，而且可能只是一小部分人的需求。但是因为市场规模够大，即使只满足他们中间一小部分人的需求，也足够中小投资者和创业者获得广大的市场空间。

最后，服务要到位。衍生需求，换句话说，就是可有可无的需求。有则更好，没有的话也不会对消费者造成什么损失。因为如此，此类需求大多数时候是属于精神层面的需求，对从业者提供的服务往往有着超高的要求。这是需要投资者格外注意的。

案例二：五趾袜子专卖店①

在珠海市前山明珠南路有一个袜子店。这个店只有 10 平方米，卖的是小小的袜子，但不是寻常的袜子，而是市面上不很常见的品种——五趾袜。就是这样的一个小店，卖这样薄利的一种冷门商品，每个月带给店主的收益却超过万元，让周围很多精明的商人都大跌眼镜，感到不可思议。

这个店的名字就叫“碧玉五趾袜子专卖店”。店主谭碧辉，原来是江西萍乡到珠海工作的一个大学毕业生。谭碧辉在珠海打了几年工，攒了一点钱，就想自己做生意。但是，做什么生意她却拿不定主意，问周围的朋友，也没有一个人拿得出一个准主意。在这种情况下，谭碧辉只好自己想办法。最后她看中了袜子专卖店，并且将目标瞄准了那种能将脚趾头分隔开来的五趾袜。这种袜子有一个好处，就是因为将脚趾分隔开，使人不容易沤脚，犯脚气。广东气候温暖潮湿，患脚气病的人很多，所以这是一种迎合市场需要的产品，但是因为不够时尚，同时没有人肯下工夫去推广，所以在偌大的珠海想找一双五趾袜简直比登天还难。谭碧辉就看准了这样一个机会。

谭碧辉的决定几乎遭到了朋友们的一致反对，他们的理由是：第一，从未听说过有什么袜子专营店；第二，像袜子这样一种薄利小商品，很难将店面租金赚回来。但是谭碧辉打定了主意，不为所动。她的店很快开张了，第一次就从浙江义乌进了一万双五趾袜，每双的进价在 5～10 元。这批货加上租赁店铺和装修的花费，不但用光了她所有的

① 资料来源：根据《羊城晚报》2011 年 8 月 22 日《碧玉五趾袜子专卖店》报道整理。

积蓄，还负了一部分外债。然而，一开始生意却十分不景气，有些冷言冷语开始在谭碧辉耳边绕来绕去，什么“不听老人言，吃亏在眼前”之类的，但谭碧辉坚持了下来。到第二个月，她就开始赢利，虽然只有1500多元，却展现出了一个好兆头。此后的经营虽然仍不时有些磕绊，但总的来说比较顺利。现在谭碧辉每个月可以稳定地获得上万元的收入。对一个小本起家的创业者来说，这就是一笔了不得的收入了。非但如此，现在谭碧辉的五趾袜已经进入了细节经营的境界，春、夏、秋、冬四季的袜子各有不同的质地和款式，深受消费者的欢迎。

【案例剖析】

三十多年前，我们的生活还十分简单，拿吃、穿、住、行来说，能够满足生理的基本需求就算不错了，很少有人提出更高的要求。例如，在穿着上，那时候全国人民不论地位高低，从头到脚款式就是老三样，颜色则以蓝、黑、灰几种深色调为主。时代发展到今天，情况已经发生了翻天覆地的变化。别的不说，光是女士戴的帽子，恐怕就不下几千种。过去一个商店什么都经营，包罗万象，一站购齐是他们的主要卖点，那是适合那个时代的业态，只要这样做就会有钱赚，也只有这样做才能赚到钱。现在物质极大丰富，精致主义开始大行其道，消费者追求的是个性与品位，经营者可以应对的就是专营与分割，将每项需求分割出无数细节。无论你做哪一个细节，只要做到位，就会有钱赚，而且在通常情况下，现在的这种“小”而全比过去的那种“大”而全要赚得更多。

这是适合小本创业和中小投资的一种变化，投资者要善于掌握，对此机会善加利用。可供“切割”的商业形态很多，比如结婚就可以细分到婚介、婚礼筹办、司仪、婚纱专营、结婚摄影、婚车租赁、宴席布置、喜糖采办等数十个细项，而每一个细项几乎都可以“切割”出来进行专营。过去讲究一条龙服务，为的是顾客方便、省事，现在讲究的却是专业化、个性化。人们总是希望自己拥有的与众不同，所以要将每项需求“切割”成众多的“组件”，供人们自由地搭配，使一个人与另一个人“相同”的机会大大减少，从而迎合人们追求个性化的需要。

此类创业需要注意的是，因为经“切割”后的商品会变得比较“小”、比较“单薄”，单个商品的附加值都不高，所以要做到以下几点。

首先，花色品种要全。人们购买此类小商品大多是集中性购买和批量性购买，所以需要让消费者有选择的余地。谭碧辉店中的五趾袜有数百种，可以供消费者选择。

其次，此类店大多属于小投资、小本经营，店铺较小，不易引起人们的注意，所以需要特别重视宣传。一方面，谭碧辉在经营过程中想了很多办法对自己的商店进行宣传，才使经营很快从最初的困境中走出来。另一方面，此类店因为独具特色，很容易引起新闻媒体的注意，所以必要时可主动与新闻媒介取得联系。

再次，小商品的流行风尚瞬息万变，所以进货时要注意多品种、小批量，以免造成积压，使资金周转成为问题。

最后，如果是“技术性”的切割，要体现技术的“含金量”。例如，北京呼家楼有一家专门安装门窗玻璃的公司，因为技术过硬，很多宾馆酒楼在安装门窗玻璃时都专门请他们过去，生意十分红火。虽然这家公司做的只是建筑安装和装修工程中极小的一个细分类别，赢利却比很多能干“全活”的公司好得多。这种“切割”对技术有非常高的要求，即能真正体现技术的“含金量”，如果有这一方面的特长，不妨加以考虑。

案例三：乔治的发型设计广场[①]

乔治不是外国人，而是个地道的中国南京人。他读书时成绩不是很好，但又想做点正事有所成就，于是就报考了烹饪学校，学习烹饪技术。但是快毕业时，他却发现自己对烹饪没有什么兴趣，他感兴趣的是理发（现在叫美发），认为当一名发型师是一件非常美妙的事情。于是，他放下勺子，拿起剪子，先在南京，后又到上海，苦练起了美发技术，并且很快就显露出过人的才华。

1996 年，香港明星张敏在上海开了一家名叫露莎莲妮的高档发型屋，乔治正式出师，当上了露莎莲妮的一名技师，帮人洗发、烫发、染发，但是没几天老板就发现了他在发型设计上的天分，破格将他晋升为发型师，与从中国香港地区、法国、新加坡聘请来的那些发型师平起平坐。后来乔治又辗转于杭州等地一些发型屋做发型师，目的是磨炼自己的技术。时机成熟后，乔治开始了自己的创业生涯。因为缺乏资金，他无力租赁繁华的店面，只能在杭州一个偏僻的角落接下一家别人经营不下去的发型屋，改造后打出了自己的名头——乔治发型设计中心，时为 2000 年 3 月 18 日。

因为地段不好，乔治刚开始的生意很不景气，但过了不久，就有很多乔治过去的忠实“粉丝”跟踪而来，这样靠着一传十、十传百，来到乔治发型设计中心的老顾客越来越多，乔治很快就走出了困境。仅仅过了一年多，乔治的发型中心就变成了发型广场，面积达 500 多平方米，紧跟杭州那些财大气粗的美发巨无霸如新爱情故事、阿伟、东方名剪等，成为杭州美发市场的一个后起之秀。

现在在乔治的发型广场理发，最低的只要 25 元，而最高的需要 380 元，很多文艺界的名人如胡兵、瞿颖、陆毅等都接受过乔治的服务。

---

① 资料来源：新浪河南财经频道——创业帮，http://henan.sina.com.cn/finance/c/list.html。

【案例剖析】

对于创业者和投资者来说，有一句不得不记住的老话，叫做“不熟不做”。创业最简单的方法就是从自己熟悉或有专长的事情做起，一般可以起到事半功倍的效果，大大减少创业过程中的波折。这样的案例有很多，不必到报纸、电视上去寻找，在我们身边就俯拾皆是。

为了提高成功的几率，减少失败概率，在动手之前必须明白以下道理。

首先，冷静评估你所拥有的资源，包括你的社会关系、你的专业特长，并评估其所蕴含的商业价值，寻找创业和投资的着力点。找到正确的着力点非常重要，有些人可能拥有很好的软硬件资源，但是因为没有找好着力点，导致创业过程跌宕起伏，经受了许多原本可以轻易避免的波折。

其次，资源可以建立，知识可以学习。如果经评估，你现在还不具备创业的必要资源和必要特长，那么你可以先不忙于动手。你可以给自己一段时间，为将来的创业组建资源，学习必要的技术和其他方面的知识，就像乔治所做的一样。如果乔治没有在以前为别人打工时积累大量“粉丝”，后来的创业很难说会是什么样子，至少绝对不可能那么快就取得成功。在这方面，技术是乔治拥有的硬资源，大量拥趸则是他拥有的软资源。前者是因，后者是果。当乔治自己开始创业时，前两者都变成了因，而成功则变成了果，这就是事物的逻辑。小本创业者大多底子薄，经不起太多折腾，在这方面一定要慎之又慎，不打无准备之仗。

最后，不是任何资源包括专业知识、技术特长都有商业价值。创业者和投资者在评估自己所拥有的资源时要尽量避免“自我感觉”。很多创业者和中小投资者因为缺乏经验，容易凭“感觉”行事，有时候这样做确实有助于抓住机会，但多数时候是有害无益。如果你对自我评估没有信心，那么你可以请朋友和家人一起来帮你进行评估。

案例四：“湖南味道”土特产商店[1]

徐波是湖南人，大学毕业后到广州某公司工作，张勇光是他的朋友。2002年的一天，两个人坐在一起商量，觉得长期打工不是个出路，同时看着周围很多老乡因为做生意都发了点儿财，两个人就想自己也创业做生意。但是两个人都没有太多本钱，也不知道做什么好。想来想去，徐波说，广州有很多湖南人，也有很多湘菜馆，但是不是所有人都有钱去饭馆吃饭，尤其是那些企业里的打工仔。有些做生意的老乡虽然手头宽裕一些，

---

[1] 资料来源：根据“经营界”网站（http://www.bblook.com/）2012年4月28日报道《开特产店：卖家乡的土特产》整理。

但是偶尔去饭店吃饭没有问题，经常的话可能也不太容易。对于大多数人来说，大多数时间还是得自己在家里做饭吃。湖南人的口味比较特殊，做饭用的原材料也比较特殊，而且湖南人比较认死理，乡土观念较重，而广州看不到专门经营湖南土特产的商店，如果做这一行，说不定会有钱赚。

两个人说干就干，马上进行市场调查。果然，除了在一些大小超市有些湖南来的零星杂货外，广州的大街小巷真的看不见一家专门经营湖南土特产的商店。调查的结果让两个人大为兴奋。不久，两个人合伙投资10来万元的湖南杂货店在广州大道南方日报社附近正式登场亮相，商店取名为“湖南味道”。两个人虽然钱不多，但为了不让人误以为自己是随时会飞掉的“野鸡小店”，痛下决心花1万元钱请广州书画界的名家李华白题写了“湖南味道”四个字的招牌。招牌挂出来，厚重的墨迹果然让人肃然起敬。

在徐波和张勇光的店里，处处突出的都是“湖南味道”，所售货物都是地道湘产自不必说，连员工都是非纯正湖南人不用。走进徐波和张勇光的店里，触耳一片“湘音”。湖南人爱嚼槟榔，不停嚼着槟榔的老板看见顾客进来，会问你要不要也来上一颗。几乎没有经过什么曲折，徐波和张勇光的小店从第一个月就开始赢利，如今“湖南味道”在广州的湖南老乡中已经是人尽皆知。

【案例剖析】

徐波和张勇光的成功并不是一个偶然的案例。一方面，俗话说“货到地头死”，早在几十年前，鲁迅就在一篇文章中写道：“白菜运到浙江便用红头绳系住菜根，倒挂在水果店里，尊为‘胶菜’。”离开了地头，“低”的白菜就变成了“高贵”的水果。另一方面，人都有乡土之思，而当前中国社会和数十年前“死水微澜”的情况已经大为不同，过去人们很少愿意外出，即使没有饭吃，没有衣穿，也甘愿守一方“热土”，终老家乡，但现在不愿外出谋生和不必外出谋生的人很少，仅是每年在全国各地流动的民工就有几亿。这些人身体离开了故乡，心却仍在故乡；嘴里说着普通话，舌头却想着家乡味。想吃家乡饭了，上饭馆当然是一个选择。因为这个原因，开乡土风味饭馆也成了一种时尚，成为异地创业和投资的一条捷径。但如今不说在北京、上海、广州这样的大城市，就是在各地小一些的城市，各种各样的酒楼饭馆也多的是，哪个地方的风味都能够找得到。这一行竞争日益激烈，投入要求越来越大，已不太适合小本经营。但是，就像徐波和张勇光分析的那样，每个人天天要吃饭，而且一天要吃三顿，而能够天天潇洒下饭馆、顿顿潇洒下饭馆的却不多。大多数人还是要自己动手来解决吃饭问题。中国地大物博、幅员辽阔，不同地方的人们的口味、饮食风俗大为不同。在这种情况下，开土杂店经营家乡土特产，以廉价、方便的形式为远离家乡的家乡人解决口味问题就有了巨大的市场空间。这是徐波和张勇光的“湖南味道”能够迅速取得成功的先决条件。

像这样利用乡情来赚钱的，不仅限于餐饮、土特产，其中可供开发的利基点很多，利润空间很大，如组织家乡同胞联谊会、为初到本地的家乡同胞提供各种咨询和资讯服务、为家乡产品打开本地市场提供服务、为家乡到本地办事的人员提供住宿、向导、关系疏通服务等。随着国内人口流动的加剧，这个市场将会越来越大。

利用老乡的乡土之思来赚钱，本质上是利用人和物在不同空间表现出来的不同价值差别来获取利润。不同地域之间、城乡之间可以交流和交换的东西很多，只要存在交流与交换，就存在商业机会。商业活动说到底就是一种人与物交流和交换的活动。例如，湖南凤凰县有一个叫张松的人，将家乡山上的人们认为“一钱不值”的野花野草进行处理加工后做成书签卖到深圳，大受欢迎，供不应求。只是换了一个地方，一文不值的东西就变得价值不菲，这就给异地创业的创业者们提供了成功的机会。

在此类创业中，需要注意的有以下三点：

首先，产品地域特色要浓。地域特色浓，才能引起其他地域消费者的足够重视和兴趣。

其次，以中低价商品为主。一件商品在这个地方是人们很熟悉的东西，甚至是日常消费用品，换个地方则成了人们不熟悉的新东西，成了情趣商品或享受型商品。这类商品大多属于可有可无的商品，而中小投资者或创业者大多没有足够资金做广告或做推广，以唤起人们消费的欲望和热情。在这种情况下，如果商品价格较高，则不易为人们所接受，难以在短时间内打开市场。如果将市场培育期放得过长，中小投资者和创业者在资金上一般难以支持，所以以中低价商品为主是符合中小投资者和创业者的实际情况的。

最后，重视质量和信誉。对于土特产类产品经营者来说，一方面，因为销售对象大多是老乡，家乡的东西他们很熟悉，很容易品出产品的地道与真假；另一方面，因为大家都是老乡，老乡之间亲密无间，虽然这是优势，但同时大家知根知底，只要有一点疏忽和服务不到位，坏名声很快就会在一个封闭的圈子里传得人尽皆知，导致生意垮台，而且很少有挽回的机会。如果主要消费对象换成了当地人，他们本来对你销售的商品不熟悉，怀着疑心，所以就更加要重视商品的质量和信誉。

案例五：母婴服务行业的领头羊①

近年来，“月子阿姨”在杭州大行其道，始创这门行业的是一个女人，名叫俞红。

俞红于20世纪90年代毕业于杭州大学，曾在一家国企做过管理工作，还曾在“康师傅”企划部做过企划。在“康师傅”的经历对俞红的影响很大，教会了她按科学的方

① 资料来源：根据杭州世纪母婴服务公司官网公司介绍资料整理。

法来思考和处理问题。后来俞红进入了联通租赁公司。1999 年，俞红的女儿来到人间，初为人母的喜悦很快被烦恼所代替，原因在于难以找到一个合适的月子保姆。在女儿来到人间的短短一个月内，俞红竟然换了六个保姆。

这使她开始思考一个问题，自己有这样的烦恼，别人是不是也会有同样的烦恼？那么，如果能够为大家解决这个烦恼，岂不就是一个巨大的商机。这么想着，俞红很快进行了一番市场调查，发现月子保姆市场确实存在，而且市场还不小。这使她深觉兴奋，一直有创业情结而始终找不到好项目的她决定将创业目标就定在这里。

目标定好了，俞红并没有盲动。她想自己资金不多，经不起慢慢折腾，需要寻找一条成功的捷径。她很快就找到了这条捷径：与省妇女保健医院合作，共同开发月子保姆市场。后来她又试探着与省儿童保健医院联系，对方同样深感兴趣。创业的两大难题——技术和客源，轻而易举地得到了解决。

当俞红到工商部门去申请登记注册时，对方十分惊讶，因为他们还从来没有听说过有这样一个行当。俞红的公司是杭州第一家以产妇、新生儿为服务对象的专业公司。俞红给自己的公司取名为杭州世纪母婴服务有限公司。因为这个事情实在新鲜，引起了很多新闻媒体的兴趣，杭州的报纸、电台、电视台进行了轮番报道，俞红和她的世纪母婴服务有限公司一举成名。

俞红的生意做得顺风顺水。虽是一门小生意，而且做的是短期业务，因为每家使用的月子保姆一般就在 1 个月左右，但是附加值很高，单位产值十分惊人。俞红的公司目前除去各项开支，每月纯利可达数万元。近期，她还准备在义乌、温州、宁波和台州等地开办分公司或者发展加盟连锁机构。

【案例剖析】

设身处地，推己及人，从自己和别人的困难中发现商业机会，已经成为一种常规的方法，成功的几率非常高。这是因为当自己或别人感到困难时，证明市场已经形成，你所需要做的只是采取正确的方法，对已经形成的市场进行开发而已，这比凭空创造一个新市场要容易得多，需要的投入也会小得多。因此，投资者和创业者平时要留心观察，机会说不定就在你的身边。

案例六：情侣礼品商店的独门生意[①]

广州天河南一路的“爱情密码”情侣礼品商店是两个好朋友合作开的。这两个好朋

① 资料来源：根据爱情密码官网（http://www.icodecn.com/）公司介绍资料及媒体报道内容整理。

友一个叫李朝东，一个叫宋群。商店开业以来，每月营业额已达数十万元，而且发展了数十家加盟连锁店。发展得这么快，生意做得这么顺利，这么好，他们的秘诀是什么？

李朝东和宋群开情侣礼品商店的想法不止一日两日。在长达一年的时间内，他们详细调查了广州市场，发现广州虽然商业发达，门类繁多，仅各式礼品店就不下百家，但是专门面向情侣销售礼品的商铺还没有。他们意识到这是一个机会，但他们同时也感到了困难。困难就在于，情侣相送一般对礼品的要求比较高，而中国虽然是礼品生产的大国，但工艺、技术却不能算是最先进的国家，尤其是设计方面，难望国外礼品设计先进国家之项背。

在这种情况下，他们将进货的眼光瞄向了全世界，如从韩国进口会接吻和说“I love you”的手机对链，从日本进口“情侣鸡蛋娃”，从俄罗斯、法国、瑞士等国进口各种情侣礼品，使他们的礼品商店一开业便处在了一个高位，显得鹤立鸡群。很多礼品，除了在他们的“爱情密码”外，根本见不到，更不可能买到，所以两个人是在做独门生意，再加上两个人花样百出的营销，这个用10万元开的店，第3个月的营业额便达到了4万元，此后月月走高，两个创业者也已跻身于富人行列。

【案例剖析】

随着经济的全球一体化，各国经济的交流日益频繁，为创业者和投资者创造了诸多的机会。对于中小创业者和投资者来说，他们不可能卖汽车、卖钻石宝石等高价值的商品，但国外也有很多本身价值不高但附加值很高且深受消费者欢迎的小商品，适合中小创业者和投资者投资经营。在经营这类产品的时候要注意以下两点：

首先，所选商品一定要时尚。从目前来看，进口的时尚类小商品比实用性小商品要更容易为消费者所接受。中国是一个正在崛起的制造大国，实用性的商品在国内基本都能够自己制造，尤其是其中的实用小商品，制造工艺不错，大多物美价廉，一般都是从国内流向海外，而非从海外倒流入国内。时尚类小商品则不然，因为这类小商品对工艺、设计的要求很高，国内暂时还难以达到国外的水平，所以很多有这方面需求而要求较高的消费者只能用从国外进口的商品来满足。

其次，专项经营，集中力量做某个小的类别商品。中小创业者和投资者大多资金不足，而小商品门类繁多，进口小商品价格较高，如果力量分散、多种经营，又做不到精而全，将很难形成氛围，经营效果一般都不会太好。相反，集中经营，如做情侣礼品的就专心做情侣礼品、卖糖果的就专门卖糖果（甚至可以细分成巧克力专营、水果糖专营等），这样比较有利于打开市场，吸引消费者，取得好的经营效果。这方面的机会很多，可以说，每一个国外存在而国内没有或水平跟不上的时尚小商品行业都可能是机会。这也是一种比较省力、风险较小的创业方式，主要的困难在于如何建立国外的进货渠道。

现在有些创业者和投资者通过互联网“海淘”来解决这个问题，但存在一定的上当受骗风险。另外，还有国外的一些新风俗、新型休闲方式、新商业形态，如果能够加以适当引进，也可能成为很好的创业投资机会。

案例七：新天烘焙蛋糕店①

在绍兴市新建北路5号，有家“新天烘焙蛋糕店”，与其他蛋糕店有点不同，这家店不仅宽敞明亮，而且在店铺的一角摆放着一张圆桌、两把凳子，桌上还放着几本杂志，有点休闲吧的味道。这家与众不同的蛋糕店的主人，是位刚走出大学校门才两年的年轻人——浙江大学城市学院2006届毕业生陶立群。陶立群毕业后自主创业，现在已拥有五家蛋糕连锁店和一家加工厂，成为绍兴市里小有名气的创业青年，曾被评为绍兴市创业之星。

2006年6月，陶立群从浙江大学城市学院工商管理专业毕业时，决定开个蛋糕店。他做出这个决定并不是盲目的——大学期间，他曾经经营过校内休闲吧、小餐厅，都做得不错。曾做过“元祖蛋糕”代理的他，对蛋糕市场有所了解，觉得能在这一行闯出一片天地。虽然父母极力反对，但陶立群认准了这条路，决意走下去。2006年夏天，他白天顶着烈日逛绍兴市区大大小小的蛋糕店，看门道、想问题，晚上则躲在房间里查资料，了解市场行情。他还跑到杭州、上海等大城市做蛋糕市场的调查，做可行性分析。

陶立群的调查有不小的收获：绍兴当时只有“亚都”“元祖”两家知名品牌蛋糕店，其余的都是本地小蛋糕店，中高档品牌蛋糕市场相对空缺，而且当时绍兴还没有一家蛋糕店的糕点是现卖现烤的。于是，陶立群的创业梦想定位在打造本地中高档蛋糕品牌上。经过两个多月的调查，当满满九页的《新天烘焙蛋糕店可行性策划书》放在父母面前时，陶立群的父母被感动了，他们拿出积蓄支持儿子创业。

2006年底，第一家“新天烘焙蛋糕店”在绍兴市新建北路5号正式开张，陶立群做起了小老板。他将店面分成两部分，前半部分是自选式的透明橱窗，便于顾客自行挑选；后半部分则用来加工糕点，现做现卖。起早摸黑，对在创业之初的陶立群来说是常事。为了节约成本，采购、运货等工作都是陶立群自己做。蛋糕店凭借优质的用料、独特的口味、有人情味的服务，赢得了消费者的喜爱。随着顾客越来越多，陶立群的“新天”品牌逐渐在绍兴树立起来，陶立群的经营规模也逐渐增大，先后在绍兴市区新开了四家分店。

“新天”在绍兴有一大群忠实的顾客“粉丝”，在这些“粉丝”眼里，“新天”不仅

① 根据《市场导报》2008年4月15日报道《新天烘焙：一家蛋糕店的“野心”》整理。

布置得有情调，而且糕点的品种多、口味好。谈及今后的打算时，陶立群说，他下一步要在蛋糕店的团队建设上下工夫，并且要不断改善店里的蛋糕品种及销售服务，打响“新天”品牌，力争开出更多的连锁蛋糕店。

【案例剖析】

成功总是留给那些有准备的人。陶立群在正式创业之前，对自己的能力有清醒的认识，对蛋糕行业有详细的调查、分析，这正是他创业初步成功的基础。大学生创业时不能盲目，一定要对即将进入的行业作充分的了解。

传统的观念认为，对于知识层次高、有一定的专业知识的大学生们来说，“创业”理应是在高知识、高科技领域上的。更有不少大学生一提到创业就好高骛远，丝毫没有想到应该往“小而细”的方面去努力创业。但是目前来说，这一观念显然早已落伍。

在我国目前大学生与社会实践脱节现象比较严重而大学生的创业资金又不够的情况下，那种来自“传统行业”的“新创意”式的创业，则是值得肯定和学习的。例如，复旦大学计算机本科毕业的顾澄勇，在任何人都会的“卖鸡蛋”上也卖出了“新创意”，他不仅成功开发出“阿强”鸡蛋的“网上身份查询系统”，满足了大家对鸡蛋的新鲜卫生的需求，还打造鸡蛋品牌，推出满足人们对营养最足的头窝鸡蛋的需要的“头窝鸡蛋”，从而开拓了一片“创业新天地”。此外，建收废品网站“创业”、擦皮鞋开连锁店创业、卖铁板烧创建“大学生铁板烧连锁店”创业等，都让一些大学生尝到了创业的成功和快乐。

当前我国大学生就业压力日益增大，大学生就业形势越来越严峻。由于每年只有70%左右的大学生能够就业，而且每年都有未能就业的大学生“积压”，“失业”大学生的数字惊人。这一“知识失业”现象提醒我们，大学生“创业”势在必行！既要求高校应不断增加大学生创业方面的知识培训，更要求有关部门不断完善扶持大学生创业的相关政策，而作为一个个已经独立起来的个体的大学生们，有必要深入学习一下创业成功的大学生的创业之路。“三百六十行，行行出状元”，要成为“状元”必须要从转变观念做起，从哪怕是不起眼的“小事”做起，在传统的行业里开拓出新的创意，只有这样才能一步步开拓出创业新天地。

案例八：加盟连锁的创业陷阱[1]

郑州即将毕业的大学生李晓鸣在创业过程中被高回报忽悠了一把。2012 年冬天，她

[1] 资料来源：瞧这网，http://www.795.com.cn/。

按网上地址找到北京一家销售木纤维毛巾的加盟连锁公司，听了招商部经理对这种成本低、利润高且风险小的产品推介，她心动了，把从亲戚那里借来的钱全换成毛巾，并取得该公司的河南省独家代理权。第一个月，她兴冲冲地跑遍了周边所有学校，没卖出一条毛巾。然后她又去居民小区推销，效果还是不好。后来她开始通过网络推销，经过两个多月的努力，却仍没卖出一件产品。

事实上，在每年毕业的大学生创业者中有李晓鸣这样遭遇的大学生不在少数。很多大学毕业生选择了加盟连锁的创业方式。他们从电视和网络等媒体了解到加盟连锁项目的丰厚条件，如企业总部提供免费指导、不收取任何加盟费用、进货达到一定额度就能获得额外奖金、低风险甚至无风险等，就开始创业了。在像李晓鸣这样刚刚走出校门的大学生创业者们看来，自己一无资金，二无经验，加盟连锁会让自己开店的风险降低很多，可结果却事与愿违。

【案例剖析】

大学生创业加盟连锁要小心受骗。一些所谓的加盟连锁企业深谙大学生创业心理，已为他们准备好连环套：品牌在国外已有十几年甚至几十年成功运营史（实际上很难查证）；生产基地在某发达省市，可是路途遥远不便去看；加盟利润很高（其实都是虚假宣传）；经营好了还给返奖金和装修费（前提是经营好，但这基本没希望）；有许多成功范例，可以去看其他加盟店，实际上就是托；更重要的是，投资成本仅两三万元，还有优厚的换货条件，风险很小。这么多好处怎能不让大学生创业者心动，心甘情愿汇钱加盟，不由自主上钩呢？但是，钱汇走后，加盟者很快就发现一切都变了：货物不如样品好，价格虚高，卖不出去；回总部换货，却换到其他加盟商退回的积压品。

大学生创业门槛可以降低，但是依法经营是必要前提。另外，部分创业大学生存在对相关政策不了解、缺乏法律意识等问题。这对于正处于创业热情中的大学生来说是一个提醒。创业作为一种社会实践是可行的，但创业过程中的诸多风险并不会因为大学生的特殊身份而自动“让路”。因此，大学生创业者们要加强对相关就业、创业政策的学习，充分了解国家相关法律、法规，加强对自身的法律保护意识。

案例九：两个月就关张的食品杂货店[①]

大学生小刘毕业后一直想自己做老板，看到邻居在小区里开了一个食品杂货店且收

① 资料来源：优米网，http://www.youmi.cn/。

益一直不错，颇为心动。于是，小刘租了小区内一个库房做店面，筹集了一万多元钱做启动资金，购进了一些货品，开了一家食品杂货店。但是经营了两个月后，小刘的食品杂货店就撑不住了，不得不关张。为什么同样是食品杂货店，邻居可以做得红红火火，小刘的店就经营惨淡呢？原来，小刘为了突出自己食品杂货店的特色，没有像邻居一样售卖茶、米、油、盐等大众生活用品，而是将经营范围锁定在沙司、奶酪、芝士等一些西餐调味食品上。但是小区里的居民对她的货品需求少，加上她店面的位置在小区边缘，而且营业时间不固定，很多邻居都不愿意绕道过去，所以生意惨淡，经营了两个月就只好关张了。

【案例剖析】

求新求异并非处处适用。小刘创业之初求新求异的心理，很多大学生都有，这是优点但也是致命的缺点。经营需要有自己的特色，但是也要符合市场环境的需要。小刘的食品店之所以会关张，是因为她没有搞好市场调研，这个食品店如果开在一个涉外社区内也许会经营得很好，但是她选择的是普通居民区。普通社区里的食品杂货店对茶、米、油、盐的需求要远远大于沙司、奶酪、芝士等西式调味品。铺面的选址不合适，营业时间不固定，也是小刘创业失败的原因。

案例十：饰品店之失①

郑小樱是刚毕业不久的大学生，一个偶然的机会，她在一个本地网站的二手市场上发现有人要转让一批饰品。出于好奇，她跟那人联系询问了情况。起初小樱并没有想买，因为她毕竟在这方面毫无经验。没想到两天后那人又给小樱打电话，热情地说让小樱先看看货。迫于情面和女人的爱美心理，小樱就答应了。那人是一个很有气质也很精明的妇女，说要出国，所以想把刚从广州精心挑来的饰品转让出去。据她介绍，做饰品利润非常高，即使在非典时期利润最少的时候每月纯利也有2000多元。她的说法让小樱很动心。小樱随后又看了看她带来的样品。那些样品很精致，当然标价也很高。她说可以按照标价的两折转让给小樱，这样的话无论小樱怎么卖都不会赔钱。听了这话，小樱真的动心了。

可是，小樱告诉她现在没有店铺。她听了以后又给小樱推荐了两个地方，并说马上就要出国，要小樱抓紧时间决定，还有别人也在跟她联系。于是，小樱就去了她推荐的

① 资料来源：艾瑞网，http://www.iresearch.cn/。

一个地方。那里是一个国际商业中心。市场组成大部分是小商铺，面积也就四五平方米，月租金一千元左右。这样的条件让小樱觉得还可以接受。正巧这里还有几家空房，都写着转租。小樱试着联系了几家，有一家位置不错，租金也较低。其实，小樱当时也怀疑过这里是否生意不好，可是问了几家店主，他们都说现在刚开业没多久，肯定要养一段时间，而且这个商厦有政府的投资，不会垮的。经过考虑，小樱认为这个说法还是有道理的。

万事俱备，于是小樱接收了那批饰品并租下店面。没想到，在办进场手续的时候，商厦宣称二楼是服装商场，不能经营饰品。在转租的时候，房东和租户都告诉小樱合同上写的是经营服饰，包括服装和饰品，而且当时也有其他人在经营饰品，小樱就没有深究。现在管理人员告诉她，他们正在清理那些不守规定的摊位。小樱顿感倍受打击，但是租金已交，也只好坚持走下去。租房后正赶上小樱去杭州出差，于是顺便采购了一些饰品，也采购了少量的睡衣、肚兜等，以防商厦真的不让卖饰品而无法应付。

等小樱出差回来，已经是两周之后了。经过简单的装修，货物摆放出来，看着那些精美的货物，她对将来的销售情况很有信心。小樱经常查看店铺的销售情况，看到缺货就马上去附近的批发市场上采购。总有顾客问店里没有的东西，如指甲油、假睫毛、唇油、钥匙链等，应顾客需求，小樱把这些商品都采购了一些。

开业两个多月后，小樱发现每个月都要亏损一二百元。起初，她以为是生意刚开始的原因，但没想到的是，这个商厦的情况每况愈下，过了七八月份的旺季，顾客越来越少。这个商厦的开发商是地产商，在开盘时炒作得非常厉害，买商铺的人甚至连夜排队，然而商铺卖出后地产商就不再宣传了。商厦开业半年后，附近的一些居民竟然还有不知道的。而且由于商铺大部分都卖给了个人，由业主进行出租，给管理上带来很大的困难，到后来根本无法管理。另外，由于起初大家对商厦的期望值很高，租金也定得很高，相应地货物的价格就水涨船高，而附近居民的购买力和层次并不高，这也是造成人们对商厦望而却步的原因之一。随着客流量日渐减少，商户的商品开始积压，一些商户在秋冬季还在卖夏天的衣服，有的商户干脆退场，还有的商户虽然没有退场却也总是关着门，而开门营业的商户则大都在打牌、下棋，整个商厦弥漫着人气惨淡的气氛。商场的这种情况使客流量更加稀少，如此形成恶性循环。

随着时间推移，小樱的店铺亏损日益严重，已无法再继续支持下去，只好带着一堆货物收场。这次不成功的创业经历使小樱亏损了几万元。

【案例剖析】

小樱的创业经历给大学生创业者们提供了不少经验和教训，可概括为以下四点：

第一，选择项目一定要谨慎，尤其是涉足自己不了解的行业，最好有行家指导，要多做调查研究。

第二，创业的选址非常重要。创业者要仔细考察地理位置，考察客流量及附近居民的购买能力，还要考察物业的管理能力。例如，不能租那种产权和经营权都出售给个人的商铺。如果一个商场内同时有很多商铺转让，则表明该商场可能存在一定的风险。

第三，店铺销售的商品种类不要求全求多，再全也会有人需要你没有的东西，而且太全的话还会形成杂乱的感觉，同时进货太多就会占压资金。

第四，创业并不是容易的事，尤其是在先期要付出很多的精力和时间，因此兼职创业要有足够的时间和自由度才能考虑。要审时度势，见好就收。如果是自己无法控制的原因造成经营不善，就要考虑止损撤退以避免更大的损失。

参考文献

1．李健，侯书森．创业速成[M]．北京：企业管理出版社，2000．

2．张涛，李学渊，包昆荣．创业教育[M]．广州：广东高等教育出版社，2002．

3．[美]杰弗里・蒂蒙斯．创业者[M]．周伟民，译．北京：华夏出版社，2002．

4．[美]杰弗里・蒂蒙斯．战略与商业机会[M]．周伟民，译．北京：华夏出版社，2002．

5．[美]杰弗里・蒂蒙斯．创业企业融资[M]．周伟民，等，译．北京：华夏出版社，2002．

6．[美]杰弗里・蒂蒙斯．快速成长[M]．周伟民，钱敏，译．北京：华夏出版社，2002．

7．[美]彼得・F.德鲁克．创新与创业精神[M]．张炜，译．上海：上海人民出版社，2002．

8．杰斯汀・隆内克．创业机会[M]．郭武文，等译．北京：华夏出版社，2002．

9．李志能，郁义鸿，[美]罗博特・D.希斯瑞克．创业学[M]．上海：复旦大学出版社，2000．

10．[美]罗伯特・J.卡尔文．创业管理[M]．郑兴山，等译．北京：中国财政经济出版社，2003．

11．[美]斯科特・A.沙恩．寻找创业沃土[M]．奚玉芹，金永红，译．北京：中国人民大学出版社，2005．

12．[美]理查德・吕克．管理创造力与创新[M]．陈大为，姜范，译．北京：机械工业出版社，2005．

13．杰伊・戈尔兹．创业真经[M]．徐丹，译．北京：中信出版社，2003．

14．[加]包铭心，肯特・纽珀特，吕巍．国际创业研究案例[M]．吴彬，译．北京：机械工业出版社，2002．

15．[美]海蒂・梅森，蒂姆・罗纳．公司创新的新模式[M]．苗莉，赵建国，等译．北京：中国人民大学出版社，2005．

16．Howard H．Stevenson 等．新企业与创业者[M]．高建，姜彦福，雷家骕，等译．北京：清华大学出版社，2002．

17．[美]马丁・J.格伦德．成功企业家的 9 大素质[M]．张丽华，译．北京：中信出版社，2004．

18. [美]阿兰·卫斯. 创建咨询公司[M]. 刘士平，等译. 北京：经济日报出版社，2004.

19. 罗伯特·A.巴隆. 创业管理基于过程的观点[M]. 张玉利，等译. 北京：机械工业出版社，2005.

20. M.Terkel. Integrative Management ,Innovation and New Venturing[M]. Amsterdam: Elsevier Science Publishers B.V.,1990.

21. 刘常勇. 创业管理的12堂课[M]. 北京：中信出版社，2002.

22. 张玉利，李新春. 创业管理[M]. 北京：清华大学出版社，2006.

23. 张玉利，张维. 创业管理理论与实践的新发展[M]. 北京：清华大学出版社，2004.

24. 曹随，王燕梅. 中国大众创业学[M]. 北京：中国经济出版社，2004.

25. 郜振廷，刘志昆等. 企业创新策划新思维[M]. 北京：中国经济出版社，1999.

26. 丁栋虹. 创业管理[M]. 北京：清华大学出版社，2006.

27. 张涛. 创业教育[M]. 北京：机械工业出版社，2006.

28. 王国红. 创业管理[M]. 大连：大连理工大学出版社，2005.

29. 刘志成. 中外创业案例与分析[M]. 西安：陕西人民出版社，2002.

30. 陈冠任. 个人创办私营公司全过程操作[M]. 北京：中国工人出版社，2002.

31. 方新. 创业与创新[M]. 北京：中国人民大学出版社，1998.

32. 陈德智. 创业管理[M]. 北京：清华大学出版社，2001.

33. 后东升. 36家跨国公司的创业之父[M]. 北京：中国水利水电出版社，2006.

34. 卢旭东. 创业学概论[M]. 杭州：浙江大学出版社，2002.

35. 刘健钧. 创业投资原理与方略[M]. 北京：中国经济出版社，2003.

36. 傅家骥. 技术创新学[M]. 北京：清华大学出版社，1998.

37. 李时椿. 大学生创业与高等院校创业教育[M]. 北京：国防工业出版社，2004.

38. 李时椿. 创新与创业管理[M]. 南京：南京大学出版社，2006.

39. 张竹筠. 创业实务指南[M]. 北京：北京航空航天大学出版社，2003.

40. 赵黎明，冷小明等. 城市创新系统[M]. 天津：天津大学出版社，2002.

41. 陈冠任，肖万春. 个人创办私营公司全过程操作[M]. 北京：中国工人出版社，2002.

42. 文岗. 创业管理人[M]. 北京：石油工业出版社，2000.

43. 熊钟琪. 企业创新管理[M]. 北京：国防科技大学出版社，2005.

44. 郑冉冉. 成功创业研究[M]. 上海：上海三联书店，2005.

45. 高级幕僚. 这才是最牛团队：从携程到如家、汉庭I[M]. 广州：广东经济出版社，2010.

46. 吉雪，许虹. 小老板创业策划[M]. 成都：西南财经大学出版社，2004.

47. 孙键敏，王菁. 团队管理[M]. 北京：企业管理出版社，2004.

48．龚剑．如何进行团队管理[M]．北京：北京大学出版社，2004．
49．果莲．吉列——男人的公司[J]．中国连锁，2013（06）．
50．谢欣华．浅议中国企业登记中的前置审批制度[J]．法治与社会，2012（02）．
51．窦义．公司章程与有限责任公司治理的法律分析[J]．重庆科技学院学报（社会科学版），2014（09）．
52．青年创业网（http://www.qncye.com/）．
53．中国创业教育网（http://www.chnee.cn/）．
54．中国证券网（http://www.cnstock.com/）．
55．大学生创业网（http://www.studentboss.com/）．
56．广东省人民政府门户网（http://www.gd.gov.cn/）．
57．百度（http://www.baidu.com/）．
58．企业经典案例分享博客（http://blog.sina.com.cn/u/2509371042）．
59．第一财经（http://www.yicai.com/）．
60．凤凰科技（http://tech.ifeng.com/）．
61．快科技（原“驱动之家”http://www.mydrivers.com/）．
62．创业邦（http://www.cyzone.cn/）．
63．道客巴巴网（http://www.doc88.com/）．
64．中铝网（http://www.cnal.com/）．
65．福布斯中文网（http://www.forbeschina.com/）．
66．广东省人力资源和社会保障厅网站（http://www.gdhrss.gov.cn/）．
67．中华会计网校网站（http://www.chinaacc.com/）．
68．华律网（http://www.66law.cn/）．
69．第一管理资源网（http://guanli.1kejian.com/）．
70．腾讯网（www.qq.com）．
71．新华网（http://www.xinhuanet.com/）．
72．应届毕业生网（http://www.yjbys.com/）．
73．金羊网（http://www.ycwb.com/）．
74．新浪财经（http://finance.sina.com.cn/）．
75．经营界网站（http://www.bblook.com/）．
76．市场导报（http://www.zjscdb.com/）．
77．瞧这网（http://www.795.com.cn/）．
78．优米网（http://www.youmi.cn/）．
79．艾瑞网（http://www.iresearch.cn/）．